一夫一婦容妾制の形成をめぐる法的諸相

日本・中国・タイの比較法史からの展望

西田真之
Nishida Masayuki

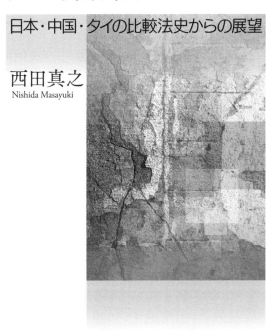

日本評論社

はしがき

　本書は、2014年2月に東京大学より博士（法学）の学位を取得した際の学位論文「近代日本・中国・タイにおける妾をめぐる法的諸問題に関する一研究」を下に、加筆修正を行ったものである。

　ある歴史や文化の中で育まれた法が異なる地域に伝播すると、それまでの社会において生育・醸成された法と対峙する場面に遭遇することが多く、それに伴い色々な問題が生じることとなる。こうした法律面或いは文化面での衝突につき、様々な観点から検討を行っている研究成果は数多く発表されているが、本書は比較法史の観点から、広義の東アジアにおいて独立国としての地位を保持しながら近代法継受を行った日本・中国・タイの3ヵ国を対象とする地域において、近代期に「妾」をめぐる法的諸問題がどのように扱われたのかという観点から考察することを試みる。

　そもそも「妾」というのは非常に不思議な存在である。というのも、少なくとも現代日本法の世界では、夫婦の婚姻関係は1人の夫に1人の妻という一夫一婦制のみを原則としており、「妾」は存在せず、明文での規定は無いというのが建前であるからである。にもかかわらず、未だに「妾」という言葉自体は死語にはなっておらず、俗世間的にも「妾」と聞くと（それぞれの主観により様々ではあろうが）何となくのイメージは沸くという、そういった存在となっていると言えよう。

　ただ、現在の一夫一婦制も法律学の世界ではなく、生物学の進化という側面から考えてみると、これまた不思議な現象とも言える。誤解を恐れずに言うならば、生物学上は強いオスが子孫を残すために多くのメスと結ばれるよ

うに生存競争に勝ち残るという、弱肉強食の世界が日常茶飯事のように繰り広げられ、現に自然界では強いオスが複数のメスを囲いハーレムを形成するようなある種の一夫多妻婚の実態は多く見受けられる。人類の歴史を繙いても、子孫を残すという名目のために1人の男性が複数の女性と関係を持つこと自体は、むしろ肯定的に捉えられてきた経緯がある。ところが、近代以降の文明国家としてのステータスの1つとして、一夫一婦制が求められることとなり、近代期以前にはそれまで当該地域において法律上・社会上認められてきた「妾」の処遇をめぐりその対応に迫られている。

では、日本・中国・タイの3ヵ国での「妾」をめぐる扱われ方はどのようなものだったのかというと、興味深いことに何れも編纂された法典の中で「妾」は明文化されることはなかったものの、「妾」に対して、或いは「妾」を有することになる男性に対して処罰されることは無かったのである。つまり、「妾」は明白に認められることは無く、禁じられることも無かったという、言わばグレーゾーンのような扱われ方がなされるという現象が見られるのである。この現象を改めて捉えてみるならば、仮に近代期に妾廃止の方針を明文化、或いは妾を有した男性に対する罰則規定を設けていたならば、現代では「妾」は古語となっていたかもしれない程の大きな意義があると言え、まさに近代期での「妾」の取扱われ方の曖昧さが現代にまで影響を少なからず与えているだろうと思われる。

では、近代期に一夫一婦制を明文化しつつ、夫が正式に婚姻関係を結んでいる妻以外の女性を「妾」として関係を有することを容認する体制がどのようにして構築されたのだろうか。本書で各国の状況に照らして、その一夫一婦容妾制の実態を明らかにしてゆく。

2018年10月1日

西田 真之

目　次

はしがき ──────────────────────────── iii

序 ─────────────────────────────── 1
第 1 節　本研究の意義と目的 ……………………………………… 2
第 2 節　先行研究 …………………………………………………… 8
　(1)　日本 ……………………………………………………………… 8
　(2)　中国 ……………………………………………………………… 12
　(3)　タイ ……………………………………………………………… 15
　(4)　課題 ……………………………………………………………… 19
第 3 節　本書の構成 ………………………………………………… 21
第 4 節　資料及び用語 ……………………………………………… 22
　(1)　資料 ……………………………………………………………… 22
　(2)　用語 ……………………………………………………………… 25

第 1 章　近代日本における妾 ──────────────── 31
第 1 節　法文の変遷 ………………………………………………… 32
　(1)　民法典―重婚の禁止規定・夫婦の離婚事由規定― ……… 32
　(2)　刑法典―親属・姦通罪・重婚罪― ………………………… 46
第 2 節　判例の状況 ………………………………………………… 68
第 3 節　メディアの状況 …………………………………………… 76
　(1)　社会における妾の動向と廃妾論 ……………………………… 76
　(2)　妾の諸問題に関する法的考察 ………………………………… 84
第 4 節　小括 ………………………………………………………… 93

第2章　近代中国における妾 ——————————————— 97
　第1節　法文の変遷 …………………………………………… 98
　　(1)　民法典—重婚の禁止規定・夫婦の離婚事由規定— ………… 98
　　(2)　刑法典—親属・姦通罪・重婚罪— ……………………… 114
　第2節　判例の状況 …………………………………………… 133
　第3節　メディアの状況 ……………………………………… 141
　　(1)　妾の実態と改革意見 ……………………………………… 141
　　(2)　妾の諸問題に関する法的考察 …………………………… 145
　第4節　小括 …………………………………………………… 158

第3章　近代タイにおける妾 ——————————————— 163
　第1節　法文の変遷 …………………………………………… 164
　　(1)　民商法典—重婚の禁止規定・夫婦の離婚事由規定— ……… 164
　　(2)　刑法典—親族・姦通罪・重婚罪— ……………………… 182
　第2節　判例の状況 …………………………………………… 188
　第3節　メディアの状況 ……………………………………… 196
　　(1)　一夫多妻制の状況とその批判 …………………………… 196
　　(2)　妾の諸問題に関する法的考察 …………………………… 203
　第4節　小括 …………………………………………………… 215

結 ————————————————————————————— 219
　第1節　総括 …………………………………………………… 220
　第2節　課題 …………………………………………………… 239

参考文献 ———————————————————————————— 245

あとがき ———————————————————————————— 265

索　引 ————————————————————————————— 269

序

第1節　本研究の意義と目的

　本書は、近代東アジアにおいて、列強諸国からの植民地支配を逃れ、独立国としての立場を保持しながら法の継受を行った日本・中国・タイの3ヵ国を対象として、各国で行われた近代法継受史の一端を考察するために、妾をめぐる法的諸問題についてどのように議論がなされたのか、という問題意識の下で、各国の妾を取り巻く法的及び社会的状況を比較検討する研究である。

　ここで意味する近代は、各国での不平等条約締結からその撤廃までと法典編纂の動きと連動していることから、19世紀後半から20世紀前半までと捉える。より細かい時期区分で言うならば、日本における近代とは明治維新の1868年より第二次世界大戦の終結までの1945年とする。中国の近代とは、1840年のアヘン戦争以降より1949年の中華人民共和国成立までとする。タイ近代法史の端緒は、チャクリー改革の一環として司法省が設置され、またベルギー人のGustave Rolin- Jaequemyns（ロラン・ジャックマン）が総務顧問として招聘された1892年を本格的な司法改革が開始された起算年とし、現在の二院制の国会を制定するに至った1946年憲法が制定された1946年までとする。

　比較法史の観点から東アジアにおける近代法継受過程を考察する研究はこれまでにもなされている。例えば、地理的近接性や儒教文化圏、漢字文化圏を共有する地域として日本・中国・韓国を対象として検討するものや、ベトナム・カンボジア・ラオス等に対し行われている法整備支援と日本の近代法継受史を重ね合わせて研究するものが見られる[1]。一方、西洋列強諸国の植民地支配を逃れた国を対象とした近代法継受過程の比較検討については、日本ではあまり積極的に研究がなされていない。こうした独立国における近代法の比較可能性は、過去には独立国或いは東アジアの植民地国での近代法継

---

(1) 前者のものとしては、千葉正士『アジア法の多元的構造』（アジア法叢書23）成文堂、1998年が、後者に着目しているものでは三ヶ月章『司法評論Ⅲ　法整備協力支援』有斐閣、2005年が、それぞれ代表的なものとして挙げられよう。

受を構築するための枠組みが見られ、近年もその枠組みでの考察がなされているものもあるが、今もって近代法継受史を独立国と植民地国との区別を闡明にした上で比較検討する専門的な研究はなされているとは言い難い現状にある[(2)]。

　日本・中国・タイは、大局的な観点からは地理的に広義の東アジアに位置し、近代期に不平等条約を撤廃するために近代法の整備に着手、それぞれの固有法からの転換が図られた点では共通の枠組みが構築されているものと見ることができる。また、外交上の要因のみならず、法の近代化を行うための手法として日本がいち早く不平等条約を撤廃した例に則り、中国やタイでは差異はあるものの日本からの法継受の動きを見せている。具体的な手法としては、中国では法典や法律書の翻訳、中国人留学生の派遣、日本人法学者の岡田朝太郎、松岡義正、小河滋次郎、志田鉀太郎の招聘等を行い、書籍や人物の交流を通じた法継受が進められた。タイでは日本人お雇い外国人の政尾藤吉を招き近代法典の編纂を行い、近代法継受期に日本の影響が少なからず見受けられる。さらに、日本・中国及び日本・タイとの関係のみならず、タイの法典編纂に携わったフランス人のGeorges Padoux（ジョルジュ・パドゥー）も後に中国に招聘されていることからも[(3)]、中国・タイ間での法学者の

---

(2) この問題意識から、拙稿「法史学から見た東アジア法系の枠組みについて——夫一婦容妾制の成立過程をめぐって——」（『法律科学研究所年報』32：2016年）及び、拙稿「近代東アジア比較法史の枠組みについての一試論」（岩谷十郎編『再帰する法文化』(法文化（歴史・比較・情報）叢書⑭) 国際書院、2016年）にて検討を試みた。
　非西洋諸国の独立国での法継受史を比較検討の可能性について、Tamara Loos 氏はタイにおける一夫一婦制導入にあたり日本・トルコ・中国の状況に言及しており、また Kanaphon Chanhom 氏も日本・トルコ・中国の3ヵ国の状況を題材としながら、タイ刑法典の編纂過程について概観する。こうした諸国の関連性については、過去に Jean Escarra, *Chinese Law and Comparative Jurisprudence*, La Librairie Francaise: Tientsin, 1926. にも部分的にではあるが言及されている。
　植民地国について、例えばオランダ領東インドやイギリス領海峡植民地、アメリカ領フィリピンの法体制を中心に概観したものとしては、『南洋各植民地立法制度』（南洋叢書第38巻）南洋協会台湾支部、1924年がある。M. B. Hooker, *A Concise Legal History of South-East Asia*, Clarendon Press: Oxford, 1978. の研究はより広範囲に亘る地域を対象とし、東南アジアにおける法領域をイギリス法圏、フランス法圏、オランダ法圏、スペイン・アメリカ法圏と、その宗主国の影響を受けた法圏の枠組みとして概観しており、植民地国の法領域として捉える視座を示す。

交流が見られる。法制史の領域でこれら諸国の連関性については未だ充分に検討されていないが、相互の関係のみならず、3ヵ国をめぐる観点から鳥瞰するならば、共通点が浮かび上がってくる。まず1つには、3ヵ国の不平等条約締結から条約改正を実現した年月である。次頁に掲げた〔表1〕は、日本・中国・タイでの近代期の状況を、各国における主要法典の整備と共に整理したものである。

日本は1854年の日米和親条約から1911年の条約改正まで57年かかっており、中国では1842年の南京条約から1943年の条約改正まで101年、タイでは1855年のバウリング条約締結から条約改正を実現するのが1937年と82年の歳月を要している。単純に不平等条約を締結していた時期の期間のみを見るならばその年月は異なっているが、実際に近代法整備に着手した年を起算点とし〔表1〕を改めて見ると、仮にその起算点を日本では1868年の明治元年、中国では変法上諭が出された1901年、タイでは司法改革が始まった1892年とするならば、不平等条約の改正を実現するまでの年月がそれぞれ43年、42年、45年となっている。独立国という環境の下で、異なる

---

(3) パドゥーは、1889年にパリ大学を卒業し、1890年から1896年までフランス外交部に勤務、1896年から1904年までチュニジア政府の秘書長に任じられた後、1905年から1914年までタイ政府より招聘され、刑法典や民商法典の編纂に携わった。その後、中国北京政府の求めに応じ、1914年より財政部審計院顧問に就任、1928年には国民党政府の司法部顧問となった。1904年12月12日付で交わされた契約書によると、当初は3年間の契約で最初の1年間は37,500フランに相当するチカルが支払われる旨、合意がなされた。Chalanthorn Kidthang, *Georges Padoux: le Code pénal du Royaume de Siam (1908) et la société thaïe* (Mémoire d'études françaises. Diplôme de Maîtrise. Département de Français. Ecole des Etudes Supérieures. Université Silpakorn), 2004, pp. 169-173.

その後、パドゥーは中国において財政改革に携わり、1923年1月には *The Financial Reconstruction of China and The Consolidation of China's Present Indebtedness*, Pekin: La Librairie Fracaise, 1923. と題する財政整理案を提示した。同著作の概略を邦訳したものとして、「財政部審計院顧問「バドウ(ママ)」G. Padoux案」が外務省亜細亜局『支那財政整理諸案摘要（未定稿）』1925年、1-13頁に載録されている。また、パドゥーが1925年に提示した案は、水田淳亮によりその大要が『東亜経済研究』10-4・11-1、1926年・1927年にて紹介されている。

さらに、上記著作の一部中国訳も含めたパドゥーの財政改革の意見書をまとめたものに、中国第二歴史档案館「北洋政府審計院外籍顧問宝道等改革中国審計制度的建議」『民国档案』1994年－1、3-17頁がある。

〔表1〕 各国の主要法典編纂史

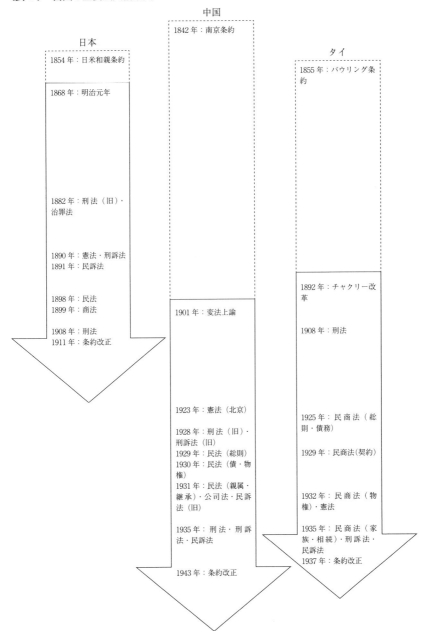

歴史と文化の中で育まれた法制度を自国に適用させるための準備を整え、さらに整備が完了したことを諸外国へ向けて訴え、最終的に条約の改正を成し遂げるのに要した年月が約40年余りと言える[4]。

　さらに、法典編纂の順序についても着目したい。近代法の整備に着手してから、各国では初期の頃に刑法典編纂を進め、日本では1882年に旧刑法典を施行、中国では1928年と1935年の2回に亘り刑法典を公布・施行、タイでは1908年に刑法典の公布・施行を実現している。刑法典の編纂が先行している背景には、西洋諸外国と同等の文明国として相応しい法典を作るためには、まずは西洋の目から見て残酷とも思われる刑罰を廃止する必要性が強く求められていたこととも関係すると考えられる。特に、これら3ヵ国では固有法期には笞刑が認められていたものの、近代刑法典の編纂過程で西洋諸国より残酷な刑罰として笞刑が批判され、廃止している[5]。このように、文明国たるに相応しい内容の刑法典を編纂するにあたり、それまで固有法で認められていた笞刑の廃止を実現している点でも、日本・中国・タイの3ヵ国で共通する動きとして捉えることが可能となる。

　こうした近代期の東アジアにおける法継受の流れを見ても、独立を保持した日本・中国・タイにおいては、共通の土壌が形成されていることからも比較検討する意義があると言えよう。本研究では、この日本・中国・タイの近代法史を考察するための題材として、各国での一夫一婦制の規定及び妾の置かれていた状況やその法的議論の行方を検討することとする。

　これら3ヵ国では、近代以前には夫が正式な妻以外にも、別の女性を妾として関係を有することが法的にも社会的にも禁じられていなかったが、近代

---

(4) この40年余りを要する点に着目した研究として、高見澤磨「律令制の終わり方―中国近代法史時代区分試論―」池田温編『日中律令制の諸相』東方書店、2002年、485-505頁を参照されたい。同氏の着眼点は日本と中国におけるものであるが、タイ近代法史を重ねてみても同じく約40年かかっているというのは興味深い現象である。

(5) 日本では、新律綱領では五刑として笞刑が規定されていたが1872年の懲役法の制定により笞刑が懲役刑へと改められた。中国では、大清刑律草案にて刑罰体系が改められ、人道に悖る刑罰の一つとして指摘されていた笞刑が廃止された。タイでは、お雇い外国人を中心に刑法典の編纂過程より笞刑が批判にさらされており、1908年刑法にて廃止が実現された。

法典編纂と共に一夫一婦制を明文化し、重婚の禁止規定を置き、或いは1人の夫が娶ることのできる妻は1人とする婚姻形式を定めたことで、妾を有する行為及び夫と妾との関係は法的に保護されることは認められなくなった。その一方で、法典が施行された後にも妾は社会一般に見られるものであったのみならず、法文上も妾を暗に容認する規定が設けられていた。妾に関して法律上問題となり得る規定としては、民法上では重婚の禁止規定や、夫の蓄妾行為があった場合に妻から夫に対し離婚を訴えることが認められたのか否かという夫婦の離婚事由が問題となり得るし、刑法上では夫と妾との関係が重婚罪、或いは姦通罪として罪に問われ得るのかといった点に着目しなければならない。これらの諸規定を見ると、日本・中国・タイでは原則として施行された法典の中に「妾」の文言が用いられることこそなかったものの、法文解釈では夫が依然として妾を有することが認められ、尚且つ裁判例でも妻に対して妾を有する夫との離婚を認容してゆくこととなったが基本的には夫の蓄妾行為は処罰されず、それまでの慣習という名の下で暗黙の了解により許容される状態が依然として続いていた。このような夫と妻との夫婦関係以外に夫が妾と関係を有し得る規定が設けられたことについては、各国で民事上或いは刑事上の側面が指摘されたことからも、大きな問題として意識されていたことが示される。

　こうした近代期における妾に関する各国の研究状況では、具体的に妾をめぐる状況を考察するものも見受けられるが、比較法史の観点から一夫一婦制と妾制との関連についての詳細な研究がなされていない。一夫一婦制が法文上明記され、妾に対する批判的な言説が寄せられた要因を分析する研究でも、専ら不平等条約改正の向きと連動していることのみを強調しているものが多い。各国の妾を取り巻く状況を概観すると、夫の蓄妾行為を法的には保護せず、夫と妻との夫婦関係のみを法律上認めていたものの、夫と妾との関係には刑罰規定を設けず、或いは可能な限り刑罰法規の対象に含めないような配慮がなされ、消極的ながらも妾制を容認する姿勢で臨んでいたという共通点がある。こうした諸国が対外的には一夫一婦制を整備するように努めたという点においては、無論不平等条約を撤廃するという背景の下で近代法典の整備が行われたことは重要であるし、施行された法典で妾の法的地位が与

えられなかった点では、不平等条約改正に起因する妾廃止の方向ということには関連性が全くない訳では無い。また、近代期に発表されているメディアの論稿では、西洋の文明国相応の道徳や法典を整える必要性が説かれていることからも、条約改正運動の影響は少なからず認められる。しかしながら、各国の状況ではそれぞれの国における特殊な事情があり、その妾制に対する否定的な言説の要因は外圧によるもののみならず、対内的な要因というものも見なければならない。これら3ヵ国における法的議論を整理すると、妾の問題を可能な限り民事上の問題に止め、刑事上の議論として扱うことには躊躇していたことが示される一方で、夫が妾を有することに対する認識や妾制に対する批判の議論では各国で差が見受けられる。こうした点を踏まえ、それぞれの各国における妾をめぐる法的諸問題についての相似点及び相違点を捉えることに注視しつつ、東アジアで独立を保持した諸国における近代法史を比較検討するための枠組みを構築することを試みる。

　尚、本研究ではあくまでも妾自身の法的問題を考察することを主眼とするため、妾の子どもについては、一先ず検討の対象から外しておくこととしたい。また、娼妓や芸妓の廃止論と相俟って妾廃止も議論されており、女性史或いは教育史の観点からは重要な関心事項であるが、本書では妾に限って検討することとする。

第2節　先行研究

　こうした3ヵ国における妾の法的扱い及びその実態を比較法の観点から考察した学術的な研究はこれまでのところ、まとまった成果としては発表されていない。但し、それぞれの各国では近代期における妾の議論に着目した研究がなされ、2国間での比較に言及するものも見られる。以下、先行研究の状況について国別に整理する。

(1) **日本**

　初期の頃の業績としては、近代期の妾に関する法的地位に言及した先駆的役割を果たしたと評価出来得るのが、高柳真三「妾の消滅」(『法学新報』46

-9：1936 年)⁽⁶⁾及び『明治初年に於ける家族制度改革の一研究―妾の廃止―』（日本法理研究会、1941 年)⁽⁷⁾の研究である。新律綱領の五等親図で妾を妻と共に二等親と規定し妾を法律上の配偶者と位置付けたものの、妾に関する固有の立法は現われておらず、妾の法律上の地位や権利義務は妻に関する規定が準用されていたこと、さらに刑法典の編纂過程では比較的容易に条文から妾の文言が削除されたことを指摘した上で、森有礼が廃妾や男女同権問題を説いたことで世の関心を集め、刑法典編纂の審議中に大きな影響力を及ぼしたことを述べている。

　刑法典編纂の際の妾論議に着目されたのが手塚豊「元老院の「妾」論議」（『法学セミナー』15：1957 年)⁽⁸⁾や「鶴田晧の「妾」論」（『法学研究』38-9：1965 年)⁽⁹⁾である。同論稿では、明治期において編纂された刑法典の姦通や重婚などの規定に妾の文字が残されていないことを理由に妾の地位が消極的に否認されたとの見地から、主として刑法典草案の審議段階における妾存置論と妾廃止論との対立の模様を考察する。

　石井良助「明治初年の婚姻法―とくに法律婚主義と妾について―」（中川善之助他編『結婚　家族問題と家族法Ⅱ』酒井書店、1957 年)⁽¹⁰⁾の研究は、明治民法施行上での法律婚主義の成立と妾について見たものである。氏は、太政官や内務省の指令から明治初期の妾の法的地位を探り、江戸時代までは妾は奉公人としての地位にあったが、新律綱領にて妾を妻と同等の二等親にしたことでその地位が向上されたこと、さらに刑法典の編纂期に際しての審査委員会や元老院にて出された妾に関する意見を整理し、その動きに言及する。

　明治初期の妾の実態的側面を考察したのが、浅古弘氏の「明治前期におけ

---

(6)　同論稿は、高柳真三『明治前期家族法の新装』有斐閣、1987 年に再録されている。
(7)　本研究は、1940 年 10 月 12 日に法曹会館において開催された日本法理研究会第一回講演会での同氏の講演速記の記録である。同講演記録は、「明治初年に於ける家族制度改革の一例―妾の廃止―」の題目で、『法曹会雑誌』(19-1：1941 年）に所収されている。
(8)　同論稿は、手塚豊『明治民法史の研究（下）』（手塚豊著作集第 8 巻)、慶應通信、1991 年に再録されている。
(9)　同論稿は、同上の著作に再録されている。
(10)　同論稿は、石井良助『日本婚姻法史』（法制史論集第 2 巻）創文社、1977 年に再録されている。

る妾の身分―戸籍記載を通して」(『法律時報』47-13：1975年）及び「明治初年における娶妾資格」(『早稲田法学会誌』26：1975年）である。前者では、特に夫と妾との関係の成立を戸籍記載の実態から探っている。新律綱領で妾が規定されていたにもかかわらず、戸籍法においては妾の規定が置かれていなかったこと、その齟齬を解消するために原則として娶妾の成立には届出を要することが求められていたこと、を明らかにし、娶妾の成立時期の過程を考察する。また、刑法典では妾の身分が認められなかったものの、その後も妾の戸籍上の取扱いは従来通りであったこと、最終的に戸籍上妾が消えるのは明治31年（1898年）の戸籍法改正であったことを指摘、刑法典により単純に妾制度の廃止へと移行した訳ではないことを浮き彫りにしている。後者の研究では、娶妾関係の実質的な要件に焦点をあてる。資料を精査する中で、夫妾関係の要件は当事者間の娶妾意思の合致が有ること、女性に配偶者が無いこと、女性が再度娶妾をする際には前の関係を解消して300日を経過し或いは懐胎していない旨の保証が有ること、相姦者で無いこと、一定の近親者で無いこと、外国人で無いこと、を結論付ける。

　民法典の編纂期における妾議論にも焦点をあてたものとしては、熊谷開作氏が発表した「法典編纂期における妻妾論」(高梨公之教授還暦祝賀論文集刊行発起人会編『高梨公之教授還暦祝賀　婚姻法の研究（上）　婚姻制度論』有斐閣、1976年)[11]が挙げられる。本研究では、刑法典制定の元老院での意見対立の過程を明らかにし、その上で刑法典から妾の文字が抹消されながらも、その後も妾をめぐる課題が残されたままであったこと、また民法典の編纂過程では特に嫡母庶子制の議論に着目する。

　法典の編纂に附随して発生した論議以外の点から妾の問題に着目した研究としては、小山静子氏による「明治啓蒙期の妾論議と廃妾の実現」(『季刊日本思想史』26：1986年）や、金津日出美氏の「明治初年の「妾」論議の再検討―「近代的一夫一婦制」論をめぐって―」(馬原鉄男、岩井忠熊編『天皇制国家の統合と支配』文理閣、1992年)[12]の研究がある。前者では、『明六雑誌』

---

[11]　同論稿は、熊谷開作『日本の近代化と「家」制度』法律文化社、1987年に再録されている。

に掲載された論説を契機として沸き起こった廃妾論議について、当時出版された新聞紙上に掲載された記事に着目、廃妾論に関する記事が多く掲載され、さらに刑法典の制定過程における元老院での妾に関する法律論議の模様を検討し、それぞれ廃妾論者の述べる論調の相違点を分析する。後者の研究では、『明六雑誌』に掲載された論稿を中心に啓蒙思想家たちの論議を整理した上で、明治初年の妾をめぐる存廃議論について、従来では廃妾を近代的一夫一婦制の成立、存妾議論を前近代的なものとして単純に捉えられてきた観念を否定し、刑法典の成立により妾の文言が削除されたことは必ずしも近代的婚姻関係を模索したものと評価することとはならなかった、と結論付ける。

　近代日本における妾を題材として、近年最も精力的な研究成果を発表されているのは村上一博氏であろう。これまで妾の法的地位に関する研究が専ら立法制度や啓蒙思想家の思想面から行われていたのに対し、「明治前期における妾と裁判」（『法律論叢』71-2＝3：1998年）[13]・「明治後期における妾と裁判」（『法律論叢』75-2＝3：2002年）[14]・「明治前期の妾関係判決」（『法律論叢』84-4＝5：2012年）・「明治前期の民事判決例にみる妾の法的地位」（屋敷二郎編『夫婦』（法文化（歴史・比較・情報）叢書⑩）国際書院、2012年）といった氏の一連の研究成果では、明治民法施行の前後に亘る妾に関連する判決例を収集し丹念に整理した上で、妾制度運用の模様や妾契約の実態やその効力、さらに判決例を通して妾をめぐる紛争の実態に迫っている点で評価が高い。特に、夫と妾関係の成立のあり方やその効果を見る中で、裁判の場での妾の扱われ方を検討し、新律綱領で妾は妻と同等の地位が付与されていたにもかかわらず、裁判上は妾の法的地位は妻のものよりも脆弱であったことを明らかにしていることは注目に値する。

---

[12]　同論稿は、永原和子編『日本家族史論集5　家族の諸相』吉川弘文館、2002年に再録されている。
[13]　同論稿は、村上一博『日本近代婚姻法史論』法律文化社、2003年に再録されている。
[14]　同論稿は、同上の著作に再録されている。

(2) **中国**

　最も初期の頃の研究成果としては、趙鳳喈『中国婦女在法律上之地位』（商務印書館、1928年）がある。近代中国での婦女の法律上の地位について著されている同書では、婚姻の儀式により成立する夫婦関係とその儀式を具備せずに認められる納妾について見ており、妾の性質、納妾の目的や要件に言及し、妻と妾の身分の相違や妾の行為能力、妾と家長との関係についてもいくつかの大理院の判例を下に明らかにしている。

　清末から民国初期に焦点をあて、妾の法的地位を考察した論稿もいくつか発表されており、例えば温文芳「晩清"妾"之地位及婚姻状況―以《申報》1899―1909年"妾"之典型案例為中心」（『咸陽師範学院学報』22-3：2007年）や譚志云「民国南京政府時期妾的権利及其保護―以江蘇高等法院民事案例為中心」（『妇女研究論叢』2009年-3）といったものが挙げられる。前者の論文では、近代中国で発行されていた新聞『申報』内に表れている妾に関する記事を取り上げ、清末における妾の地位を考察し、新聞メディアの情報を用いることで当時の妾の社会的地位を明らかにしている。後者では、1927年から1936年までの江蘇省高等法院の案例を用いながら、夫妾関係の離脱や離脱後の権利関係に着目し、妾に対しても一定の権利が認められていたことに言及する。具体的な事例から妾の法的地位や社会状況に焦点をあてた研究も見られ、李剛「南京国民政府時期"妾"的法律地位与司法裁判」（『山東社会科学』2010年-4）や徐静莉「"契約"抑或"身份"―民初"妾"之権利変化的语境考察―以大理院婚姻、継承判解為中心」（『政法論壇』28-2：2010年）、同『民初女性权利変化研究―以大理院婚姻、継承司法判解為中心』（法律出版社、2010年）では、いくつかの判決を例に挙げながら、分析を加えている。

　中国における妾の歴史を概観している王紹玺『小妾史』（上海文艺出版社、2008年）では、妾の起源や妻と妾との区別やその差異、さらには清末から民国期にかけて妾制度の廃止の動きについても言及している。特に、近代西洋文化の影響を受け、婦女の婚姻問題も意識されるようになり、妾についても問題視されるようになった過程を見る。

　张仁善「寻求法律与社会的平衡―论民国时期亲属法、继承法对家族制度的

変革」(『中国法学』2009年-3)は、南京政府期の家族制度の変革を政治、社会、立法、司法の側面から概観した論稿である。親属法や継承法ではその編纂過程より法律上の規定と社会上の実態との平衡が保たれるように常に模索されていたとの観点から、妾の問題を考察する。氏は、民法典には妾制度の規定は無く、納妾行為は法律上の承認を受けておらず、法律の保護を受けていないが、その一方で納妾は消極的に保護されない規定があるのみで非正式な男女関係は刑事上の制裁を受ける訳では無かったこと、さらに高等法院の判決から妾が合法なものと認められたことから、依然として社会にあった納妾行為を法的にも社会的にも適合できるよう解釈をし、伝統的な習慣と現行の法規との整合性が図られたと見る。

　日本語による学術的な研究成果としては、妾の法的地位について概況した滋賀秀三氏の研究を挙げなければならない。氏の『中国家族法の原理』(創文社、1967年)では、不正規ながらも事実上の家族の一員として認められ得るものとして妾の存在を取り上げ、妻との違いやその権利関係について大理院の判決等も用いながら考察する。また、白水紀子氏が発表された、「中国現代文学にみる民国時期の蓄妾制」(『日本中国学界報』51：1999年)や『中国女性の20世紀　近現代家長制研究』(明石書店、2001年)といった研究の特徴は、民国時期の文学作品を通じ妻と妾を取り巻く環境について観察、その中で妾がどのように取り扱われているか、という着眼点で以て妾の地位を検討していることである。家庭内での妻と妾の身分差や妾に対してどのような値段が付けられていたのか、といった点を示した上で、民国期には妻と妾との身分関係の差が縮まる現象が起き、場合によっては妾が実質的に家庭内で権力を掌握していた模様やそうした蓄妾制度に対する批判が強まっていった過程を浮き彫りにしている。文学作品に登場する妾を考察することは、当時の妾に対する社会的状況を見る上では非常に重要な観点である。

　英語圏では、古くにはP. G. von Möllendorff, *The Family Law of the Chinese*, Mrs. S. M. Broadbent (tra.), (Rangoon, Superintendent, Government Printing: Burma, 1920.)内で中国家族法の中での妾の位置付けを検討しているが[15]、最近のものではKathryn Bernhardt, "Women and the Law : Divorce in the Republican Period" in *Civil Law in Qing and Republican China*,

(Kathryn Bernhardt & Philip C. C. Huang(ed.), Stanford University Press, 1994.)の論稿で、妾について検討を加えている。当該論稿では、清代から中華民国時期にかけて妻からの離婚請求権の範囲が拡大していったことで女性からの離婚が容易になった点を見ながら、立法者たちが妾を廃止した上で一夫一婦制及び男女平等を採用する考えと妾に法的保護を与える考えの岐路に立たされた模様や、法院で妾には同じ家の構成員としての立場を認めたことで妾に新しい形での保護が与えられた過程について論述している。

　中国に関する当該研究テーマに関するもので、最も重要なものとして挙げなければならないのは、程郁氏の研究成果であろう。民国期における妾の法的地位をめぐる変遷を考察する氏の一連の研究成果、例えば「中華民国時期における妾の法律地位」(『昭和女子大学女性文化研究所紀要』25：2000 年)、「民国时期妾的法律地位及其变迁」(『史林』2002 年－2)、(王传贤、王慕冰口述、程郁整理)「民国时期妻妾共居家庭的生活记录」(『史林』2004 年－増刊)、『纳妾 死而不僵的陋习』(上海古籍出版社、2007 年)では、大理院や最高法院の判決録に収録されている判決例を用いていることに最大の特徴がある。多くの事案を整理した上で、妾と家長との関係や刑事上の重婚罪や姦通罪との関係、さらに 1935 年刑法の審議段階における婦女団体の抗議活動を考察し、民国前期の北洋政府の時期には妾は合法的な家の構成員として見做され、それに伴い妾にも一定の権利が認められていたこと、南京国民政府の時期では妾の文言は法文上削除されつつも、法文の解釈上は妾の存在は依然として認められていたこと、但しその一方で婦女団体の納妾廃止運動の影響から男女平等の意識が根付き、夫の蓄妾行為が姦通と見做されたことを挙げ、徐々に妾に対する法的な位置付けが変容していった過程を明らかにする。氏の研究成果の集大成とも言うべき『清至民国蓄妾习俗之变迁』(上海古籍出版社、2006 年)では日中比較も検討されており、当該研究テーマに関する一定

---

(15)　同氏は当該著作以前にも、中国家族法に関する論稿を発表し、妾について紹介している。P. G. von Möllendorff, "The Family Law of the Chinese and its Comparative Relations with that of other Nations" in *Journal of the North China Branch of the Royal Asiatic Society*, New Series, Vol. XIII, 1879, pp. 99-121.
　他にも、Robert T. Bryan, Jr., *An Outline of Civil Law*, The Commercial Press, Shanghai: China, 1925. においても、当時の妾に関するの若干の記述が見られる。

の研究成果が得られたと評し得る。また、『蓄妾習俗及法規之変遷』(上海人民出版社、2013年)では、より大局的な観点から、蓄妾の実態や妾の法的身分、社会上の位置付けの変遷について論じられている。

(3) タイ

　タイ法制史の研究は、特に近代法制史の分野では資料の収集の面で非常に制約があることから、日本や中国と比較すると研究の蓄積は薄い[16]。これは、タイ近代法を研究する際に必然的に生じる障害に起因するものと思われる。まず、タイは近代法継受期に特定の国家からの過度の干渉を防ぐという目的のために、ベルギー、フランス、イギリス、日本、アメリカ等の諸外国からお雇い外国人を招聘している。法典の編纂や整備の面では、タイ人の編纂委員も含め英語が共通言語として用いられていたが、各国のお雇い外国人が母語で認めた日誌や手紙といった文献を分析することもタイにおける近代法分野の一端を明らかにすることが必要不可欠となってくるものの、そうした資料は各国に散逸しており、その収集が非常に困難な側面がある。その点、Walter E. J. Tips 氏により精力的にこうしたお雇い外国人の資料の英訳及び整理が進められており、例えば Walter E. J. Tips, *Gustave Rolin-Jaequemyns and the Making of Modern Siam: The Diaries and Letters of King Chulalongkorn's General Adviser* (White Lotus, 1996.) や Mr. and Mrs.

---

(16)　近代法を整備する以前には、タイでは三印法典が基本法典として用いられていた。三印法典は1805年にラーマ1世の命により編纂された法典であり、その名称は3名の大臣の官印が押されていることに由来する。三印法典について触れたものとしては、古くには郡司喜一『タイ国固有行政の研究』日本書院、1945年がある。三印法典の具体的な構成や内容については石井米雄氏が精力的に研究を重ね、代表的なものとしては同氏の『タイ近世史研究序説』岩波書店、1999年がある。英語文献では、Andrew Huxley (ed.), *Thai Law: Buddhist Law: Essays on the Legal History of Thailand, Laos and Burma*, Orchid Press, 1996. がある。タイ語文献では、วินัย พงศ์ศรีเพียร, บรรณาธิการ [Winai Phongsriphian 編], กฎหมายตราสามดวง : แว่นส่องสังคมไทย [三印法典：タイ社会を映す鏡], กรุงเทพฯ : สำนักงานกองทุนสนับสนุนการวิจัย (สกว.), 2004. の研究成果が発表されている。

　また、三印法典を用いた家族法に関する研究として、赤木攻「タイ社会における妻の地位―婚姻の解消について―」『大阪外国語大学　学報』29、1973年、281-287頁もある。

Émile Jottrand, translation and introduction by Walter E. J. Tips, *In Siam: The Diary of a Legal Adviser of King Chulalongkorn's Government* (White Lotus, 1996.) 等、法典編纂期の初期の頃にタイへ渡ったベルギー人のお雇い外国人の記録については参考に供するところが大きいし[17]、Arnold Wright, Oliver T. Breakspear, *Twentieth Century Impressions of Siam: Its History, People, Commerce, Industries, and Resources*, White Lotus, 1994（Originally published: Lloyd's Greater Britain Publishing Company, Ltd., 1908.）もお雇い外国人について言及がなされている点では評価できるが、やはり彼らの功績がタイ近代法史の中では比較的初期に限られていたという点では限界がある。また、タイは外交面ではイギリスやフランスに翻弄されながらも西洋列強諸国の植民地化を免れたため、残されている文献の多くがタイ語で記されていることも、研究上の障害となっている点は否めない。最近では、Kittisak Prokati 氏の論説 "King Rama V. and Constitutionalism in Thailand" in *The Visit of King Chulalongkorn to Europe in 1907: Refleting on Siamese History*（Pornsan Watanangura（ed.）, The Centre for European Studies at Chulalongkorn University, 2008.）が発表され、興味深い点も示されているが、近代法制史の領域では検討されなければならない事項は依然として残されている。

　こうした状況下で、香川孝三『政尾藤吉伝―法整備支援国際協力の先駆者―』（信山社、2002 年）が、日本におけるタイ近代法史を探る手掛かりとなる著作として挙げられよう。これは、お雇い外国人としてタイ政府に招聘され、法典編纂、特に刑法典の編纂の際に活躍した政尾藤吉の伝記である。政

---

(17) 他にも Walter E. J. Tips, *Siam's Struggle for Survival: Gunboat Incident at Paknam and the Franco-Siamese Treaty 1893*, White Lotus, 1996.（同書の邦訳として、ウォルター・E・ティップス著、小川秀樹訳『シャムの独立を守ったお雇い外国人　フランスの砲艦外交と国際法学者ロラン＝ジャックマンの闘い』岡山大学出版会、2009 年）や Émile Jottrand の旅行記、Captain Georges 'Puck' Chaudoir, Mr. and Mrs. Émile Jottrand, translated and with introductions by Walter E. J. Tips, *Belgian Tourists in Burma, Siam, Vietnam and Cambodia (1897 & 1900)*, White Lotus, 2011. の研究業績も併せて参照することにより、当時のタイの置かれていた環境を理解するために重要であると言える。

尾に関するまとまった研究は、それまで政尾隆二郎編『政尾藤吉追悼録』（出版社不明、1922 年）がほぼ唯一のものであったが、政尾の資料を整理し、併せて法典編纂の作業を明らかにした氏の著作は非常に優れている。

　タイ語圏で法制史分野の研究については、やはり แสวง บุญเฉลิมวิภาส [Swaeng Boonchalermwipas], *ประวัติศาสตร์ กฎหมายไทย พิมพ์ครั้งที่ ๑๐* ［タイ法制史　第10版（2011）］の功績を挙げなければならない。当該著作は概説書の体裁となっているものの、タイ法制史を前近代から解き明かし、アユッタヤー王朝、三印法典の編纂から近代法継受過程までをまとめたものであり、近代法に関する部分も国王の書簡からの引用やお雇い外国人の果たした役割についての言及がなされており、比較的詳述されている[18]。

　タイの刑法典の編纂過程を詳述した研究としては、Apirat Petchsiri 氏の "A Short History of Thai Criminal Law since the Ninteenth Century"（in *Malaya Law Review*, Vol. 28 No. 1, 1986）及び *Eastern Importation of Western Criminal Law: Thailand As a Case Study*,（Littleton, Colo: F.B. Rothman, 1987.）が古典的な作品として知られ、最近では Kanaphon Chanhom, *Codification in Thailand During the 19th and 20th Centuries: A Study of the Causes, Process and Consequences of Drafting the Penal Code of 1908*,（A dissertation submitted in partial fulfillment of the requirements for the degree of Doctor of Philosophy, University of Washington, 2010.）がある。

　民商法典内の家族法の編纂史に着目した研究では、初期の頃の研究として、Aye Kyaw, *On the Birth of Modern Family Law in Burma and Thailand*,（Singapore: Southeast Asian Studies Program, 1990.）が知られるが、タイの一夫一婦制への転換について、法制史、特に家族法史の領域から焦点をあて新たな地平を切り開いたと評し得るのが、Tamara Loos, *Subject Siam: Family, Law, and Colonial Modernity in Thailand*（Ithaca: Cornell University Press, 2006.）である。Loos 氏の研究は、イギリスとの間に不平等条約であったバウリング条約を 1855 年に締結してから、タイ民商法典の家

---

(18)　当該著作について、拙稿「学界展望〈東洋法制史〉」『国家学会雑誌』128 - 11＝12、2015 年、195-197 頁において、内容を紹介している。

族法分野が1935年に公布される迄の時期を中心に、タイ国王の政策や見解、タイ人編纂委員の意見を整理し、一夫一婦制が成立した過程を詳述したものである[19]。

タイ近代期の妾に関しては、これまではむしろ社会史や女性史の着眼点からの研究が行われている。代表的なものとしては、Suwadee T. Patana, "Polygamy or Monogay: The Debate on Gender Relations in Thai Society, 1913-1935" (in *IAHA 13th Conference, Sophia University, Tokyo, Working Drafts Vol. VI, September 5-9, 1994.*) や、Leslie Ann Jeffrey, *Sex and Borders: Gender, National Identity, and Prostitution Policy in Thailand*, (Honolulu: University of Hawai'i Press, 2002.) が挙げられる。特に後者では、不平等条約撤廃のために一夫多妻制を是正する向きがあったこと、一夫多妻制の廃止が文明国として認められるための条件であったこと、但しこうした一夫多妻制への批判は女性の地位向上を目的としたものではなかったことを指摘している。また、Malee Pruekpongsawalee, "The Constitutions and Legal Status of Women in Family Related Laws in Thailand: A Historical Perspective" in *Women's Studies in Thailand: Power, Knowledge and Justice*, (Suwanna Satha-Anand (ed.), Ewha Womans University Press, 2004.) では、タイ社会における女性の地位について、歴代の憲法や関連する民商法典・家族登録法等の法規を踏まえ考察を進めている。

日本語圏では、飯田順三氏が「タイ法の近代化―婚姻法をめぐって―」（湯浅道男・小池正行・大塚滋編『法人類学の地平』（アジア法叢書16）成文堂、1992年）及び「タイ法の近代化過程における婚姻法の発展」（『法社会学』45：1993年）にてタイでの一夫一婦制への歩みをまとめ、成果を発表されている[20]。両論文は共に、婚姻法の草案をめぐり一夫一婦制を採用するか、従来通りの一夫多妻制を堅持するか、フランス人のジョルジュ・パドゥーや政尾藤吉等のタイ政府に招聘されたお雇い外国人を中心とした1910年代の議論を紹介している。タイの一夫一婦制の是非をめぐる初期の頃の議論を見て

---

(19) 当該研究の意義については、拙著「学界展望〈東洋法制史〉」『国家学会雑誌』125－3＝4、2012年、148-151頁を参照されたい。

いる点は注目に値する研究である。また西澤希久男氏が鮎京正訓編『アジア法ガイドブック』（名古屋大学出版会、2009年）の第8章「タイ」にて法史を概説する中で、一夫一婦制に関する問題に簡単に触れられている。

(4) 課題

　これまでの先行研究の動向を見ると、妾の置かれていた状況についての分析を試みるものが見られる。本書で検討するような妾に関する近代東アジアの状況を横断的に比較検討する研究は未だ無いが、各国における妾に関する法的議論を概観している先行研究の成果でも依然として妾をめぐる法的諸問題が課題として残されている。

　まず、先行研究の特徴として挙げられるのが、妾をめぐる法的議論を考察する際に、専ら民法の領域の問題として概観していることである。確かに妾に関する議論は一夫一婦制との兼ね合いから、民法上の問題から一夫一婦制が規定されるに至る段階を見ることは重要であるが、刑法の規定、例えば妾を有していた夫への処罰規定が想定されていたのか否かといった点についても見てゆく必要がある。日本では刑法の領域で妾の問題も考察されているが、刑法典の編纂で妾を規定するか否かといった論議の結果、妾の文言が失われたことに着目し、編纂された刑法典の法文で妾が登場してはいないことを理由に妾の法的地位が失われたと見ているものがあるが、一方で刑法典では妾の文言は用いられなかったものの、その後も夫の蓄妾行為を容認し得る状態が継続し、日本や中国では法典の改正で姦通罪の問題に関連する議論が行われていることから見ても、刑法典の編纂期のみならずその後の過程も注視する必要がある。また、日中両国の刑法典では親属の範囲を定める規定が設けられたが、この中に妾が含まれるのか、或いは親属に関する規定が妾にも適用されていたのか、という問題が生じる。近代期の妾に関する問題につ

---

(20)　同氏による「タイ国婚姻法にみる伝統的観念―特に婚約条項を中心として―」『創大アジア研究』7、1986年、343-368頁も三印法典から民商法典への転換期の様子を概観しており興味深い。

　また、法継受の観点からは、飯田順三「タイ近代刑法典および民商法典の編纂過程における日本法の影響（一）」『創価法学』29‐1＝2、1999年、19-44頁の先行研究も併せて参照されたい。

いては、民法上と刑法上の双方の観点からこれを複合的に検討することが求められるが、その点では先行研究では未だに課題が残されていると言えよう。

　また、当時の法学者らが記した著作や論稿では、夫の蓄妾行為を認め得る法文についての意見が取り上げられ、賛否両論含めて言及がなされているが、これまでの先行研究ではこの点について充分に検討がなされていない。当時妾について法的にどのように議論されていたのかという動向を探ることは、当該研究テーマにおいては不可欠であろう。無論、こうした法学者の意見のみを以って妾の社会実態や世論の傾向を見極めることには限界がある。これまでのところ当時の妾についての社会的状況を考察するにあたり、先行研究の中にはメディア媒体の記録を一部用いているものがあるが、限定的に参照されているところに難点がある。例えば、日本での廃妾論を考察するにあたり、『明六雑誌』内に所収されている森有礼の論稿を取り上げ、当該論稿を一夫一婦論が説かれた先駆的なものと位置付けている研究もあるが、実際のところ19世紀後半から20世紀前半にかけて発行された新聞や雑誌のメディアの中では度々妾をめぐる問題が議論の的となっていることから見るならば、長い期間で以って近代期の妾の社会的動向やその変遷を探り、当時どのように妾の問題が意識されていたのかという問題についても検討を加える必要がある。特に、19世紀後半からのメディアの発達に伴い、メディア媒体で議会での立法案やその審議が報道されるようになるのと相俟って、法学者は専門書や議会の場において以外でも、新聞や雑誌に論説を寄稿し、講演会の場で演説をする等、大衆向けに法律問題を述べる機会が増えてゆくことになる。妾をめぐる問題についても、近代期のメディアで妾の害悪や廃妾論、その法的問題が新聞や雑誌で取り上げられ、盛んに議論されている。近代期におけるメディア媒体の論説と立法にはある程度の関連性があったと考えられ、妾に対する法的及び社会的動向という面でも、メディアが果たした役割は決して小さくはなかったと思われる。

　このような課題を意識しつつ、本研究では妾をめぐる法的諸問題に関連して民法や刑法の規定を複合的に見た上で、条文の変遷や当時の法学者の著作等から法的に一夫一婦制と妾をめぐる問題やその整合性についてどのように

考えられたのかに着目し、同時に当時発行されていた新聞や雑誌を活用することで、メディアの中での妾の扱われ方やその論評の模様にも焦点をあてることとする。

第3節　本書の構成

　本書では第1章で日本、第2章で中国、第3章でタイ、に焦点をあて、各国での妾をめぐる法的及び社会的状況について概観する。各章の各節では次のように論述する。

　第1節にて妾に関する各国の民法及び刑法の法文を見る。民法典の関連では重婚の禁止規定や夫婦の離婚事由規定を、刑法典に関しては親属或いは親族の範囲、姦通罪や重婚罪の処罰規定を中心に取り上げ、起草段階での議論やその規定の変遷について詳述し、各国で妾に関する問題が法文上どのように意識され処理されていたのかという点に着目すると共に、当時の法学者が記した論稿や著作の中から、妾に関する規定についてどのように評価がなされていたのかという点も併せて探る。

　第2節では近代期の判例の状況について見る。妾は法的な地位が明文の規定に基づき付与されていなかったものの、各国の判例の中では妾が登場する。そうした裁判の場で妾の判断基準を見ながら、妻の離婚請求権が徐々に拡大されていった模様や妾を有していた場合の夫に対する待遇、或いは夫と妾との関係が法的に如何なるものとして取り扱われていたのかといったことにも目を向ける。

　第3節では近代期に発行された新聞や雑誌のメディアの論調を整理した上で、妾に対する社会の目や動向に触れる。妾の存在を公認する論説が掲載されたのか、それとも妾制に対する批判的な見解が寄せられたのか、という問題関心は、近代期における妾の立場を理解する上では欠かせない重要な事柄である。そこで、妾制に関する一般的な世論の動向、及び民事的並びに刑事的側面からどのように検討がなされ論説が掲載されたのかについても見てゆくこととする。

　第4節においては、それぞれの当事国での状況を整理し、妾をめぐる法的

及び社会的議論の動向をまとめる。

また終章では、日本・中国・タイの近代期における妾をめぐる議論の相似点や相違点に触れ、これら3ヵ国で如何なる問題として意識されていたのかを今後の課題と共に見てゆく。

第4節　資料及び用語

具体的な検証に入る前に、本書にて用いた資料及び前提となる用語の概念を示しておくこととする。

(1) **資料**

各国の法典の草案であるが、日本民法に関するものでは、『明治十一年民法草案』(1878年) や『民法草案人事編理由書』(出版年不明)・『日本民法草案人事獲得編』(1888年) 等、刑法に関しては『仮刑律』(1868年)・『新律綱領』(1870年)・『改定律例』(1873年)・『日本刑法草案』(1877年)・『刑法修正案』(1879年)・『明治廿三年改正刑法草案』(1890年)・『刑法改正草案（司法省予備案）』(1927年)・『改正刑法仮案』(1940年) 等を用いた。中国民法に関しては『大清民律草案』(1911年)・『民律草案親属編』(1915年)・『民国民律草案』(1925年)・『親属法草案』(1928年)・『中華民国民法』(1930年) 等、刑法の分野では『大清刑律草案』(1907年)・『修正刑律案語』(1910年)・『暫行新刑律』(1912年)・『暫行刑律補充条例』(1914年)・『修正刑法草案理由書』(1915年)・『刑法第二次修正案』(1918年)・『改定刑法第二次修正案』(1919年)・『中華民国刑法』(1928年)・『中華民国刑法』(1935年) 等を参照した[21]。タイにおける法典草案や意見書としては、Georges Padoux, *Report on the Proposed Penal Code for The Kingdom of Siam, Submitted*

---

[21] これらの草案を整理したものとしては、楊鴻烈『中国法律発達史』(商務印書館、1930年)・謝扶民編著『中華民国立法史』(正中書局、1948年)・修訂法律館編輯『法律草案彙編』(成文出版社、1973年)・楊立新点校『大清民律草案　民国民律草案』(吉林人民出版社、2002年)・懐效鋒主編『清末法制変革史料』(中国政法大学出版社、2010年)・黄源盛纂輯『晩清民国刑法史料輯注』(元照出版、2010年)・高汉成主編『《大清新刑律》立法資料汇編』(社会科学文献出版社、2013年) 等がある。

to His Royal Highness Prince Rajburi Direckrit Minister of Justice（1906.）や、さらに外務省外交史料館や米国イェール大学の図書館に所蔵されている民商法典や刑法典の草案、ประมวลกฎหมายแพ่งและพาณิชย์ บรรพ ๕ พุทธศักราช ๒๔๗๗［民商法典　第 5 編　仏暦 2477 年（1934 年）］・Translation of the Civil and Commercial Code Book V B.E.2478 (1935.)、及び Revised Draft of the Proposed Penal Code for The Kingdom of Siam／April, R. S. 126.（1907.）・The Penal Code for Kingdom of Siam（Draft Version）R. S. 127.（1908.）・กฎหมายลักษณอาญา ร. ศ. ๑๒๗［刑法典　ラッタナコーシン暦 127 年（1908 年）］・ราชกิจจานุเบกษา［官報］等を使用した。

　裁判の実例を見るのに、日本の判例については『大審院民事判決録』（中央大学発行）・『大審院刑事判決録』（中央大学発行）・『大審院刑事判例集』（法曹会発行）・『法律新聞』（法律新聞社）の判決録を主に参照したが、それ以外にも、高窪喜八郎編『法律・学説判例・総覧　民法親族編・完』［第 5 版］（法律評論社、1924 年）・法令研究会編纂『実例・判例・文例　親族法総覧』［再版］（敬文社出版部、1926 年）・横田秀雄監修、安積伊二郎著『法律提要・民事』（教文社、1930 年）・法学研究会編纂『親族・相続・戸籍法・人事訴訟法』（常盤書房、1932 年）・岩田新『判例婚姻予約法解説』（有斐閣、1935 年）・高窪喜八郎『法律・学説判例・総覧　親族編　第一続編・完』（法律評論社、1935 年）・林賴三郎、泉二新熊監修『条別追加　帝国判例輯覧　刑法各則・中巻』（帝国判例法規出版社、1936 年）・山口与八郎『貞操問題と裁判』（明治大学出版部、1936 年）・遠藤誠、齋藤悠輔共編『判例体系　刑法各論　上』（啓法会、1937 年）・太田武男『離婚原因の研究―判例の変遷を中心として―』（有斐閣、1956 年）等、判例を整理した著作も活用し、近代に登場する妾の判例を網羅的に収集した。中国の裁判例に関しては、『司法公報』や『法律週刊』に掲載されている判決例を参照した他、黄栄昌編輯『司法法令判解分類彙要　第一冊・民例之部』（中華図書館、出版年不明）・天虚我生編輯『大理院刑事判決例　甲編』［再版］（中華図書館、1917 年）・黄栄昌編輯『最近大理院法令判解分類彙要　第二冊・刑律之部』（中華図書局、1922 年）・周東白編『大理院判例解釈　新刑律匯覧』［増修再版］（上海世界書局、1924 年）・葛遵礼編『中華民国新刑律集解』［修正増訂第 3 版］（会文堂書局、

1928 年)・楊鴻烈『中国法律発達史』(商務印書館、1930 年)・朱鴻達編『司法院解釈例要旨彙覽』(世界書局、1931 年)・鄭爰諏編輯、朱鴻達増訂、邵祖敏再増訂『最新増訂刑法集解』[第 6 版] (世界書局、1932 年)・黄栄昌編『中華民国刑法釈例彙纂』[訂正第 3 版] (上海法政学社、1933 年)・朱鴻達主編『民国元年至十六年　現行法有効　大理院判決例全集』(世界書局、1933 年)・郭衛、周定枚編輯『司法院法令解釈総集　第一集』(上海法学書局、1934 年)・郭衛、周定枚編輯『中華民国六法理由判解彙編』(会文堂新記書局、1934 年)・陳應性編著『中華民国刑法解釈図表及条文』(商務印書館、1936 年)・楊元彪編輯『刑法判解彙編』(世界書局、1936 年)・劉霨凌『司法院解釈要旨分類彙編　上册』(大東書局、1946 年)・段紹禋編『六法判解彙編』(三民書局、1972 年)・郭衛編輯『大理院判決例全書(全)』(成文出版社、1972 年)・最高法院判例編輯委員会編輯『中華民国十六年至六十三年　最高法院判例要旨』(最高法院判例発行委員会、1976 年) も併せて使用した。さらに、日文の周家壁編、福本操訳『大理院関於民事習慣之判例及解釈集』(司法部総務司調査科、1935 年)、『関東庁ノ法廷ニ現ハレタル支那ノ民事慣習』(司法部民事司、1936 年) を、英文の資料としては、G. Jamieson, *Chinese Family and Commercial Law* (Kelly and Walsh Ltd., 1921.)・V. A. Riasanovsky, *The Modern Civil Law of China Part 1.*, (Harbin, 1927.)・M. H. van der Valk, *Interpretations of the Supreme Court at Peking: Years 1915 and 1916* (Sinological Institute Faculty of Arts University of Indonesia, Batavia: Indonesia, 1949.) も参照した。タイについては英字新聞の "*The Bangkok Times*" が当時のタイ社会の様子を探る上では重要な情報を提供すると共に、最高裁判所である ศาลฎีกา (ディカー裁判所)[22] の判決要旨が下級審判決と併せて詳細にまとめられており、近代期における裁判例を調査するための資料として最適なものと言える。幸いなことに "*The Bangkok Times*" は創刊から廃刊まで

---

(22)　英文表記だと Dika Court となっている。日本語表記では、チカー裁判所、ヂイカー裁判所、若しくはディカー裁判所となっているが、本書では「ディカー裁判所」と表示する。
　一般的にタイの判決の位置付けについては、先例を重視するが絶対的な拘束性は認められてはいない、と説明されている。安田信之『東南アジア法』日本評論社、2000 年、242 頁。

の記録媒体がほぼ揃っており、近代タイの判例動向を踏まえることが可能となっており、同紙に基づき調査を行った。

最後にメディアの記録媒体である。各国の新聞として、日本は『東京日日新聞』(1872年から1942年)、中国は『申報』(1872年から1949年)、タイは"The Bangkok Times"(1897年から1941年)を基本的な資料として用いた。雑誌に関しては、日本では『明六雑誌』(1874年から1875年)・『女学雑誌』(1885年から1904年)・『太陽』(1895年から1928年)・『女性』(1922年から1928年)等を、中国のものでは、『東方雑誌』(1904年から1948年)・『婦女雑誌』(1915年から1931年)・『婦女共鳴』(1929年から1944年)・『女子月刊』(1933年から1937年)等を、タイについては、『南洋協会雑誌』(1919年から1937年)・『南支那及南洋情報』(1931年から1938年)・『暹羅協会会報』(1935年から1939年)・『南洋』(1937年から1944年)・『日本タイ協会会報』(1939年から1946年)等の書誌を用いた。

(2) 用語

近代期には妾の法的問題が盛んに議論されているが、当時の文献では「妾」の概念について明確に定義されているものは殆ど無い。これは当時廃妾論が議論された際に、妾の概念が整理されていなかったことや、裁判例などで登場する「妾」の正確な位置付けが示されなかったことに起因すると思われる。また、近代期に各国で同様の表現が複数用いられていることも「妾」の用語の多義性を示すものと言えよう。例えば、日本のメディアの論稿では「側室」や「権妻」、「副妻」、「囲者」、「手掛」等の単語が登場するし、判例でも妾が扱われているにもかかわらず、その定義が長らくなされなかった[23]。中国における「妾」も「側室」、「偏房」、「副室」、「如夫人」、「二

---

[23] 岩田新も著書において、「判例に現れた妾といふものの概念は甚だ判然しない」と指摘する。岩田新『判例婚姻予約法解説』有斐閣、1935年、66頁。
　日本の判例で妾を定義した判例では、「おもうに、妾若しくは二号という概念は今日必ずしも明確ではないのであるが、通常、「法律上の妻又は事実上の妻でなくして、主として妻帯の男性から経済上の援助を受けて、これと性的結合関係を継続する女」をいうものと観念してあやまりないであろう。」(最高裁昭和29年(あ)3497号[1957.9.27　第2小法廷判決])と、その判断基準が示された。

相公娘」、「小家眷」等の別称が用いられていた[24]。タイ語では、妻と妾とで同じ "เมีย"（mia）という単語が用いられる。単に "เมีย"（mia）という場合には妻を意味するが、妻が複数いる場合には "เมีย หลวง"（mia luang）と "เมีย น้อย"（mia nooi）と使い分けている。前者は直訳すると「主要な妻」即ち妻を意味し、後者は「地位の低い妻」つまり妾を示す単語となる[25]。

　本研究において「妾」とは、同居・別居を問わず、ある男性が正式な婚姻儀式や手続きにより関係を結んでいる妻以外に、そうした儀式・手続きを経ることなく双方の許諾や同意の下で性行為及び扶養関係を有している女性、と定義しておく。やや広域な概念ではあるが、正式な配偶者として娶る妻とは異なるものとしての妾を定義することにより、東アジアにおける妾の動向を比較検討する趣旨に基づく。ここで妾の居住状況について附言すると、男性が妻以外に妾を有する場合にその居住形態として取り得るのは、妻も妾も同一の家に住む同居型、そして妻と妾は別々の場所に居住するという別居型の形式である。裁判例やメディアに登場する妾の生活状況を見ると、日本では別居型、中国では原則として同居型が主流であったと思われる[26]。タイの妾の生活環境について言及がなされている資料は多くはないものの、当時のタイ社会を書き記している著作や判例の中に断片的に出てくる妾の実態を見ると、恐らく同居型の形が取られていたのではないか、と推察される。但し、場合によっては各国で同居・別居の形式が混在していたようであり、妾の居住形態により、妾と見做すか否か、という判断がなされていなかった模

---

(24) 東川德治撰『支那法制史研究』有斐閣、1924 年、354 頁。

(25) こうした "เมีย"（mia）の単語の使い分けは 19 世紀末から 20 世紀初めには意識されており、当時出版されていたタイ語の辞典でも、妻と妾とを区分している。E.B. Michell, *A Siamese-English Dictionary: For the use of students in both languages*, Bangkok, 1892, p.198.; D.J.B. Pallegoix, *ศริพจน์ภาษาไทย*: *Dictionnaire Siamois Français Anglais: Siamese French English Dictionary*, Bangkok, 1896, p.527.; B.O. Cartwright, *พจนานุกรมไทย อังกฤษ*: *A Siamese-English Dictionary*, Bangkok, 1907, p.477.

　英語では妻を "major wife" や "first wife"、妾を "minor wife" や "concubine"、邦訳では前者を「主妻」、後者を「側妻」と表現しているものがある。

(26) 牧野巽は、妻妾が一家に同居し複雑な家庭が形成されたことを中国における家族生活の一大特色であった旨、指摘する。牧野巽『支那家族研究』生活社、1944 年、29 頁。

様であることから[27]、本研究では妾の生活実態については一先ず妾を定義するのに際しては考慮の対象から外しておく。

　この妾の定義と関連して、一夫一婦制及び一夫多妻制の概念についても触れておかなければならない。日本や中国において、表面的には近代以前に夫が妾を有することが可能であったことから、これを一夫多妻婚と見做し法の近代化に伴い法的に一夫一婦制が導入されたとも見る記述がある。確かに、事実上は妻と妾との区分が曖昧であり、夫が複数の妻を有しているように見えた例も想定されるが、厳密には妻と妾とは明確に異なっていた。というのも、夫婦と称することができるのは「夫」と「妻」であり、「夫」と「妾」とは相対する概念ではなかったためである。中国においては、妻は夫に対して「夫」の文字を用い、妾は夫に対して「君」の文字を用い、夫婦間の関係とは異なるものとして両者が明確に区別され[28]、複数の妻を同時に有することは認められず、妻は1人に制限されるが、妾は複数有することが認められていた[29]。そのため、日本や中国において廃妾の動きを一夫多妻制から一夫一婦制への変遷と見て考察することは必ずしも正しくない。むしろ、近代法を継受する際に立法者が問題としていたのは、法典で一夫一婦制を明文化すると同時に、妾に法的身分を与えるか否か、詳言するならば、「妾」の文言を法文としては盛り込むことを避けながらどのように承認すべきか、ということであった。タイにおいては事情がやや異なる。先に見たように、タイ語では「妻」にも「妾」にも同じ単語が用いられ、夫は複数の"เมีย"（mia）と関係を有することが可能であり、また"เมีย"（mia）の数も法的に制限が

---

(27)　一例として日本の例を示すと、ある男性の下に「本妻の外に只置てさへ下されバ能いと云ふ妾二人あり、皆なかよく同居して暮せり、本妻にハ子なし、二人の妾に女子一人づつあれども本妻を母と呼ばせて産たる妾をバ名を呼び捨にさせたり本妻ハ二人の女子を可愛がること実子の如し（略）其妻ハ少しも嫉妬の念なくして亦よく亭主を助けて活計を謀れり、妾二人ハ能く主婦の意に順ひて水を汲み飯を焚き掃除をするなど下婢雇女の如し」（『東京日日新聞』1875.3.10）という状況が記されていることからも、同居の形式も皆無では無かったことが窺える。

(28)　満洲事情案内所編『家庭と女性を中心に見た　支那の社会と慣習』（満洲事情案内所報告　107）出版社不明、1942年、122頁。

(29)　滋賀氏はこうした中国古来の婚姻制度の形態につき一夫一妻多妾制と称している。滋賀秀三『中国家族法の原理』創文社、1967年、551頁。

加えられてはいなかったため、文字通り夫に複数の"เมีย"(mia)が存在する一夫多妻婚であったと言える。そのため、タイでは法典編纂事業により一夫一婦制を規定する過程で、夫が登録できる"เมีย"(mia)の人数をめぐる議論が起き、結果的に1人の妻のみの登録がなされる規定が設けられたことで一夫多妻制から一夫一婦制へと転換したこととなり、この点では日本や中国での事情とは異なる部分もある。しかし、タイにおいても伝統的な婚姻では日本や中国と同様に、妻となるのは正式な婚礼や儀式を要していたことから妻と妾とでは区分されており[30]、近代法典が編纂される以前の三印法典でも"เมีย"(mia)は3種類いたことが記されていたことからも[31]、妻と妾との違いは意識されていたと考えられる[32]。本研究では、日本・中国・タイの3ヵ国は共に近代法典の編纂に伴い、厳格な一夫一婦制の法体系を形作るために正式な妻となる女性の身分や位置付けや婚姻の手続きを法律上定める一方で、夫が妻以外の女性と関係を有することを法的に保護する対象とは見るこ

---

(30) "Courtship and Marriage of Siamese and Laos" (*The Bangkok Times*, 1934.1.31).
(31) その3種類とは、"mia klang muang"、"mia klang nok"及び"mia that"である。それぞれ、「主妻」、「側妻」及び「奴隷妻」の訳語が当てられる。この内、夫が妻となる女性の親から許諾を受け、正式な婚礼を行った際には「主妻」となり、夫が相手側の親の許諾を得ず、また婚礼を経なければ「側妻」となる。民商法典で家族法分野の編纂作業が本格化する以前には、妻に対する定義付けが模索されていた。1913年にはNai Siang Netibanthit及びLuang Phisalaisanは共に夫婦の婚姻関係の基準として、男女の性的関係と共に公開の儀式を要することを基準として示していたことからも、儀式の有無が求められていたことが推察される。Tamara Loos, *Subject Siam: Family, Law, and Colonial Modernity in Thailand*, Ithaca: Cornell University Press, 2006, pp.137-140.

例えば、三印法典夫婦法第32条にて、夫が娶ることのできる妻が3種類いる旨が規定されている。

๓๒ มาตราหนึ่ง
(第32条)
ภรรยาหลวง
ผู้ใดไปรบศึกได้หญิงเชลยมาเลี้ยงเปน อนุภรรยา ก็ดี ชายใดมาทำชู้ด้วยหญิงนั้นมีโทษ
ทาษภรรยา
ให้ไหมโดยพระราชกฤษฎีกา
(戦闘に行き、女性の捕虜を獲得した者は、これを主妻(妻)/側妻(妾)/奴隷妻として扶養することもできる。その女性と姦通をした男性は有罪となる。勅令により罰金を科される。)

とができなくなり、正式な婚姻関係の以外の女性は法の外に置きながらも、暗黙の了解の内にこうした女性や妾を有している夫に対しては刑事罰を及ぼさせないようにしていたという点では共通であることに注目し、各国の妾を取り巻く状況を比較検討する。

また、妾の家庭内の地位やその身分関係を考察するにあたり関連する議論として、「親属」と「親族」の表記問題がある。中国の場合は親属法との表記が一般的になされるが、この「親属」の名称が「親族」と同種の用語と見做す見解と、それぞれ明確に区別がなされていたと見るものがある[33]。仮に両者の用語で区別があると見るならば、近代期にその明確な区分が認識されていたのか、ということは別途検討しなければならない問題もあるが、本研究ではそこまでの分析には立ち入らず、当時の表記例に従う。さらに日本の法文でも初期の頃の刑法典で「親属例」と表記されていたことに倣い、便宜上日本や中国については原則として「親属」と表記する。タイでは日本や中国の「親属」に該当する規定は無かったが、刑法典の起草者の一人である政尾藤吉が当該問題について触れている際には「親族」と述べていることから、「親族」と表記する。

表記方法については、原則として次の通りに統一する。まず国名である。中国は辛亥革命により清朝が崩壊した後、1912年に中華民国が成立し、当時の中国についての著作では「支那」や「中華民国」と記されているが、本

---

(32) 実際、1935年民商法典第1636条において、下記のように妻と妾との相続分を明確に区分する規定が置かれた。

มาตรา ๑๖๓๖
（第1636条）
ถ้าเจ้ามฤดกมีภริยาที่ชอบด้วยกฎหมายก่อนใช้ประมวลกฎหมายแพ่งและพาณิชย์บรรพ ๕ หลายคนยังมีชีวิตอยู่ภริยาเหล่านั้นทั้งหมดรวมกันมีสิทธิได้รับมฤดกตามลำดับชั้นและส่วนแบ่งดั่งระบุไว้ในมาตรา ๑๖๓๕ แต่ในระหว่างกันเองให้ภริยาน้อยแต่ละคนมีสิทธิได้รับมฤดกกึ่งส่วนที่ภริยาหลวงจะพึงได้รับ
（もし死者が民商法典第5編の施行前に法的地位を満たした妻妾を多数残していた場合、それら全ての妻妾は階層に従い、そして第1635条に規定されているように分割して遺産を相続する権利を有する。但し、それぞれの妾については、妻の相続分の二分の一を受け取る権利を有するものとする。）

(33) 大塚勝美『中国家族法論　歴史と現状』御茶の水書房、1985年、156-158頁。

書では引用部分を除き「中国」と表記する。タイは1939年に現在の国名を採用する以前は"Siam"の名称であった。当時の日本語文献では「シャム」或いは「暹羅」と表記されているが、引用部分を除いては便宜上「タイ」と表記する。

　日本語文献を引用する際には、原則として旧字体は新字体に改め、適宜句読点を附することとする。中国語文献も同様に適宜句読点を附した上で引用し、日本語訳も附する。タイ語文献は可能な限りタイ語で表記し、邦訳も示す[34]。

　年号に関しては日本や中国では元号が、タイでもラッタナコーシン暦や仏暦が公式文書で記載されていることがあり、タイの判例も仏暦の年月日で記されるのが基本である。本書では混乱を避けるために日本や中国の元号を示す場合は西洋暦も併せて記載し、タイの暦は西洋暦に換算して表記することとする。

　雑誌に掲載された論稿については、基本的に［執筆者「論題名」(『掲載誌』巻-号：発行年)］のように略して記す。新聞記事については、［『新聞紙名』発行年.月.日.］とする。合併号の場合は（巻-号=号）、複数の号に亘って記述がなされる場合は、「・」を用いて記す。文字の判別がつかなかったものは〇、空欄部分については□と表記する。

---

[34] 尚、タイ語の固有名詞に関しては、時代や執筆者により異なる表記が使われる場合がある。本書では基本的に、日本タイ学会編『タイ事典』めこん、2009年での表記に依拠した。

第 1 章

近代日本における妾

第1章では、日本を対象に妾をめぐる状況に焦点をあて論述する。法的な側面及び社会的な側面から、妾に対する認識や一夫一婦制との兼ね合いからの議論の行方を概観してゆく。

第1節　法文の変遷

(1)　民法典―重婚の禁止規定・夫婦の離婚事由規定―

日本民法での妾をめぐる議論の端緒は、江藤新平が民法会議の場で廃妾を建議したことによる。江藤は、明治5年（1872年）11月に廃妾の姿勢を示す伺を提示する。

一　夫婦ノ儀ニ付伺[1]
一夫一婦ハ天理自然ノ道理ニ本ツキシ性法ノ大旨ニ候処。従来ノ習俗一家ノ内、更ラニ妾ヲ畜養シ、遂ニ正妻ト同シク二等親中ニ列スルニ至ル。是レ名ヲ子孫繁滋ノ為ニスルニ仮ルト雖モ、畢竟一夫一婦性法ノ理ニ相背キ候。此ニ因テ妬忌互ニ生シ家門和睦ノ道ヲ破ル而已ナラス、甚シキハ正妻ヲ陵侮シ、或ハ睽離ヲ醸スニ至ルモ亦往々有之。其ノ性法ニ悖ルコト不少。且又封建ノ制ヲ被廃一般郡県ノ治ニ帰シ候上ハ、華士族ト雖モ一家血属男女ノ外ハ皆雇人ニ有之。然ルニ妾ノ名義ヲ存シ、猶等親中ニ列シ候儀ハ無謂事ニ候。旁以自今妾ノ名義ヲ廃シ、一家ハ一夫一婦ト被相定度仍テ御布告案添此段相伺候也。

民法典編纂の際にはフランス法の影響を強く受けていたが、離婚法規もフランス法を参照したことが窺える。箕作麟祥が明治4年（1871年）に口訳した『仏蘭西法律書民法』では、第229条で「夫ハ其婦ノ姦通ヲ以テ原由ト為シ離婚ヲ訴フルコトヲ得可シ」、第230条では「婦ハ其夫ノ実家ニ女ヲ畜ヒ(ママ)置キシ時其姦通ヲ以テ原由ト為シ離婚ヲ訴フルコトヲ得可シ」と規定されて

---

(1)　向井健「『民法口授』小考」『慶應義塾創立百年記念論文集　第一部・法律学関係』慶應義塾大学法学部、1958年、505頁。

おり、夫が妾を家に蓄えた場合に妻には離婚を提起することが認められていたが、明治10年（1877年）9月に民法編纂委員の牟田口通照及び箕作麟祥が大木司法卿に宛てて送付した『明治十一年民法草案』[2]でもそれぞれ第203条及び第204条で同様の文言が盛り込まれた。熊野敏三らが記した『民法草案人事編理由書』では、重婚の禁止規定及び夫婦間の離婚事由の規定として次のようなものが想定されていた。

第41条
配偶者アル者ハ重ネテ婚姻ヲ為スコトヲ得ス（伊第五十六条、仏第四十七条）
第131条
離婚ヲ請求スルヲ得ヘキ原因左ノ如シ
　一　姦通又ハ太甚シキ不行跡（仏第二百二十九条第二百三十条）
　二　同居ニ堪ヘサルヘキ暴挙脅迫及ヒ重大ノ侮辱（伊第百五十条、仏第二百三十一条）
　三　重罪ノ処刑宣告并ニ窃盗、詐欺取財、家資分散、私印私書偽造及ヒ猥褻ノ罪ニ付重禁錮一年以上ノ処刑宣告（仏第二百三十二条）
　四　故意ノ棄絶（伊第百五十条）
　五　失踪ノ宣告

重婚禁止規定の設置理由としては、上記理由書では「本条ハ重婚ヲ禁スルモノニシテ一夫一婦ノ制ニ帰着スルモノナリ。此規則ハ或ハ旧来ノ習慣ニ反スルヤ知ルヘカラスト雖モ、刑法中重婚ヲ罰スレハ既ニ之ヲ一変シタルモノト云フヘシ。」[3]と記されている。

離婚事由が姦通も含め夫婦平等に定められているが、その理由について、

---

(2) 同草案は、『民法草案　全』（和装本）として東京大学法学部研究室図書室に所蔵されている。離婚の規定については「明治9年7月22日、8月2日竣草」との文字が残されている。
　　尚、同草案は星野通解題『明治十一年民法草案』松山経済専門学校商経研究会、1944年に再録されている。
(3) 熊野敏三他起稿『民法草案人事編理由書』（和装本）出版年不明、42頁。

同書では「夫婦ハ互ニ信実ヲ守ルノ義務アルモノニシテ、是レ其義務ノ最モ重キモノナリ。故ニ夫婦ノ一方之ニ背キタルトキハ、其所為ハ他ノ一方ノ為メ離婚ノ原由タルモノトス。此規則ハ我国ノ慣習ニ反スルモノナレハ、或ハ駁撃ヲ来タス可シ。仏国法ニモ夫婦ノ間一ノ区別ヲ為シテ、夫ノ姦通ハ姦婦ヲ其家ニ置キタル場合ニ非サレハ離婚ノ原由ト為サス。然レトモ是レ如何ナル理由アリヤ。或ハ曰フ。諸国ノ風俗ニ於テ、婦女ハ貞操ヲ徳トシ其謹慎ナルヲ尊ヒ、夫ハ否ラスト。然レトモ、諸国ノ風俗真ニ此ノ如シトナスモ、是レ離婚ノ原由ヲ異ニスルノ理由ト為スニ足ラス。婚姻ハ双務契約ノ如キモノニシテ、夫婦互ニ信実ヲ守ルノ約束ナレハ、夫ハ最早自由ナラス。其婦ニ約スル信実ハ自由ニ不実ヲ為スノ権能アリト為スカ。或ハ曰フ。婦ノ姦通ハ夫ノ姦通ヨリモ其結果重大ナリト。然レトモ是レ重刑ヲ科スルノ理由ト為スヘキモ、離婚ハ刑罰ニ非スシテ、違約ニ関スルナリ。夫婦ノ間ニ於テ姦通ノ結果ヲ見レハ、等シク婚姻義務ノ違背ニシテ、軽重ノ別アルヘカラス。」[4]と、夫婦平等主義に立脚した理由を説明する。この夫婦間での離婚事由の平等規定は、京都始審裁判所による明治21年（1888年）の『日本民法草案人事獲得編』にも見られる。

　法学者の著作においても、姦通を事由とする離婚法規定を夫婦平等にすべきことを指摘するものがある。例えば、鈴木券太郎は離婚法制を整える際、離婚事由として「第一、双方何レニテモ一方重婚ノ場合アル時。第二、妻他人ト姦通ノ確証アル時。第三、夫他婦ト姦通シ且ツ妻ニ苛酷ノ取扱ヲ為シタル時。第四、夫妾ヲ妻ト同屋ニ置ク時。第五、双方何レニテモ一方五年間逃亡シテ音信ナキ時。第六、双方何レニテモ重罪ノ刑（即チ施体加辱ノ刑）ニ処セラレタル時」[5]を掲げる。鈴木の見解では、「男子独リ姦通ノ欲ヲ逞ウスルヲ許シ、之レヲ女子ニノミ仮サザル（ママ）如キハ、最モ野蛮ノ遺習ニシテ到底文明国ノ立法原則ニアルベカラザル筈ナリ。」[6]というもので、夫の姦通を認めることは文明国として採るべき立法原則ではないとの立場を示す。さらに、夫が妾を有する行為についても妻側の離婚事由として認めるべきであるとし

---

(4)　同上、12頁。
(5)　鈴木券太郎編述『日本婚姻法論略』帝国印書会社、1886年、58-59頁。
(6)　同上、60-61頁。

て、「今日トテモ蓄妾ノ制ハ表面之レヲ認メザル事ナレバ、向後ハ之レヲ認メザルコト更ラニモ云ハズ。之レヲ妻同居セシメテ、以テ婚姻法ノ主眼ヲ過ラシムルハ、一国ノ綱紀上決シテ黙々ニ附スル能ハザルモノナリ。」[7]と述べる。

しかし、重婚の禁止規定がその後の草案でも同じ文言で規定されていたのに比して、離婚事由をめぐる規定は徐々に夫婦間で離婚事由の差別化という現象が見られてゆく。明治23年（1890年）の旧民法典では、次のように規定が置かれた。

第31条
配偶者アル者ハ重ネテ婚姻ヲ為スコトヲ得ス。
第81条
離婚ノ原因ハ左ノ原由アルニ非サレハ之ヲ請求スルコトヲ得ス。
 第一 姦通但夫ノ姦通ハ刑ニ処セラレタル場合ニ限ル
 第二 同居ニ堪ヘサル暴挙、脅迫及ヒ重大ノ侮辱
 第三 重罪ニ因レル処刑
 第四 窃盗、詐欺取財又ハ猥褻ノ罪ニ因レル重禁錮一年以上ノ処刑
 第五 悪意ノ遺棄
 第六 失踪ノ宣告
 第七 婦又ハ入夫ヨリ其家ノ尊属親ニ対シ又ハ尊属親ヨリ婦又ハ入夫ニ対スル暴挙、脅迫及ヒ重大ノ侮辱

この規定に依ると、仮令夫が妾を有していたとしても只その事由のみでは妻側から離婚を請求することはできず、夫が刑に処せられた場合にのみ妻は離婚を申し立てることが可能となる[8]。

離婚事由のこうした夫婦間の区別につき、磯部四郎は「姦通ハ人倫破壊ノ最モ甚シキモノニシテ、夫婦ハ互ヘニ信実ヲ守ルヘシト盟約シタル至重ナル義務ニ違背シタルモノト云ハサルヘカラス。故ニ夫婦ノ一方カ姦通ヲ為シタ

---

(7) 同上、63-64頁。

ルトキハ他ノ一方カ離婚ヲ請求スルノ原因ト為ルヘキモノトス。元来婚姻ハ双務契約ノ如キ性質ヲ有スルモノナルヲ以テ、姦通ノ事実アルニ於テハ夫婦互ヘニ離婚ヲ請求シ得ヘキハ当然ナリト云フヘシ。何トナレハ夫婦ハ互ヘニ信実ヲ守ルノ義務アリトセハ、其義務ハ平等タルヘクシテ軽重ノ差アルヘキモノニアラサレハナリ。然ルニ婦ハ独リ貞操ヲ守ルヘシ、夫ハ謹慎ナラサルモ可ナリトスルカ如キハ不条理モ亦極マルト云ハサルヘカラス。故ニ婦カ姦通シタルトキハ夫ハ当然離婚ノ請求ヲ為シ得ヘキハ勿論、之ニ反シテ夫カ姦通シタルトキハ亦離婚ノ自由ヲ得セシメサルヘカラス。是レ第一号ニ於テ姦通ハ夫婦互ヘニ離婚ヲ請求スルノ原因タルヘキモノトシ、其区別ヲ立テサル所以ナリ。然レドモ姦通ハ本夫ノ告訴ヲ待テ之ヲ論スヘキモノナルハ刑法ノ原則ナルヲ以テ、婦カ夫ノ姦通ヲ離婚ノ原因トスル場合ハ其夫カ告訴ヲ受ケテ姦通ノ刑ニ処セラレタル場合ニ限ルヘキモノトス。是レ他ナシ。仮令ヘ婦カ夫ノ或ル婦ト姦通シタル事実ヲ認メタリトスルモ、其夫ノ告訴ヲ受ケサルトキハ法律ハ姦通ヲ認メサレハナリ。」[9]と述べ、夫婦は互いに誠実義務を負っていることから姦通による離婚事由は原則夫婦平等であるとしつつも、刑法との兼ね合いにより但書で区別されている旨を指摘する。

　夫婦が相互に誠実でなければならないとしつつも、日本では未だに夫の姦

---

(8) 東京大学法学部研究室図書室に所蔵されている我妻文庫の和装本『民法人事編』（出版年不明）によると、以下のように規定されており、姦通を事由とする夫婦間の離婚事由規定の表現が異なっていることが確認できる。

第39条
配偶者アル者ハ重ネテ婚姻ヲ為スコトヲ得ス
第103条
離婚ノ原因ハ左ノ如シ
　　第一　姦通但夫ハ婦ニ対シテ凌辱ヲ加フル場合ニ限ル
　　第二　同居ニ堪ヘサル暴挙、脅迫及ヒ重大ノ侮辱
　　第三　重罪ニ因レル処刑
　　第四　窃盗、詐欺取財又ハ猥褻ノ罪ニ因レル重禁錮一年以上ノ処刑
　　第五　悪意ノ遺棄
　　第六　失踪ノ宣告
　　第七　婦又ハ入夫ヨリ其家ノ尊属親ニ対シ又ハ尊属親ヨリ婦又ハ入夫ニ対スル暴挙、脅迫及ヒ重大ノ侮辱

(9) 磯部四郎『大日本新典　民法釈義　人事編之部』長島書房、1891年、299-300頁。

通と妻の姦通の意識やその結果が異なっていることや、夫の蓄妾行為を容認する慣習を有していることを理由とし、夫と妻とで差が設けられた点を強調するものもある。手塚太郎は、「元来夫婦ハ婚姻ノ当時終身ヲ約シ、偕老同穴ヲ契ルモノニシテ、其間相互ニ信実ヲ守ルベキハ一大義務ナリ。(略)婚姻ハ一ノ双務契約ナレハ、契約ヲ以テ信実貞操ナルベシト約シタルニ、独リ婦ノミニ責任ヲ負ハシメ、夫ニ其責ヲ軽カラシメタルハ、大ニ其権衡ヲ失フベシ。然レトモ立法者ノ斯ク定メタル所以ハ、我国習慣ノ美風ヲ存シ、併セテ害悪ノ多少ヲ慮リタルモノニシテ、婦ノ姦通ハ其害悪ノ及フ所実ニ重大ナルベキモ、夫ノ姦通ハ直接ニ害アルコトナク、只信実ノ約束ヲ破リタルニ過キサレハ、他ノ有夫ノ婦ト通シ姦通罪ノ宣告ヲ受ケタルモノニ非レハ之ヲ以テ原由トスルヲ得サルナリ。(略)故ニ婦ノ姦通シタルトキハ、姦通ノ一事ヲ以テ直チニ離婚ノ原因トナルベシト雖モ、夫ノ姦通シタル場合ナレハ姦通ノ刑ニ処セラレタル上ニ非レハ離婚ヲ請求スルヲ得サルモノトス。之レ均シク婚姻義務ニ違反シタル結果ナレトモ上述ノ理由ニヨリ夫婦間同一ナラサルナリ。」[10]と、特に血統の面で著しく不都合が生じる結果を招くために、婦の姦通行為を厳しく取り締まっている慣習に鑑みているものと説明する。井上操も、「婚姻義務ノ違背ハ彼此同一ニシテ、男女ノ故ヲ以テ其軽重ヲ生スルノ理ナケレハナリ。然レトモ今日我国ノ民俗畜妾ノ事ヲ恠マス。貴顕紳士ニ至テハ数人ノ妾ヲ畜フ者アルハ滔々タル世間ノ状態ナリ。故ニ若シ夫ノ畜妾ヲ以テ離婚ノ原因ト為ストキハ、世間ノ婚姻大抵離婚シ得可キニ至リ、夫婦ノ結合ヲ強固ニセント欲スル法律ノ旨趣ハ却テ瀕々離婚ヲ生スルカ如キ反対ノ結果ヲ生スルヤ照然ナリトス。是ニ於テカ立法者ハ已ムヲ得スシテ本項ノ如キ偏頗ノ規定ヲ設ケタリ。若シ其レ男女同権ノ説他日実際ニ行ハルルニ至ラハ其改正ヲ要スルコト勿論ナリ。」[11]と述べる。ここでも、民間に蓄妾が蔓延っている状態であることが理由として示されている。熊野敏三及び岸本辰雄の合著の中でも「我国従来ノ慣習ヲ考フルニ、一夫一婦ノ制未タ十分確定スルニ至ラスシテ、正妻ノ外妾ヲ畜フルコトヲ公認セリ。故ニ恰モ一夫数

---

(10) 手塚太郎『日本民法人事編釈義』図書出版会社、1891年、215-217頁。
(11) 井上操『民法詳解 人事之部 上巻』宝文館、1891年、195-196頁。

婦ノ制ヨリ一夫一婦ノ制ニ移ルノ時代ニ当レルカ如シ。今日ト雖モ法律上僅カニ妾ノ名義ヲ廃シタル迄ニシテ、其結果ノ事実上猶ホ隠然存スルモノナキニアラス。」(12)と、妾の存在を指摘した上で、「而シテ姦通ニ関シテ夫婦ノ間ニ大ナル差異ヲ設ケタル理由如何ト云フニ（略）我国今日ノ風俗ニ於テハ已ニ一夫一婦ノ習慣ヲ養成シタリト雖モ、妾トシテ他ノ婦人ト通スル事実ハ猶ホ盛ニ行ハレ、世人モ亦タ深ク之ヲ尤メサルモノノ如シ。故ニ若シ、是等蓄妾ノ事実ノミヲ以テ婦ヲシテ離婚ヲ請求セシムルコトヲ得セシメハ、反テ一家ノ安全ヲ害シ社会ノ秩序ヲ破ルニ至ラン。是等数個ノ理由ノ存スルヨリシテ立法者ハ不公平ノ嫌ヒアルモ、之ヲ顧ミスシテ、本号ノ如キ規定ヲ設クルニ至リシナリ。」(13)として、蓄妾を理由とする離婚請求は社会の秩序を乱すとの理由を挙げる。

　奥田義人は、「苟モ姦通ヲ以テ離婚ノ原因トナスハ、婚姻ヨリ生スル重大ノ義務ヲ破ルニ因ルモノナリト云ヘハ、夫婦ニ因リテ斯ル区別ヲ生ス可キ理由アルヘカラサルハ勿論ナリ。本法ノ草案ニ於テ、此ノ区別ヲ設ケサリシハ真ニ至当ト謂ハサル可カラス。然ルニ、本法ニハ特ニ一ノ但書ヲ設ケ、姦通ヲ離婚ノ原因ト為スニハ夫婦ノ間区別アルモノトナシタルハ、惟フニ主トシテ蓄妾ノ風俗尚ホ存在セルニ因ルモノト知ラサル可カラス。」(14)として、蓄妾の影響により草案の段階で夫婦平等であった規定が不平等となったことを見る。森順正は、「夫婦ハ互ニ信実ヲ守ルノ義務アルモノニシテ、之レ婚姻義務ノ尤モ重キモノナリ。（略）本項但書ノ一句ヲ加ヘタル所以ハ我国旧慣風俗ニ於テ女子ノ徳ハ貞操ニ在ツテ、其尊フ所ハ勧慎ナルニ在リ。夫ニ対シ必ラス若カク厳格ナラストセリ。之レ婚姻義務ノ違背ニシテ軽重ノ別存スル所以ナリ。」(15)と述べ、姦通についての誠実義務違反という点では夫婦は同等に離婚事由を有するとしつつも、未だに夫が妾を蓄える行為が世間一般に広く見られ、婦女の貞操は男子よりも厳格であることを理由として夫妻間に区別

---

(12)　熊野敏三・岸本辰雄合著『民法正義　人事編　巻之壹』[第6版]新法註釈会、1893年、156頁。
(13)　同上、361-362頁。
(14)　奥田義人講述『民法人事編（完）』東京法学院、1893年、264-265頁。
(15)　森順正述『民法人事編』和仏法律学校、1896年、150頁。

が設けられたことを指摘する。

　こうした夫婦間での差を批難する見解もある。例えば、柿崎欽吾及び山田正賢による註釈書では「余は何か故に夫と婦との間に如斯の差異を設けたるや解する能はず。只た天に向て人心の腐敗を歎ぜんのみ。」[16]との記述があり、また中村進午は「姦通の点に付き差等ある理由は、全く男尊女卑の余習に基くものと断言せざるを得ず。然れども此差等は理論上不公平にして女権の発達と共に早晩消滅す可きものなり。」[17]と評している。

　さらに、明治31年（1898年）に施行された明治民法典では以下のように離婚事由が定められ、夫婦間での差別がより顕著となった。

第813条
夫婦ノ一方ハ左ノ場合ニ限リ離婚ノ訴ヲ提起スルコトヲ得。
　一　配偶者カ重婚ヲ為シタルトキ
　二　妻カ姦通ヲ為シタルトキ
　三　夫カ姦淫罪ニ因リテ刑ニ処セラレタルトキ
　四　配偶者カ偽造、賄賂、猥褻、窃盗、強盗、詐欺取罪、受寄財物費消、贓物ニ関スル罪若クハ刑法第百七十五条、第二百六十条ニ掲ケタル罪ニ因リテ軽罪以上ノ刑ニ処セラレ又ハ其他ノ罪ニ因リテ重禁錮三年以上ノ刑ニ処セラレタルトキ
　五　配偶者ヨリ同居ニ堪ヘサルノ虐待又ハ重大ナル侮辱ヲ受ケタルトキ
　六　配偶者ヨリ悪意ヲ以テ遺棄セラレタルトキ
　七　配偶者ノ直系尊属ヨリ虐待又ハ重大ナル侮辱ヲ受ケタルトキ
　八　配偶者カ自己ノ直系尊属ニ対シテ虐待ヲ為シ又ハ之ニ重大ナル侮辱ヲ加ヘタルトキ
　九　配偶者ノ生死カ三年以上分明ナラサルトキ
　十　婿養子縁組ノ場合ニ於テ離縁アリタルトキ又ハ養子カ家女ト婚姻ヲ為シタル場合ニ於テ離縁若クハ縁組ノ取消アリタルトキ

---

(16) 柿崎欽吾・山田正賢共著『民法財産取得編・人事編註釈　附法例及諸法律』図書出版会社、1890年、69頁。
(17) 中村進午講義『親族法　完』東京専門学校蔵版、1899年、163頁。

姦通を理由とする離婚事由が別々に定められ、夫と妻とではその離婚の訴える事由が明確に異なっている。この差別化が図られた点につき、富井政章は法典を編纂する過程で「既成法典ニハ広ク「姦通」ト書テアリマス。「但夫ノ姦通ハ刑ニ処セラレタル場合ニ限ル」斯ウアリマス。斯ウ云フ風ニスルノナラバ別ニ処刑ト云フ離婚ノ原因ヲ置ク以上ハ夫ノ姦通ハ其中ニ籠ルノガ当リ前デアリマス。処刑ガナクシテ唯ダ姦通ト云フ事実丈ケデ離婚ノ原因ニ為ルノハ唯ダ妻ノ姦通丈ケノコトデアリマス。夫レガ実質上悪ルイト云フコトデアレバ夫レハ変ヘネバナラヌ。ドウモ悪ルイトシテモ今日ノ日本ノ慣習上其点ヲ改メルコトハ余程困難デアラウト思ヒマス。妻ノ姦通丈ケニ限リマシタ。夫ノ姦通ハ刑ニ処セラレタル場合ニ限リ此次ノ第三号ノ中ニ這入ル。」[18] と発言している。

こうした事由について、奥田義人は「夫婦ハ互ニ誠実ノ義務ヲ負フ。然レトモ此義務ノ程度ハ、男女自然ノ性情ニ因リ、又我国従来ノ慣習ニ於テ夫婦同一ナルコトヲ得ス。妻ノ姦通ハ啻ニ子孫ノ血統ヲ混乱スルノ虞アルノミナラス、我風俗人情ニ於テ之ヲ責ムルコト夫ノ姦通ニ於ケルヨリ厳ニシテ、且ツ直接ニ夫ノ名誉ヲ毀損セシムルコト大ナリ。是ノ如キ風俗人情ハ、独リ我国ニノミ特有ナルニ非ラス。諸文明国ニ於テ亦皆多少此差異ヲ認メサルモノナシ。是レ蓋シ男女自然ノ性格ニ基クモノニシテ、妻ノ誠実ノ義務ヲ以テ法律上夫ノ同一ノ義務ヨリ一層厳ナラシムルノ理由ハ茲ニ基ク。故ニ夫ノ姦通ハ其之ニ依リテ刑ニ処セラレタル場合ノ外ハ離婚ノ原因トナラサルニ反シ、妻ニ在リテハ其単純ノ姦通ニ因リ離婚ノ訴ヲ提起スルコトヲ得ヘキモノトナセリ。」[19] と言及する。妻が姦通した場合に血統を乱す虞を危惧して、夫と妻

---

(18) 明治29年（1896年）1月8日開催の第149回法典調査会における席上での発言による。法務大臣官房司法法制調査部監修『法典調査会民法議事速記録　六』（日本近代立法資料叢書6）商事法務研究会、1984年、375頁。
　尚、その時点での法案の文言では第2号が「妻カ姦通ヲ為シタルトキ」、第3号が「配偶者カ婚姻中姦淫罪ニ因リテ刑ニ処セラレ又ハ他ノ罪ニ因リテ重禁錮一年以上ノ刑ニ処セラレタルトキ」というものであった。

(19) 奥田義人『民法親族法論　全』有斐閣、1898年、224頁。同氏による姦通を理由とする離婚事由の夫婦間の差別化に関する説明は、奥田義人講述『親族法　完』中央大学、出版年不明、398-399頁にも見られる。

との間で離婚事由を区別したことを指摘するものは他にも見られる。掛下重次郎は、「夫婦ハ互ニ貞操ヲ守リ、誠実ナラサル可カラサルニ、妻カ他ノ男ト通スルハ婚姻ヨリ生スル重大ナル義務ニ背クモノナルカ故ニ、法律カ姦通ヲ以テ離婚ノ原因ト為シタルハ当然ナリ。姦通ハ配偶者ノ孰レカ為シタルトモ同シク婚姻ヨリ生スル義務ノ違背ナレハ、夫婦ノ間ニ差異ヲ設クル理ナシト云フ者アランモ、吾邦従来ノ慣習トシテハ夫カ其妻ノ外ニ妾ヲ蓄フルコトヲ許セトモ、有夫ノ婦カ他ノ男ト通スルコトヲ許サザルヲ以テ、此点ニ付キテハ夫婦同一ナル能ハス。(略)且ツ妻ノ姦通ハ血統ノ混乱ヲ生スルノ虞アリテ、夫ノ姦通ヨリ其弊害重大ナルヲ以テ、姦通ハ夫ニ対シテハ夫カ他ノ有夫ノ婦ト通シ刑ニ処セラレタル場合（第三ノ原因）ノ外ハ離婚ノ原因タラサルモノト為シタリ。而シテ姦通ハ、妻ニ対シテハ妻カ之ニ因リテ刑ニ処セラレタルト否トヲ問ハス離婚ノ原因タルナリ。」[20]と指摘する。また、坂本三郎も「妻カ夫以外ノ男子ト通シタルトキハ之ヲ姦通ト云フ。姦通ヲ離婚ノ原因トシタルハ二個ノ理由ニ基ク。一ハ夫婦誠実ノ義務ニ背クコト、二ハ子孫ノ血統ヲ乱スコト是ナリ。(略)欧州諸国ノ法律ニ於テハ夫カ妻以外ノ女子ト通スルトキ尚之ヲ姦通トシテ離婚ノ原因トナセトモ、我邦ニ於テハ従来婦女子ハ男子ノ為メニ玩弄視セラレタルノミナラス、子ナキ妻ハ一方ニ於テハ離婚ヲ強要セラレ、他方ニ於テハ副妻ヲ置クノ口実トセラレタルヲ以テ、今俄カニ欧州ニ於ケル立法例ニ則トリ難ク、数次帝国議会ニ於テ或一部ノ代議士カ夫ノ姦通ヲモ刑罰及ヒ離婚ノ原因トナサントノ議案ヲ提出スレトモ、常ニ否決セラルルハ蓋シ時勢ノ已ヲ得サルモノナリト謂ヘキナリ。」[21]として、離婚事由を夫婦平等のものとすることには慎重な意見を表明する。他にも、男女間の生理的差異、特に妻の貞操義務違反は血統を乱す虞があることを要因として夫婦の間の差が設けられていることが複数の著作で挙げられている[22]。中には、夫婦平等の誠実義務違反を区別すべきではないが、現在の社会状態では夫婦を平等に扱い難く、即ち妻の姦通は血統の乱れにもつながる

---

(20) 掛下重次郎講述『親族法講義』和仏法律学校、1900年、140-141頁。
(21) 坂本三郎講述『親族法』早稲田大学出版部、出版年不明、280-281頁。
(22) 薬師寺志光『日本親族法論　上巻』南郊社、1939年、582頁。堀内節『親族法要義』精興社書店、1940年、281頁。

行為のため、こうした区別を設けざるを得ない点を強調するものもある[23]。

但し、多くの学者は姦通を理由とする夫婦間の離婚事由の規定を平等とすべきであることを主張しており、「既成法典ニハ夫ノ姦通ヲ刑ニ処セラレタル場合ニ限リ之ヲ離婚ノ原因トセリ。是レ頗ル理由ニ乏シキ所ナリ。若シ姦通ハ夫婦ノ義務ヲ破ルコト尤モ甚タシキヲ以テ之ヲ離婚ノ原因トスルカ、然ラハ敢テ刑ニ処セラルルト否トヲ問フノ要ナシ。」[24]と、指摘したのを始めとして、岡村司も「夫ハ自由ニ処女寡婦ト私通スルコトヲ得ヘク、夫婦共同ノ家屋ニ妾ヲ蓄フルコトモ亦固ヨリ為シ得ラルル所ナリ。（略）夫婦ノ間極メテ不公平ト為ス。此ノ不公平ハ我カ社会道徳ノ尚ホ極メテ低下ナルコトヲ証明スルモノニシテ、今日ハ誠ニ已ムコトヲ得サランモ、早晩必ス消滅セサルヘカラサルナリ。」[25]と、夫婦間で離婚事由が区別された現状を批難する。岡村は「法律上一夫一妻ノ主義ヲ貫徹スヘキモノトセハ、夫婦ヲ待遇スルコトハ必ス平等ナラサルヘカラス。」[26]として、夫婦で平等の規定とするよう唱え、「例ヘハ夫カ妾ヲ夫婦共同ノ家屋ニ蓄フルカ如キハ、今日ノ我カ社会見解ニ於テハ未タ侮辱ト為サザレトモ、他日必ス之ヲ重大ナル侮辱トスルノ時アルヘシ。」[27]と、夫が妾を蓄える行為は将来的には第813条第5号に該当する行為に含めて解釈するよう意見を示している。梅謙次郎も「唯妻ニ限リ此義務ヲ負ハシメ、夫ニハ同一ノ義務ヲ負ハシメサルハ頗ル不公平ト謂ハサルコトヲ得ス。（略）我邦ニ於テハ、従来法律上妻ノ外ニ妾ナルモノヲ認メ、之ヲ以テ二等親ト為スニ至レルヲ以テ、今俄ニ欧米ノ進歩シタル主義ニ依リ難キモノアルヘシト雖モ、此不公平ハ遠カラサル将来ニ於テ必ス廃止セラルヘキヲ信ス。」[28]と、夫婦間で平等とすべきことを述べ、且つ夫の蓄妾行為を妻側からの侮辱と見做す点についても、「例ヘハ現今ニ於テハ、夫カ妻ト同居スル場合ニ於テ、其家ニ妾ヲ蓄フルモ妻ハ本号ノ適用ニ依リテ離婚ノ訴ヲ

---

(23) 河邊久雄講述『親族法講義』日本大学出版部、1930年、179-180頁。
(24) 『民法修正案参考書　親族編・相続編　附民法修正案正文並法例修正案不動産登記法案国籍法案各参考書正文』八尾書店、1898年、102-103頁。
(25) 岡村司講述『民法親族編　完』京都法政大学、1903年、505頁。
(26) 同上、507頁。
(27) 同上、513頁。
(28) 梅謙次郎『民法要義　巻之四』和仏法律学校、1899年、216頁。

提起スルコトヲ得サルコト多カルヘシト雖モ、社会ノ進歩スルニ従ヒテ必ス本号ノ適用アルモノトスルニ至ルヘシ。」[29]と、肯定的に捉えている[30]。その後も、「道義上ヨリ観察スレハ二者ノ過失ニ軽重アルコトナシ。夫婦ハ互ニ忠実ナラサル可ラスシテ此義務ハ彼此其程度ヲ異ニスヘキモノニアラス。（略）離婚ノ制度ハ配偶者ノ利益ニ基ク。而モ其利益ハ彼此平等ナリ。故ニ双方ニ同一ノ訴権ヲ与フルヲ以テ立法上正当トス。」[31]との意見や、「婚姻ノ本質ハ夫婦ノ共同生活ニアリ。夫婦ノ共同生活ヲ不可能ナラシムル事実ハ、其ノ夫側ニ存スルト妻側ニ存スルトヲ問ハス、離婚原因トシテ之ヲ認メサルヘカラサルハ理論上明白ナル所ナリ。若シ妻ノ姦通カ夫婦相愛相信ノ道ニ背キ共同生活ヲ破壊スルモノトスレハ、夫ノ姦通モ亦然ラサルヲ得ス。然ルニ其ノ一ヲ責メ他ヲ不問ニ付スルハ没理ノ甚シキモノト云フヘシ。」[32]として、夫婦間の平等化を説く論説が多く見られた。

　こうした民法上での差を是正すべきことを積極的に説いた代表的論者に穂積重遠がいる。穂積は一貫して刑法上の改正は時期尚早であるとしながら、民法上の規定に関しては、夫婦の誠実義務違反という点では平等であるとして、離婚事由を夫婦間で平等にすべきであることを主張する[33]。その上で、民法第813条の第2号と第3号を対等なものとすべく修正を加えた私案を発表、離婚事由として「配偶者ガ姦通ヲ為シタルトキ」との文言に改めるべきことを提議する[34]。その後、大正14年（1925年）5月には臨時法制審議会の場で離婚の原因につき討議が行われた[35]。離婚原因の規定では、「（一）妻ニ

---

[29] 同上、221-222頁。
[30] 夫が妾を蓄える行為を重大な侮辱と見做すことについては、既に旧民法の註釈書でも指摘がなされていた。前掲（第1章・註16）柿崎・山田共著『民法財産取得編・人事編註釈　附法例及諸法律』69-70頁。
[31] 柳川勝二『日本親族法要論』清水書店、1924年、237頁。
[32] 中島玉吉『民法釈義　巻之四　親族篇』金刺芳流堂、1937年、451-452頁。
[33] 穂積の意見を示したものに、穂積重遠「離婚制度に付て」（『統計集誌』459、1919年、3-13頁）、同『親族法大意』[第7版]（岩波書店、1920年）、「雑報」（『法学協会雑誌』41-5、1923年、151-152頁）、同『離婚制度の研究』（改造社、1924年）、同『婚姻制度講話』（文化生活研究会、1925年）等がある。
[34] 穂積重遠「相対的離婚原因（離婚原因論の五）」『法学協会雑誌』41-8、1923年、25頁以下。

不貞ノ行為アリタルトキ」、「(二) 夫ガ著シク不行跡ナルトキ」、とされ、夫婦間での区別が設けられていたが、これに対し美濃部達吉が「此離婚ノ原因ノ、一ト二ト区別サレテ居リマスノヲ、二ヲ削ツテ一ニ「夫又ハ妻ニ不貞ノ行為アリタルトキ」ト致シタイト云フ修正デアリマス。詰リ妻ノ姦通ガ離婚ノ原因トナルト同様ニ、夫ノ姦通モ離婚ノ原因ニシタイト云フ希望デアリマス。(略)夫ハ不品行ノ行為ガアツテモソレハ社会道徳ニ反シナイ、法律ガ之ヲ放任スルヤウナコトガアツテハナラナイ、離婚原因トシテハ少クトモ之ヲ原因トシテ見ル、ト云フ希望デアリマス。」[36]との修正意見を提案した。穂積も従来夫の姦通と妻の姦通とで区別されてきたが、「ソレハ如何ニモ社会ノ道徳ノ上カラ見テモ、其儘デハ宜クナイト云フコトノ、段々皆様ノ御意見ガ一致シマシテ、ソコデ「夫ガ著シク不行跡ナルトキ」ト云フ規定ガ茲ニ入ツタ。元ノ規定ニ依リマスルト、「夫ガ姦淫罪ニ因リテ刑ニ処セラレタルトキ」ト云フノヲ、拡ゲテ「夫ガ著シク不行跡ナルトキ」ト云フコトニナリマシタ。(略)貞操観念、我国ニ於テ当然ノコトデアルトサレルコトハ固ヨリ守ル可キデアリマスガ、我国ノ男子ガ今日ノヤウニ貞操観念ノ欠如シテ居ルノハ、我国将来ノ為メニモ実ニ憂フ可キコトデ、之ヲ救フ一助ニモナル、斯ウ云フ間接ノ効果カラ言ツテモ、美濃部先生ノ御提案ニ依ルコトガ理想デアルト思ヒマス。」[37]との賛同の意を表明している。阪谷芳郎はこの発議に対し第2号の「著シク」の文言を削除すれば事足りるのではないか、と提案し、美濃部もこれに応じたため、新たに「著シク」の文言を削除した修正案が示された。しかしながら、この修正案に関して松本烝治が妻の場合は血統の問題が生ずることからも、「「著シク」ト云フ文字ハ、私ハ絶対ニ之ヲ存置スルコトガ必要デアラウ。世上ノ観念デ、少シバカリノ不行跡ト云フコトデハ、夫妻共ニ之ヲ原因トスルコトハ穏当デナイヤウニ考ヘル。」[38]と訴え、関直彦

---

(35) 討議の様子は、『臨時法制審議会総会議事速記録』臨時法制審議会、1925年に掲載されている。また、堀内節編著『続家事審判制度の研究　附家事審判法関係立法資料補遺』(日本比較法研究所資料叢書(4))日本比較法研究所、1976年、775頁以下にも再録されている。
(36) 前掲(第1章・註35)『臨時法制審議会総会議事速記録』333頁。
(37) 同上、335-336頁。
(38) 同上、338頁。

も「ドウモ淳風美俗ト行ヒタイガ、甚ダ不十分、真ニ悪習慣、ドウシテモ之ハ仕方ガナイ。遺憾ナガラサウハ参ラヌ。全ク根底カラ、教育ノ力ニ依リ、或ハ宗教ノ力ニ依リ、社会ノ道徳ト云フモノヲ改善シ、社会ノ悪習慣ヲ全ク改善シタ後デナケレバ、到底現在ニ於キマシテ、言フベクシテ行フコトガ出来ヌモノデアル。（略）若シ此「著シク」ト云フ字ヲ取ツテシマツテ、不行跡ノ事実サヘアレバ直グ離婚ノ訴ヲ起スコトガ出来ル、ト云フヤウナコトニ成行キマスルト、今日ノ社会組織ト云フモノヲ破壊スル程ノ原因ニナリハシナイカ。之ハ甚ダ悲シム可キコトデアリマスルケレドモ、法律ハ何レモ其当時ノ習慣風俗、或ハ教育ノ程度ニ応ジテ行ハレ易キモノデナケレバナラヌ。」[39]と述べる等の異論も出され、修正案の提議に賛同した者が5名のみであったため、反対多数により離婚原因における夫婦平等の是正ということにはならなかった。

　昭和2年（1927年）12月に臨時法制審議会が議決答申した民法改正要綱では、離婚の原因を下記のように定めることが提議された。

第十六　離婚ノ原因及ビ子ノ監護
一、離婚ノ原因ハ大体ニ於テ左ノ如ク定ムルコト。
（一）妻ニ不貞ノ行為アリタルトキ。
（二）夫ガ著シク不行跡ナルトキ。
（三）配偶者ヨリ甚シク不当ノ待遇ヲ受ケタルトキ。
（四）配偶者ガ自己ノ直系尊属ニ対シテ甚シク不当ノ待遇ヲ為シ、又ハ配偶者ノ直系尊属ヨリ甚シク不当ノ待遇ヲ受ケタルトキ。
（五）配偶者ノ生死ガ三年以上分明ナラザルトキ。
（六）其他婚姻関係ヲ継続シ難キ重大ナル事情存スルトキ。
二、前項第一号乃至第五号ノ場合ト雖モ、総テノ関係ヲ綜合シテ婚姻関係ノ継続ヲ相当ト認ムルトキハ、離婚ヲ為サシメザルコトヲ得ルモノトスルコト。
三、子ノ監護ニ付テハ「第十四ノ二」ニ準ズルコト。

---

[39]　同上、339頁。

夫婦間での差が残されたことは、「改正要綱は現行法より一歩を進めながらやはり差別観に立脚した。(略)現行法より一歩進めて居るには相違ないが、「著シキ不行跡」と云ふ程度ならば現在でも判例上「悪意ノ遺棄」とか「重大ナル侮辱」とか云ふ原因中に含ませられて居るのであるから、事実上現在よりも改良されたことにならず、又反対に「著シカラザル不行跡」ならば天下御免と云ふ感じも起り得て、どうも充分理想的でないと思ふ。」[40]や、「現行法が夫の姦通を何等問題にしなかつたに比すれば一進歩であるが、故意に言葉を使ひわけ、依然として妻との間に差別を設けている。夫の著しからざる不行跡は離婚原因とならぬかといふ非難も起るのであつて、未だ保守主義を脱していない提案である。」[41]と、これを批判する声も上がっている[42]。

このように、夫婦の離婚事由を中心とした民法典の規定の変遷やその解釈をめぐる法学者の意見について概観すると、重婚の禁止規定が草案の段階より一貫して設けられていたのに比して、夫婦の離婚事由をめぐる規定に関しては法文の変化が見られる。当初の民法草案では、夫婦の姦通を理由とする離婚事由が平等に規定されていたにもかかわらず、法典の編纂の過程で次第に夫婦間の差が設けられることとなった。これは主に妻の姦通は夫の名誉に関係し、さらに血統を乱す虞が大きいという理由に基づくものであった。こうした夫と妻との役割の差に鑑みてその規定を支持する見解もあったが、多くは民法上の夫婦間の差を是正すべきことを説いていた。夫婦間の差別を平等化させるための機運は高まり、改正要綱でも議題に上ったものの、夫婦間の差は維持されたままであった。

(2) 刑法典―親属・姦通罪・重婚罪―

続いて、刑法典における妾に関する規定、特に姦通罪・重婚罪での扱われ方、及び法学者の意識の変遷という観点から着目する[43]。また、刑法典の親

---

(40) 穂積重遠「民法改正要項解説(二)(ママ)」『法学協会雑誌』46-5、1928年、92-93頁。
(41) 三宅正太郎・青山道夫『親族法・相続法』(大衆法律講座 第4巻)非凡閣、1934年、159頁。
(42) 中川善之助もこの差について、夫婦で平等に責任を負わせることが有力となりつつも、それでも現状を維持する思想もあり、依然として用語の上では不平等思想が残されている旨を指摘する。中川善之助『妻妾論』中央公論社、1936年、66-67頁。

属例に妾の文言を規定するか否かが元老院の場で議論されているので、その過程も併せて整理しておく。

　明治3年（1870年）に定められた新律綱領の五等親図において、妾は妻と共に二等親に位置付けられた。また犯姦律が設けられ、「凡和姦ハ。各杖七十。夫アル者ハ。各徒三年。若シ媒合。及ヒ容止シテ。通姦セシムル者ハ。犯人ノ罪ニ。一等ヲ減ス。強姦スル者ハ。流三等。未タ成ラサル者ハ。一等ヲ減ス。因テ折傷スル者ハ。絞。婦女ハ坐セス。十二歳以下ノ幼女ヲ姦スル者ハ。和ト雖モ。強ト同ク論ス。」と規定が置かれた。明治6年（1873年）の改定律例でも、第260条で「凡和姦夫アル者ハ各懲役一年、妾ハ一等ヲ減ス。若シ媒合及ヒ容止シテ通姦セシムル者ハ、犯人ノ罪ニ三等ヲ減ス。強姦スル者ハ懲役十年、未タ成ラサル者ハ一等ヲ減ス。因テ折傷スル者ハ懲役終身、婦女ハ坐セス。十二歳以下ノ幼女ヲ姦スル者ハ、和ト雖モ強ト同ク論ス。」と定められた。

　明治10年（1877年）に刑法編纂委員司法大書記官の鶴田皓より大木喬任司法卿に提出された刑法草案では以下のように規定された。

第187条
前二条ノ罪ヲ犯シタル者、若シ左ニ記載シタル本犯ノ親属ニ係ル時ハ其罪ヲ論セス。
　一　本犯ノ配偶者
　二　本犯及ヒ配偶者ノ祖父母父母
　三　本犯ノ子孫及ヒ其配偶者
　四　本犯ノ兄弟姉妹伯叔父姑舅姨姪甥及ヒ其配偶者
　五　配偶者ノ兄弟姉妹伯叔父姑舅姨姪甥
　六　妻ノ前夫ノ子

---

(43)　姦通罪の規定をめぐる変遷やその学説を整理した研究として、林弘正「姦通罪についての法制史的一考察―「刑法竝監獄法改正起草委員会決議条項（刑法各則編第二次整理案）の成立から「改正刑法仮案」の成立に至る経緯」―」『法学新報』106-5＝6・9＝10・11＝12、2000年がある。同稿は、林弘正『改正刑法假案成立過程の研究』（成文堂、2003年）にも所収されている。

第393条
有夫ノ婦姦通シタル者ハ三月以上二年以下ノ重禁錮、十円以上四十円以下ノ罰金ニ処ス。其相姦スル者亦同シ。
有夫姦ハ本夫ノ告訴ヲ待テ其罪ヲ論ス。若シ本夫先キニ其姦ヲ縦容シタル時ハ告訴ノ効ナキ者トス。
第394条
配偶者アル者重ネテ婚姻ヲ為シタル時ハ、六月以上三年以下ノ重禁錮十円以上五十円以下ノ罰金ニ処ス。

　まず親属であるが、草案では妾の文言が明記されていないため、妾は親属の範囲には含まれないこととなる。また姦通罪に目を向けると、その処罰対象を「有夫ノ婦」のみとしており(44)、そして重婚罪の処罰規定が置かれていたことより刑法上でも一夫一婦制に則っていたことが分かる。

---

(44)　姦通罪の規定については、ボワソナード著、森順正・中村純九郎訳『ボワソナード氏刑法草案註釈』（司法省、1886年）では、当該草案の註釈書として以下のように記しており、フランス刑法の影響を受けていることが窺われる。

第393条
適法ノ有夫ノ婦姦通ヲ為ストキハ三月以上二年以下ノ重禁錮ニ処ス可シ（仏刑、第三百三十七条第一項）
該軽罪ノ共犯ハ同一ノ刑ニ処ス（刑、第三百五十三条□仏刑、第三百三十八条）」
第393条第2
姦通ノ起訴ハ夫ノ告訴［又ハ夫ヨリ姦通ノ原因ニ因リ離婚又ハ贈与ノ廃止ニ於ケル民事上ノ訟求］アルニアラサレハ発生セス
　［告訴及ヒ民事上ノ訟求ハ常ニ確定裁判ニ至ル迄ハ願下ケヲ為スコトヲ得可シ］
　［夫若シ白痴ナルトキハ夫ノ最近親二名ノ参同シタル上ニテ後見人ヨリ告訴ヲ為シ又ハ之レヲ願下ケルコトヲ得可シ
　［確定裁判前ニ生シタル夫婦ノ和合夫ノ死去又ハ婦ノ死去ハ其婦及ヒ其共犯人ニ対スル起訴ニ終了ヲ附ス］
夫若シ其婦ノ姦通ヲ教唆シ又ハ補助セシトキモ亦其告訴ノ効ナキモノトス（刑、第三百五十三条□仏刑、第三百三十六条、第三百三十七条第二項□民法、第三百八条、第三百九条）

　東京大学法学部研究室図書室に所蔵されている、ボワソナード起案、磯部四郎訳『日本刑法草案直訳』（司法省、出版年不明）においても、第393条に同様の文言が設けられている。

しかし、新律綱領で妾を妻と同じ二等親と扱っていたにもかかわらず、刑法草案ではその文言や解釈について何も示されなかったために、妾の文言廃止をめぐる議論がなされることとなった。明治 12 年（1879 年）3 月 25 日の法制局議案にて、妾の文言廃止の主要な 3 点の理由が掲げられている。まず、「男子妻妾ヲ並迎スルハ本邦ノ習俗ニシテ従来法律ニ公認ス」るものであったが、この状態は「正妻ノ権利ヲ妨害シ」、これは「天理ニ違ヒ人情ニ反スル」ものであること、外国の法律でも「一夫両婦ヲ有スルヲ認ルモノナ」く、条約改正を行う上で「締盟各国ノ律ニ公認セサルモノヲ我法律ニノミ公認イタシ候テハ恐クハ外国人ノ信服上ニモ関係可致」こと、さらに「妻ト妾トハ其名ヲ異ニスルモ其実夫ニ対スルノ義務職掌ニ於テハ同一ノモノニ付、若シ妾ヲ公認スルトキハ二重婚ヲ禁スルノ精神ニ矛盾スヘシ。」として、刑法上の重婚を禁止する条文と抵触し、さらに民法上難題が出てくる虞を指摘する(45)。これに対して同月には「妾名廃存ノ儀ニ付大書記官尾崎三郎外三名建議」が示され、古来からある妾制度を廃止することは「世態人情ニ適セサルヘシ」として反対意見が述べられている。まず、「欧米ノ法律ハ果シテ皆天理人情ニ適ストスルカ」、妾は我が国の基準で以って判断すべきであり、欧米の尺度をそのまま当てはめるべきでないこと、欧米諸国の制度とは異なり「正妻ノ出ニアラストイヘトモ皆之ヲ子孫兄弟伯叔トシ、子孫モ亦其父祖ノ姓ヲ冒シ其家督ヲ継承スルヲ得」るもので、そのため長らく妾を公認してきたのであり、「此制度風俗タルヤ国初以来数千年上下一定ノ通則ニシテ動カスヘカラス」こと、さらに重婚に関する規定について、「夫レ妻ハ自ラ妻妾ハ自ラ妾ナリ。名分判然元ト混淆ヲ容レス。二重婚ト異ナ」るものであり、重婚に違背するわけではないことを挙げ、欧米と日本とでは制度風習が異なることを強く主張する一方で、「但シ妾ヲ二等親ニ置ク穏当ナラサルニ似タリ。改正修正ヲ加ルモ亦可ナリ。」と、柔軟に対応する意見も表明している(46)。

続いて、刑法草案審査総裁柳原前光より太政大臣三条実美に明治 12 年

---

(45) 「親属例中妾ニ関スル議」内閣記録局編輯『法規分類大全　第一編』1890 年、384 頁。

(46) 同上、386-387 頁。

(1879年)に提出された刑法修正案では、以下のように規定された。

第114条
此刑法ニ於テ親属ト称スルハ左ニ記載シタル者ヲ云フ。
　一　祖父母父母夫妻
　二　子孫及ヒ其配偶者
　三　兄弟姉妹及ヒ其配偶者
　四　兄弟姉妹ノ子及ヒ其配偶者
　五　父母ノ兄弟姉妹及ヒ其配偶者
　六　父母ノ兄弟姉妹ノ子
　七　配偶者ノ祖父母父母
　八　配偶者ノ兄弟姉妹及ヒ其配偶者
　九　配偶者ノ兄弟姉妹ノ子
　十　配偶者ノ父母ノ兄弟姉妹

第353条
有夫ノ婦姦通シタル者ハ六月以上二年以下ノ重禁錮ニ処ス。其相姦スル者亦同シ。
此条ノ罪ハ本夫ノ告訴ヲ待テ其罪ヲ論ス。但本夫先ニ姦通ヲ縦容シタル者ハ告訴ノ効ナシ。

第354条
配偶者アル者重ネテ婚姻ヲ為シタル時ハ六月以上二年以下ノ重禁錮ニ処シ、五円以上五十円以下ノ罰金ヲ附加ス。

本修正案においても依然として妾は親属には含まれていない。そこで、これらの規定に妾の文言を附加すべきか否かという問題が元老院の刑法草案審査の場で審議されることとなった。明治13年(1880年)4月2日の刑法草案審査の第二読会(第174号議案)の席上で、柴原和が「我皇統ノ天壌ト極リナク綿々継承スル所ノモノハ妾ノアルヲ以テナラスヤ。若シ之ヲ廃スルトキハ皇統ノ関係極テ大ナリ。(略)此ノ如キ数百年来ノ風俗ヲ顧ミス一朝之ヲ破ラントスルハ実ニ忍ヒサルモノナリ。(略)遽カニ風俗ヲ変セントセハ

忽チ国家ノ安寧ヲ害スルニ至ラン。故ニ本官ハ本按ニ妾ノ字面ヲ掲ケ以テ千古ノ風俗ヲ留メントス。」[47]と発言したことにより妾の存廃問題が浮上することとなった。この場では、村田保が「所謂ル妾ト指スモノハ概ネ賤婢ナリ。固ヨリ親属ニアラス。」[48]と反対意見を述べるに留まったが、4月6日の第三読会ではさらに妾規定存置論者と廃止論者との間で議論の応酬がなされた。柴原が「若シ妾ヲ廃セハ或ハ皇胤ヲ無窮ニ伝フルコトヲ得サルヲ恐ル。人民モ亦祖先ノ血食セサルニ至ラン。（略）窃ニ案スルニ妾ハ欧米諸国ノ取ラサル所ナルヲ以テ、条約改正ニ際シ各国ニ対スルノ語柄アル可シト雖モ、各国ニ対スルノ処置ハ本邦固有ノコトヲ主張シテ可ナリ。」[49]として、皇統の継続との観点から日本固有の事情により第114条に妾の文言を附加すべきことを述べる。こうした柴原の意見に賛同する者が多く、例えば大給恒は「妾ノ名ヲ存スルヲ可ナリト信セリ。何トナレハ本朝ハ古来擅権ノ大臣ナキニアラストト雖モ、未タ神器ヲ覬覦スル者ナシ。是畢竟皇胤ノ一系連綿タルニヨルニアラスヤ。（略）然ルニ妾ノ名ヲ廃セハ勢ヒ侍妃ノ制ヲ廃スルニ至ラン。」[50]と述べ、伊丹重賢も「意フニ国体風俗人情ニ於テモ「妾」ノ字ハ削除ス可ラス。若之ヲ削除セハ、苟モ道徳ヲ懐ク者寧ロ子ナキ妻ヲ去ルモ私生ノ子ヲ設クルヲ好マスシテ終ニ其継続ヲ絶ツニ至ル可シ。」[51]と、両者ともに風俗の観点から妾規定を存置させるべきことを主張する。福羽美静や水本成美、斎藤利行も賛成の立場を表明した。

これに対し、細川潤次郎は「蓋シ妻ハ夫ノ対等ナリ。妾ハ等ノ下リタルモノナリ。故ニ夫妻ニ恭敬ヲ蓋シ之ニ奉仕セサル可ラス。（略）均シク是同等権利ノ人類ヲ以テ数等下リタル種属ト看做サザルヲ得サルヲ以テナリ。本官ハ人権ヲ重スルヨリ之ヲ法律ニ明認スルコトヲ欲セス。（略）本官ハ妾ヲ法律上ニ置クハ万々不可ナリトス。」[52]と、反対意見を述べる。楠田英世も「妾

---

(47) 明治法制経済史研究所編『元老院会議筆記　前期第八巻』元老院会議筆記刊行会、1964年、95-96頁。
(48) 同上、96頁。
(49) 同上、108頁。
(50) 同上、109頁。
(51) 同上、109頁。
(52) 同上、111頁。

ナルモノハ夫ト称スルコトヲ得ス。呼テ旦那様ト云ヒ妻ヲ奥様ト云フ。即チ一生奉公ノ女ナリ。（略）今ニシテ妾ヲ廃スルハ必ス以テ適度ニ至レリト認メタルニアラスト雖モ、是人民ヲ文明ニ導クノ端緒ナルノミナラス、一生奉公ヲ為スヲ可トスルカ如キ法律ヲ設クルハ国家ノ瑕辱ナリ。本官固ヨリ之ヲ不可ナリトス。」(53)と訴える。但し、楠田の発言から当時は完全に妾を廃止することは意図されていなかったことが窺える。こうした趣旨は他の論者も同調しており、鶴田皓も「本条ニ妾ノ字ナキモ之ヲ以テ妾ヲ廃スト云フニアラス。」(54)と、あくまでも法文上妾の文言を規定することに反対しているに過ぎない。他にも、神田孝平は「抑モ妾ノ字ヲ刪リシハ重大ナル理由アルユヘナリ。惟フニ其重大ナル者ハ本邦ノ独立安寧ニアリ。故ニ法律ハ務メテ万国ト平均ヲ得サル可ラス。然ルニ妾ハ万国倶ニ賤ム所ノモノナリ。今之ヲ法律ニ掲クルトキハ万国対等ノ権ヲ得ヘカラスシテ、終ニ独立安寧ヲ保スル能ハサルノ原因トナル可シ。是ヲ以テ本官ハ一歩ヲ進メ、本朝亦彼一夫一婦ノ正道ニ倣ヒ、断然妾ヲ廃シテ万国ト併立ヲ謀ラサル可ラサルモノトス。」(55)と、条約改正の面から廃止論を主張し、村田保が「或ル議官ハ古昔ハ妾ハ尊キモノナリト云ト雖ドモ、今ヤ太タ賤シ。若シ本条ニ妻妾ト連ネ記スルトキハ、却テ古昔ヨリモ之ヲ尊信スルニ至ラン。且本刑法中ニ重婚ノ罪アリ。若シ妾ヲ妻ト同掲スルトキハ彼レニ矛盾スルナリ。（略）其万一妾ヲ刑法ニ掲載セハ、外国人ノ甚タ卑視スル所ノ所謂「コンキバイン」ノ語トナリテ、禽獣ト同一視スルニ至ラン。仍テ妾ヲ親属中ニ編入スルハ到底不可ナリ。」(56)と、重婚罪と抵触する虞を指摘する等、妾の規定を廃止すべき旨が論じられた。採決の結局、柴原の修正案の提議に賛成したのが12名の多数ということで、第114条に修正が加えられることとなった。

4月16日には第三読会の続きが開催されたが、そこでは第114条の案が示された。第1号にて「祖父母父母夫妻妾」と規定し、妾を親属の範囲に含めることを明記したのである。これについて、水本成美は「然ルニ妾ヲ以テ

---

(53) 同上、112頁。
(54) 同上、112頁。
(55) 同上、113頁。
(56) 同上、114頁。

親属ト為ス可キヤ、雇人ト為ス可キヤ、ト言フニ、往昔ハ君臣ノ別アルヲ以テ之ヲ雇人ト為スモ可ナリト雖ドモ、今ヤ然ラス。(略) 独リ妾ノミヲ終身雇ト為サントスルモ、是レ法律ノ許サザル所 (略) 妾ヲ雇人トスルハ最モ不可ナリ。故ニ之ヲ親属ニ列シ法ニ依テ籍ヲ送リ、亜妻ノ地位ヲ与フルトキハ其生子亦愷悙アルヲ以テ、公然之ヲ当該官庁ノ帳簿ニ登記スルモ支障ナカルヘシ。(略) 畢竟本邦古来聘妾ノコトハ歴々法律ニ掲載セシヲ今俄然其名ヲ削リ去テ、法律ノ外面ヲ飾ルハ内省恥ツヘキニ至リナリ。且此法律ヲ改正スルモ妾ヲ廃スルノ精神ヨリ起リシモノニアラス。然ルニ今旧律ニ反シ、翻然之ヲ削リ以テ布告スルニ至ラハ、外人或ハ云ハン。日本ハ妻ノ外一種奇怪ノ配偶者アリテ、殆ント牛馬ト等シク之ヲ淫役ニ供セシム。」[57] と述べ、妾を親属に列するように修正を加えたことを説明、大給恒も賛意を示したが、妾に関する論議の急先鋒であった柴原や福羽が欠席したことにより[58]、決議の結果妾規定の存置に賛成するものが8名の少数であったため、修正案は否決され原案通りとなった。引き続き、妾に関するその他の条文の審議も同時に行われ、姦通罪及び重婚罪の規定を以下のように修正する案が出された[59]。

第353条
妻妾姦通シタル者ハ六月以上二年以下ノ重禁錮ニ処ス。其相姦スル者モ亦同シ。
此条ノ罪ハ本夫ノ告訴ヲ待テ其罪ヲ論ス。但本夫先ニ姦通ヲ縦容シタル者ハ告訴ノ効ナシ。
第354条
夫アリ若クハ妻アル者重ネテ婚姻ヲ為シ及ヒ妾ノ他人ト婚姻ヲ為シ又ハ他人ノ妾ト為リタル時ハ六月以上二年以下ノ重禁錮ニ処シ、五円以上五十円以下ノ罰金ヲ附加ス。

---

(57) 同上、116-117頁。
(58) この背景に政府の説得工作があったと見るものとして、手塚豊「元老院の「妾」論議」『法学セミナー』15、1957年、42-43頁の研究を参照されたい。
(59) 他にも第311条の修正が建議された。修正案では「本夫其妻妾ノ姦通ヲ覚知シ姦所ニ於テ直チニ姦夫又ハ姦婦ヲ殺傷シタル者ハ其罪ヲ宥恕ス。但本夫先ニ姦通ヲ縦容シタル者ハ此限ニ在ラス。」と、「妾」の文言が盛り込まれていた。

条文に妾の文言を含めることが提議されたが、親属例に妾が規定されないことに決せられたため、当該修正案を可としたものはおらず、全会一致で原案が採択された。刑法典の中から妾の文言が消滅したことにつき、井上操は、「此親属例ハ、刑法限ノモノニシテ、民事ニ就テハ勿論、刑事ニ就テモ、他ノ特別法ニ関シテハ、適用スヘキモノニアラス。故ニ今妾、従祖祖父姑、(祖父ノ兄弟姉妹)従祖伯叔父姑、(従祖祖父ノ子即チ父ノ従兄弟姉妹)ノ如キハ刑法中ニ於テハ、親属ニ入ラスト雖モ、他事ニ於テハ、旧法旧慣ニ従ヒ、親属ニ入ルヘキナリ。」[60]や、「又妾ハ、親属例ニナキヲ以テ、親属ニアラス、又法律ノ認ムル所ニモアラスト思フ者アレドモ、是レ大ナル誤ナリ。唯刑法ニ於テ、之ヲ親属中ニ加ヘサルノミ。一般ノ法律ニ於テハ、固トヨリ認ムル所ナリ。刑法中ニモ、已ニ庶子ノ名アレハ、刑法ト雖モ、亦之ヲ認メタルナリ。故ニ刑法外ノ事ニ就テハ、妾ハ、旧法ノ如ク、二等親ニ位スヘキ者ナリトス。」[61]と言及しているように、妾が法律上規定されなくなったにもかかわらず、その存在を肯定する記述があることは注目に値するが、法文上は親属例の中に妾は明記されず、妾は親属には含まれないこととなった。

こうした親属に関する規定は親属容隠や親属相盗といった法文の効果が及ぼされる範囲として示されていた。例えば、明治15年（1882年）刑法の第151条及び第152条で以下のように規定されていた。

第151条
犯罪人又ハ逃走ノ囚徒及ヒ監視ニ付セラレタル者ナルコトヲ知テ之ヲ蔵匿シ若クハ隠避セシメタル者ハ十一日以上一年以下ノ軽禁錮ニ処シ二円以上二十円以下ノ罰金ヲ附加ス。
若シ重罪ノ刑ニ処セラレタル囚徒ニ係ル時ハ一等ヲ加フ。
第152条
他人ノ罪ヲ免カレシメンコトヲ図リ其罪証ト為ル可キ物件ヲ隠蔽シタル者ハ十一日以上六月以下ノ軽禁錮ニ処シ二円以上二十円以下ノ罰金ヲ附加

---

(60) 井上操『刑法述義　第一編総則』出版社不明、1883年、1312頁。
(61) 同上、1342頁。

ス。

これに対し、親属がこれらの罪を犯した場合の条文も設けられていた。

第153条
前二条ノ罪ヲ犯シタル者犯人ノ親属ニ係ル時ハ其罪ヲ論セス。

概説書においても、当該条項の親属の範囲は第114条で掲載されている者である、との解説がなされている[62]。
また親属相盗は、第377条で以下のように規定された。

第377条
祖父母父母夫妻子孫及ヒ其配偶者又ハ同居ノ兄弟姉妹互ニ其財物ヲ窃取シタル者ハ窃盗ヲ以テ論スルノ限ニ在ラス。
若シ他人共ニ犯シテ財物ヲ分チタル者ハ窃盗ヲ論ス。

当該規定も刑法草案審査の第三読会（第174号議案）で議論がなされた。その際、第1項を「祖父母父母夫妻妾子孫及ヒ其夫妻又ハ同居ノ兄弟姉妹互ニ其財物ヲ窃取シタル者ハ窃盗ヲ以テ論スルノ限ニ在ラス」とし、妾も含めるよう修正意見が出されたが、採決により修正案は否決された。これらの諸規定での文言やその修正意見に鑑みると、明治15年（1882年）刑法に規定されていた親属容隠や親属相盗の条文における「親属」には妾が含まれることが想定されていなかった点が窺える[63]。
その後の改正を経て刑法典内で親属の範囲を定める規定は無くなった[64]。改正の後には、刑法典の中には親属の範囲を定める条文は設けられず、民法典にて「親族」を定める規定が置かれたが[65]、依然として明治40年（1907

---

[62] 高木豊三義解『刑法義解』時習社・博聞社、1881年、440頁。
[63] 小疇傳は親属相盗での「「配偶者」トハ民法上ノ夫婦ト解スヘキナリ。」と指摘している。小疇傳『大審院判決引照批評　日本刑法論　各論之部』［第2版］日本大学、1906年、798頁。

年）刑法では下記の規定が置かれていた。

第 105 条
本章ノ罪ハ犯人又ハ逃走者ノ親族ニシテ犯人又ハ逃走者ノ利益ノ為メニ犯シタルトキハ之ヲ罰セス。

第 244 条
直系血族、配偶者及ヒ同居ノ親族又ハ家族ノ間ニ於テ第二百三十五条ノ罪及ヒ其未遂罪ヲ犯シタル者ハ其刑ヲ免除シ、其他ノ親族又ハ家族ニ係ルトキハ告訴ヲ待テ其罪ヲ論ス。
親族又ハ家族ニ非サル共犯ニ付テハ、前項ノ例ヲ用ヒス。

刑法典で規定する「親族」とは、民法典で定められていた「親族」と理解されていた[66]。この「親族」には「配偶者」が含まれていたが、当時の概説書では「配偶者」とは正式に婚姻届出をした者であり、内縁関係を含むものではない、と解説されていることからも[67]、妾は刑法上において刑が免除さ

---

[64] 村田保は 1907 年 2 月の第 23 回貴族院会議の席上で、親属の関係を定める規定は刑法ではなく民法上で定めるものであること、新律綱領編纂時には民法はないものの刑法上の親属関係の規定を設けなければならないことから、親属例の条文が置かれたことを述べている。平沼騏一郎・倉富勇三郎・花井卓蔵監修、高橋治俊・小谷二郎共編『刑法沿革綜覧』清水書店、1923 年、1604-1605 頁。
　また、宮城浩蔵も「此親属例ハ民法人事編中ニ記載スヘキ者ニシテ刑法ニ規定スヘキ者ニアラス。然レドモ此刑法典編纂ノ当時ニ於テ民法ノ制定ナキニヨリ之ヲ此ニ規定セサル時ハ刑法典中親属ニ係ル者ノ処分ニ困難ナルヲ以テ姑ク之ヲ此ニ置キタルナラン。」と指摘している。宮城浩蔵『刑法正義　上巻』[第 5 版] 講法会、1895 年、833 頁。

[65] 「親族」及び「家族」について、民法では次の規定が置かれた。

第 725 条
左ニ掲ケタル者ハ之ヲ親族トス。
　　一　六親等内ノ血族
　　二　配偶者
　　三　三親等内ノ姻族
第 732 条
戸主ノ親族ニシテ其家ニ在ル者及ヒ其配偶者ハ之ヲ家族トス。
戸主ノ変更アリタル場合ニ於テハ旧戸主及ヒ其家族ハ新戸主ノ家族トス。

れる対象とはなっていなかったと考えられる。

　姦通罪を妻のみの特有な刑罰として見ていることにつき、織田純一郎は「本条ハ亭主持ノ婦人ガ密通シタル場合ヲ云フナリ。婦人ノ尤モ尊ム可キハ貞操ニシテ、一旦人ノ妻トナレバ其夫ニ一身ヲ任スルヲ世界ノ通義ト為セリ。(略) 然ルニ有夫ノ婦人ニシテ他ノ男ニ情ヲ通ズルハ婦人ノ徳義ニ背クノ尤モ甚シキモノニテ、再ビ社会ノ婦人ト同等ノ交際ヲ為シ難キ程ノ事ナレバ之ヲ罰シタルナリ。」[68]と、註釈する。有妻の夫についての言及はなく、姦通罪を男子に適用することは想定されていなかったようである。ボワソナードも草案の起草段階で、「有夫ノ婦ノ姦通シタルトキハ夫ノ姦通シタルトキヨリモ更ラニ其刑ヲ重クシタルハ、是レ蓋シ主トシテ婦ノ姦通ハ夫ノ家族中ニ夫ノ血統ニアラサル兒子ヲ入ルルトノ危険ニ基キタルモノナリト雖モ、唯此理由アルノミニアラス。尚ホ其他夫ノ身ニ侮辱ヲ加ヘ、夫ノ権利及ヒ其品位ヲ擯斥スルノ危険アリテ存スルモノナリ。」[69]としており、「婦ノ姦通罪ハ社会ト公ケノ秩序トニ対シ犯セシモノタルハ勿論ナリト雖モ、更ニ夫ノ権利及ヒ其家族ノ利益ヲ大ニ害シテ犯セシモノナリ。」[70]と、妻のみを処罰するのは夫の血統を乱す虞がある点を強調する。

　こうした姦通罪を妻のみを処罰する根拠を血統の乱れによるものとして説明するものは他にも見受けられる。宮城浩蔵は、「本条ハ有夫姦ノ罪即チ姦通罪ヲ規定ス。姦通罪トハ有夫ノ婦カ貞操ヲ破リ他ノ男子ト姦通シタル所為ヲ謂フ。是ヲ以テ夫ハ他ノ女子ト通スルモ本条ノ罪ヲ成サス。何故ニ夫ノ通淫ヲ罰セサルヤ。之ヲ詳言スレハ、一旦偕老同穴ヲ約シタル夫婦ノ間ニ於テ独リ婦ノミ姦通ヲ罰セラレテ、夫ハ毫モ刑法上ノ責任ヲ受ケサルハ甚タ背理

---

[66]　大場茂馬『刑法各論　上巻』[増訂第 4 版] 中央大学、1911 年、569 頁。泉二新熊『日本刑法論　下巻 (各論)』[訂正第 38 版] 有斐閣、1927 年、102-103 頁。平井彦三郎『刑法論綱　各論』松華堂、1934 年、62 頁。大竹武七郎『刑法綱要　全』[増訂第 11 版] 松華堂、1944 年、322 頁及び 570 頁。
[67]　前掲 (第 1 章・註 66) 大竹『刑法綱要　全』569-570 頁。
[68]　織田純一郎註釈『刑法註釈』出版社不明、1880 年、432-433 頁。
[69]　前掲 (第 1 章・註 44) ボワソナード著、森・中村訳『ボワソナード氏刑法草案註釈』532 頁。
[70]　同上、536 頁。

ノ事ト謂ハサルヲ得サルカ如シ。而ルニ我刑法ノ独リ婦ノミヲ罰シテ夫ヲ問ハサルハ何ソヤ。曰ク、婦貞操ヲ破リ他ノ男子ト姦通スレハ、其者ノ種ヲ孕ミ為メニ血統ヲ乱ス無キヲ保ス可カラスシテ、著大ナル危険ヲ其夫ニ与フト雖モ、夫ノ通淫ハ婦ニ対シテ此等ノ危険ヲ与ヘス。且我国ノ習慣ヲ見ルニ古来夫ノ通淫ヲ以テ、甚シキ非行ト見做サスシテ、独リ婦ニ対シテノミ之ヲ責ムルコト刻ナルヲ以テ、立法ノ際遽ニ其慣習ヲ変スルヲ得サルヲ以テ、終ニ本条ノ如ク規定シタルノミ。」[71]と、妻の姦通行為は家の血統を乱す甚大な危険行為であること、また慣習上夫の姦通を非行と見ず、妻の姦通の責任のみを問うており、その習慣を急遽変更すべきではないことを理由に、姦通罪は原則として女子のみを処罰対象とする旨を説明する。亀山貞義も、「有夫ノ婦ニシテ他ノ男子ト媾合スルトキハ啻ニ其夫ニ対シテ負フ所ノ貞節ノ義務ニ戻リ、其夫ニ払拭ス可カラサル汚辱ヲ与フルノミナラス、他ノ血統ヲ混シ、其家ノ秩序ヲ紊乱スルノ恐アリ。」[72]と指摘、さらに当該規定が婦人のみを処罰していることにつき、「蓋シ我国ハ古来家族制度ノ主義ヲ取リ、男子ハ其家ノ長ニシテ、而シテ妻ハ唯其一家族タルニ過キス。故ニ其権利ニ於テ既ニ差等アルノミナラス、数千年来自然ノ感情ニ於テ夫カ他ノ女子ト戯ルルモ、人敢テ之ヲ怪マス。又其妻ノ名誉ヲ害スルコトナキモ、一朝妻カ他ノ男子ト姦スルトキハ忽チ其夫ハ一般ノ指弾ヲ受ケ拭フ可カラサルノ汚辱ヲ被ルニ至ル。況ンヤ夫カ他ノ女子ト姦スルモ敢テ其家ノ血統ヲ紊ルコトナキモ、妻ノ姦通ハ他ノ血統ヲ混シ、其家系ヲ乱ルノ恐アルニ於テオヤ。左レハ我国ニ於テハ夫ノ男女同権ノ説ノ如キハ固ヨリ認ム可カラサルモノニシテ、随テ此刑法ノ規定ハ其当ヲ得タルモノトス。」[73]と、血統の乱れを防止するとの観点から妻のみを処罰する正当性を説く。

　しかしながら、その一方で姦通罪の規定を修正すべきとの意見を主張したものも存在する。鈴木券太郎は「余輩ハ夫ノ他女ニ姦通ノ確証アルトキハ刑法第三百五十三条ニ於テ有夫ノ妻姦通ノ場合ヲ罰スル如ク、亦同様ニ有妻ノ夫姦通ノ場合ヲ処断セラレンコトヲ迄切望スルモノタリ。是レ蓋シ法律ハ一

---

(71)　宮城浩蔵『刑法正義　下巻』［第5版］講法会、1895年、738-739頁。
(72)　亀山貞義講述『刑法講義　巻之二』講法会、1898年、511頁。
(73)　同上、511-512頁。

視同仁ヲ以テ社会ヲ処スベキ所以ノ理ニ適フモノナレバナリ。(略)顧フニ我政府民法編纂後ハ、必ズヤ刑法第三百五十三条ニ於テ、女子ノ有夫姦ヲノミ処罪スルノ条ヲ更改シテ、男子ノ有妻姦ヲモ均シク処罰スルナラン歟。実ニ此ノ制裁ナクバ、仮令ヘロニ法律ノ男女ヲ同視スルモノト定ムルモ、其効果シテ何レニアルヤヲ解スルニ苦マントス。」[74]と、姦通行為の規定も男女平等に処罰を適用させるように改めるべきことを説いている。勝本勘三郎は、著書の中で、夫婦間の制限は留保しながらも男女平等に姦通罪の処罰規定を適用すべきことを主張する[75]。他にも、男女の「其ノ天性堪ヘ難キモノト堪ヘ易キモノトヲ同一ニ罰スヘシト云フハ所謂強弱ヲ揣ラスシテ同一ノ重荷ヲ負ハシムルモノ、不公平ニアラスシテ何ソヤ。故ニ姦通罪ハ男子ニ軽クシテ女子ニ重クスルヲ可トスヘシ。況ンヤ女子ハ内ヲ守ルヘキモノ、若シ其貞操ヲ紊サハ家庭ニ及ホス悪影響ハ外ニ働ク男子ニ比シテ多大ナルヘキハ固ヨリ言フヲ待タサルニアラスヤ。害ヲ社会ニ及ホス程度、男ト女ト苟モ差異アリトスレハ、此間刑ノ軽重アル決シテ怪シムニ足ラサルナリ。」[76]として、「妻ヲ罰スルカ如ク夫ヲモ亦之ヲ罰スベシ。只タ其間多少ノ軽重ヲ参酌スヘシト云フニアリ。吾人ノ提案ノ要旨ハ「姦通ヲ慣行シテ妻ヲ冷遇シタルモノハ之ヲ罰スヘシ」ト云フニアリキ。」[77]と、妻を罰するように夫も罰すべきこと、しかしその一方で夫婦間の軽重は存置すべきことを主張するものも見受けられる。

　このように夫にも姦通罪の処罰を拡大させるべきことを指摘するものもあったが、多くは姦通罪の男女不平等の規定は、夫と妻とでは特に血統の乱れとの観点からその影響と結果が異なる点を強調し、その正当性を説明する。その後、刑法の改正案がいくつか作成されるが、何れの改正案も[78]、「有夫

---

(74)　前掲（第１章・註５）鈴木『日本婚姻法論略』61-62頁。
(75)　勝本勘三郎『刑法析義　各論之部　下巻』講法会・有斐閣書房、1900年、229-230頁。同様の問題を指摘したものとして、勝本勘三郎講述『刑法各論講義』和仏法律学校、1900年、769頁以下が挙げられる。
(76)　勝本勘三郎著・勝本正晃編『刑法の理論及び政策』有斐閣、1925年、403-404頁（同書の姦通に関する論稿は、勝本勘三郎「姦通ヲ論ス」『京都法学会雑誌』2-5、1907年、65-71頁を再録したものである）。
(77)　同上、406頁。

ノ婦」のみを処罰対象としていた[79]。結果として、明治40年（1907年）刑法では、次のように妻のみを処罰する姦通罪の規定が存置された。

第183条
有夫ノ婦姦通シタルトキハ二年以下ノ懲役ニ処ス。其相姦シタル者亦同シ。
前項ノ罪ハ本夫ノ告訴ヲ待テ之ヲ論ス。但本夫姦通ヲ縦容シタルトキハ告訴ノ効ナシ。

[78] 改正案では、それぞれ以下のように規定されていた。

［明治23年改正案］（1890年）
第343条
有夫ノ婦姦通シタル者ハ六月以上二年以下ノ有役禁錮ニ処ス。其相姦スル者亦同シ。
本条ノ罪ハ本夫ノ告訴アルニ非サレハ訴追スルコトヲ得。但本夫先ニ其姦通縦容シタルトキハ告訴ノ効ナシ。
［明治28年改正案］（1895年）
第230条
有夫ノ婦姦通シタル者ハ一年以下ノ懲役ニ処ス。其相姦シタル者亦同シ。
前項ノ罪ハ本夫ノ告訴ヲ待テ之ヲ論ス。但本夫姦通ヲ縦容シタル者ハ告訴ノ効ナシ。
［明治30年改正案］（1897年）
第234条
有夫ノ婦姦通シタル者ハ一年以下ノ懲役ニ処ス。其相姦シタル者亦同シ。
前項ノ罪ハ本夫ノ告訴ヲ待テ之ヲ論ス。但本夫姦通ヲ縦容シタル者ハ告訴ノ効ナシ。
［明治33年改正案］（1900年）
第211条
有夫ノ婦姦通シタル者ハ一年以下ノ懲役ニ処ス。有夫ノ婦ニ姦シタル者亦同シ。
本条ノ罪ハ本夫ノ告訴ヲ待テ之ヲ論ス。但本夫姦通ヲ縦容シタルトキハ告訴ノ効ナシ。
［明治34年改正案］（1901年）
第211条
有夫ノ婦姦通シタルトキハ二年以下ノ懲役ニ処ス。其相姦シタル者亦同シ。
前項ノ罪ハ本夫ノ告訴ヲ待テ之ヲ論ス。但本夫姦通ヲ縦容シタルトキハ告訴ノ効ナシ。
［明治35年改正案］（1902年）
第211条
有夫ノ婦姦通シタルトキハ二年以下ノ懲役ニ処ス。其相姦シタル者亦同シ。
前項ノ罪ハ本夫ノ告訴ヲ待テ之ヲ論ス。但本夫姦通ヲ縦容シタルトキハ告訴ノ効ナシ。

姦通罪を妻のみの刑罰としていることに関しては、従来通り家の血統保護という観点からこれを支持する意見が根強かったが[79]、夫婦不平等の規定を血統のみの問題とは見るべきでない旨の記述もなされてくるようになる。大場茂馬は、姦通罪の性質につき「姦通罪トハ婚姻関係ヲ害スル罪ナリ。故ニ本罪ヲ構成スルニハ其害セラル可キ婚姻関係ノ存在スルコトヲ必要トス。第三者カ既婚ノ夫又ハ婦ト性交ヲ為シ、以テ婚姻ニ依リ成立シタル夫婦関係ヲ害スルヲ以テ本罪ノ性質トハス。然レトモ我刑法ノ認ムル姦通罪ハ有夫ノ婦カ他ノ男子ト性交ヲ為スニ依リ成立スルモノナリ。故ニ有婦ノ夫カ他ノ女子ト性交ヲ為スノ行為ハ之ト同一ノ性質ヲ有スルニ拘ラス、我刑法上ニ於テハ姦通罪ニ非ス。」[81]と指摘する。徳岡一男は、姦通罪を「論理的には尠くとも男女平等の取扱がなされて然るべきではなからうか。」[82]との意見を述べてい

---

(79)「有婦ノ夫」の処罰規定を設けるよう意見が示されたこともある。理由としては、「男子ト女子トハ其性質ニ於テ全然異ナル所アリ。随テ男子ノ姦通ハ女子ノ姦通ノ如キ害ヲ生スルコトナキハ事実ナリト雖モ、畢竟有夫姦ヲ処罰スルノ趣旨ハ、其主要ナル点ハ啻ニ私人ノ血統保維ノ一点ニ止マラス、公ノ秩序ヲ紊乱スル行為ナルヲ以テ、之ヲ不問ニ付スヘカラスト謂フニ在リ。果シテ然ラハ其行為ノ結果ニ多少ノ差異アリト云フ一事ヲ以テ、一ハ刑法上ノ犯罪トシ、一ハ全然之ヲ道徳上ノ制裁ノミニ委スルハ聊カ公平ヲ失スル嫌ナシトセス。少クトモ或ル制限ノ下ニ於テ夫ノ姦通モ亦之ヲ処罰セサルヘカラス。」というものであった。

但し、「女子ハ体質上受胎ノ機能ヲ有シ、異性ノ交接ニ因テ生殖ヲ為スモノナレハ、夫以外ノ男子ト交接スルノ行為ハ直ニ血統ヲ紊乱スルノ結果ヲ生スルノミナラス、民法ノ規定ニ依ルモ妻カ婚姻中ニ生ミタル子ハ夫ノ子ト看做スノ推定アリ。随テ其姦通ヲ不問ニ付スルトキハ、一家ヲ擾乱スルノ結果ヲ生スヘシ。反之男子ノ姦通ハ単ニ道義ニ反スト云フノミニテ、如此弊害ヲ生スルコトナキヲ以テ、敢テ刑罰ヲ科スルノ要ヲ見ス。純理ノ上ヨリ論スルトキハ、婦ノ姦通ヲ処罰スル以上ハ夫ノ姦通ヲ不問ニ付スヘキモノニアラサルヘシト雖モ、今日ノ実情ニ於テハ、到底実際ニ行ハレサルノミナラス、制限ヲ付セントスルモ如何ナル制限ヲ以テ適当トスヘキ乎ハ、直チニ起ルヘキ難問ニシテ之ヲ解決セントスルハ容易ノ事業ニアラス。本問ハ立法院ニ於テモ度々起リタル議論ナレトモ、遂ニ成立セサルハ蓋シ実行ノ困難ナルヲ以テナルヘシ。」との点も挙げられていた。田中正身編著『改正刑法釈義　下巻』西東書房、1908年、770-772頁。

(80)　新保勘解人『日本刑法要論　各論』敬文堂書店、1927年、246頁。前掲（第1章・註66）平井『刑法論綱　各論』233頁。大竹武七郎『刑法綱要　総論・各論』松華堂、1934年、468頁。

(81)　大場茂馬『刑法各論　下巻』[増訂第3版] 中央大学、1912年、473頁。

(82)　徳岡一男『刑法各論』（大衆法律講座　第6巻）非凡閣、1935年、182頁。

ることからも、妻のみを処罰する規定に対して懐疑的な見方が広がっていた様子が見て取れる。

　こうした姦通罪の規定を男女平等の観点から修正を加えるべきことが提議されてゆくようになるが、男女平等化を積極的に説いたのが瀧川幸辰である[83]。瀧川は一貫して夫婦の姦通を平等に処罰しないという主張であり、以下のように説く。まず、姦通罪をめぐる各国の立法例では、刑法で姦通を犯罪と見ない例（イギリス）、夫婦の姦通を平等に処罰する例（ドイツ）、夫婦を処罰するが夫婦間に差が設けられる例（フランス）、妻の姦通のみ罰する極端な不平等主義の例（日本）となっていることを見た上で、日本のような不平等主義は妻の貞操義務は血統の混乱を防止することを理由として説かれているものの、立法例の傾向は次第に平等主義へと向かいつつあること、さらに婦人の地位が向上し、婚姻関係において男女の平等を要求するまでに至っていること、男女平等の原則が婚姻制度の基礎でなければならないことからも夫婦平等主義が正当であることを訴える。しかしながら、婚姻の誠実義務は精神的なものであり、婚姻を解消した後にまで刑罰を科することは不都合が生ずること等を勘案し、姦通は夫婦共に刑法上処罰すべきではないとする。また、実際に姦通罪や重婚罪が含まれている「猥褻、姦淫、重婚の罪」により第一審で有罪に科せられた女性の比率が非常に少ないことからも[84]、離婚した上で更に告訴してまで妻を訴えようと考える夫があまりいないとの事実が示されるので姦通をむしろ犯罪としない方が好ましいだろう、との意見も寄せている。

　その後、昭和2年（1927年）には司法省による刑法改正予備草案（以下、

---

(83) 瀧川の戦前期の著作では、「夫婦平等の原則―夫の姦通と妻の姦通―」『経済往来』3-12、1928年、1-11頁（同稿は、瀧川幸辰『刑法雑筆』（文友堂書店、1937年）に「夫婦平等の原則」との題目で再録されている。）・『刑法講義』（弘文堂、1929年）・『刑法読本』（大畑書店、1932年）、戦後では『刑法学周辺』（玄林書房、1949年）・瀧川幸辰先生記念会編『瀧川幸辰　文と人』（世界思想社、1963年）等がある。

(84) 『大日本帝国司法省刑事統計要旨』によると、「猥褻、姦淫及重婚ノ罪」により第一審で有罪に科されたのは、昭和16年（1941年）には男子：508、女子：34、昭和17年（1942年）には男子：564、女子：24、昭和18年（1943年）には男子：595、女子：44、であった。

予備草案と称す。）が示され、妻のみを処罰する規定となっていた姦通罪を以下のように修正する改正案が明らかとなった。

第248条
配偶者アル者姦通シタルトキハ二年以下ノ懲治ニ処ス。其ノ相姦シタル者亦同シ。
配偶者ノ悪意ノ遺棄ニ因リ家庭ノ共同生活ヲ為スコト能ハサル者、前項ノ罪ヲ犯シタルトキハ其ノ刑ヲ減軽又ハ免除スルコトヲ得。
前二項ノ罪ハ配偶者ノ告訴ヲ待テ之ヲ論ス。但シ配偶者姦通ヲ縦容シ又ハ宥如シタルトキハ告訴ノ効ナシ。

予備草案では従前の「有夫ノ婦」から「配偶者アル者」へと文言が改められ、姦通罪の適用範囲は夫にまで含まれることとなったが[85]、昭和15年（1940年）の改正刑法仮案（以下、仮案と称す。）では再度修正が加えられた。

第324条
妻姦通シタルトキハ二年以下ノ懲役ニ処ス。其ノ相姦シタル者亦同ジ。
前項ノ罪ハ夫ノ告訴ヲ待チテ之ヲ論ズ。
第325条
夫他ノ婦女ト私通シ其ノ関係継続中悪意ヲ以テ妻ヲ遺棄シ、又ハ之ニ対シテ同居ニ堪ヘザル虐待若ハ重大ナル侮辱ヲ加ヘタルトキハ、二年以下ノ懲役ニ処ス。情ヲ知リテ相通ジタル者亦同ジ。
前項ノ罪ハ妻ノ告訴ヲ待チテ之ヲ論ズ。
第326条
配偶者姦通若ハ私通ヲ縦容シ、又ハ之ヲ宥恕シタルトキハ告訴ヲ為スコトヲ得ズ。悪意ヲ以テ配偶者ヲ遺棄シタルトキ亦同ジ。

仮案では妻の場合は「姦通シタルトキ」、夫は「他ノ婦女ト私通シ其ノ関係継続中悪意ヲ以テ妻ヲ遺棄シ、又ハ之ニ対シテ同居ニ堪ヘザル虐待若ハ重大ナル侮辱ヲ加ヘタルトキ」と、夫婦間で区分を設けている。夫の場合には

条件が附加されていることにつき、大竹武七郎は日本の国民性や環境を考察して制定し、道徳感情に則した結果であることを述べている[86]。夫婦平等の規定ではなくなっているものの、仮案で男子にも刑罰を問い得るような規定

[85] この改正点につき、矯正図書館に所蔵されている『刑法改正予備草案ニ関スル裁判所・検事局・弁護士会意見集』では、賛否両論の見解が寄せられている。
　　従来通り、「有夫ノ婦」のみを処罰対象とすべき立場の意見として、「姦通罪ノ成立ニ関シ夫婦平等主義ヲ採ルハ人道上完全ナル夫婦生活ノ維持ノ見地ヨリ、又婦人ノ地位人格ヲ尊重セントスル趨勢ニ顧ミ妥当ノ改正ナルカ如シト雖、我国現在ノ社会状態、殊ニ男女体力性能ノ差異、社会上ノ職能ノ異同、親族相続法其他法制上ノ関係及社会組織ノ単位ヲ個人ノミニ置カス、家族制度ノ維持、家系ノ永続ヲ以テ社会組織ノ基本トナスコト等ニ鑑ミ、従来ノ有夫ノ婦ノ姦淫行為ヲ姦通罪ノ客体トスル主義ヲ変更スルノ必要ナク、夫婦平等主義ヲ採ルハ今日ノ時勢ニ於テハ尚早ノ嫌アルヲ免レス。」（東京控）、「同草案第二百四十八条ノ規定ハ理想トシテハ可ナルモ、我国現時ノ社会ニ於テハ夫ト婦トノ社会的地位・活動状況ヲ異ニセルノミナラズ、本条ヲ実施スルニ当リ支障ヲ来スベキ女子ニ関スル法令制度ノ存スルニ由ル。」（東京控検）、「我邦ニ於ケル姦通処罰ノ理由ハ単純ナル情操問題ニアラス。有夫ノ婦姦通セハ血統ヲ紊ル虞アルヲ以テ家系ヲ重スル我邦ノ風習トシテ之ヲ不問ニ附シ能ハサルナリ。有妻ノ夫カ他ノ女ト通スルカ如キハ単ニ情操問題タルニ止リ、法律ヲ以テ処罰スル必要ナシ。」（水戸弁）、「夫ノ姦通罪ヲ規定スルハ尚早ナリ。」（岡山弁）等が示されている。
　　他方で、予備草案にて夫も処罰対象に含めるよう改めたことについて、「国民ノ修身齊家ハ忠孝ニ基ニシテ淳風美俗ノ因ナリ。而シテ正妻アルモノニシテ蓄妾ヲ為スコトハ家庭紊乱ノ最大ナル原因トナルモノナリ。齊家ノ根原ヲ正サスシテ淳風美俗ノ興ランコトヲ求ムルハ愚ノ至リナリ。改正刑法ハ淳風美俗ノ維持ニ力ヲ注クントスルモノナレハ、当然本項ノ規定ヲ設ケサルヘカラス。」（鹿児島地）、「婚姻ハ夫婦ノ畢生ノ共同生活ヲ目的トスルモノナレハ、夫婦ハ其生活、殊ニ性的生活ニ於テ同一立場ニ在リテ法律ノ直接規定ヲ俟ツマテモナク、法律上ニ於テモ夫婦ハ互ニ誠実ヲ守ルノ義務－貞操義務－ヲ負ヒ其和合及幸福ノ保持増進ニ協力精進スルノ責務ヲ有スルモノナルヘキヲ以テ、（略）夫婦ノ一方ノ貞操義務違反ノ制裁モ亦夫婦平等ト為スヲ以テ理論ニ合シ衡平ニ適フモノトス。然ルニ現行ノ法律ハ民事法刑事法ヲ通シテ貞操義務違反ノ制裁ハ婦ニノミ過酷ニシテ男子ニ対シテハ頗ル寛大ナルニヨリ現行ノ法律ハ男子偏重又ハ不衡平ノ立法ナリトノ批難ヲ生スルニ至レリ。（略）今日ノ如ク社会文化ノ進歩シ婦人ノ地位向上シタル時代ニ於テ姦通罪ニ関スル現行刑法ノ規定ハ到底容認セラルヘクモナク、速ニ改正ヲ要スル事項ナリト思料ス。曩ニ発表セラレタル刑法改正案ニモ右改正ノ条項アリ。当局ニ於テモ夙ニ改正ノ企図アルモノト思料スルモ、改正ヲ望ムコト切ナルカ故ニ、特ニ意見ヲ具申スル次第ナリ。」（平戸区）といった意見が寄せられている。岩村幹事・遠藤幹事『刑法改正予備草案ニ関スル裁判所・検事局・弁護士会意見集』1928 年、45－47 頁。
　　また、『東京朝日新聞』(1931.2.1・夕刊) では「妾を置く者に痛い刑法改正」との記事が掲げられ、「妻の承認なしに妾を囲つた場合は姦通罪の告訴が出来るやうにして女性を擁護することになる模様である。」と報道されている。

が盛り込まれた点は多くの法学者により評価されたが[87]、実際には男子を罰する姦通罪の規定は施行されることなく、戦後の刑法改正により姦通罪は廃止された[88]。

　最後に重婚罪の解釈を整理しておこう。重婚罪の規定は各草案や明治40年（1907年）刑法で規定されていたが、各法学者の意見は夫と妾との関係には重婚罪は適用し得るものではないとのものであった。ボワソナードによると、男子が「法律上慣習上幷ニ適正ノ婦ニ於テモ夫婦同居ノ家ニ妾ヲ入ルルノ允許アル事」[89]があるため、日本では重婚罪が成立する例が少ないことを指摘する。これは妾を娶ることは婚姻ではないために重婚として問われないことを端的に示している。宮城浩蔵も、「我国ハ古来一夫一妻ノ制度ニシテ、男カ妻アルニモ拘ハラス他ノ女ト婚シ、女カ夫アルニモ拘ハラス他ノ男ト婚スルハ、共ニ許サザル所ナリ。我国夫ハ妾ヲ蓄ヘテ罰ナキニヨリ、外人往々我国ニ一夫多妻ノ制度ヲ存スト評スル者アリ。是レ実際ヲ知ラサルノ説ナリ。妾ハ正妻ニ非ス。唯所謂召使ヒト称スヘキ者ニシテ、法律上毫モ権利ヲ有セサルナリ。我国ノ制度ハ一夫一妻ナリ。故ニ一夫多妻、若クハ一婦数夫ノ兇者アラハ、我国ノ秩序ヲ紊リ、風俗ヲ壊ルヲ以テ、之ヲ罰セサルヘカラス。是レ本条ノ設アル所以ナリ。」[90]との解説を附し、妾は妻としての地位にないために重婚罪が成立しない旨を説いている[91]。

　明治40年（1907年）刑法の成立後も、同様の見解が散見される。原田清

---

[86]　「刑法改正の話(1)」『東京朝日新聞』（1940.5.21）。

[87]　仮案の評価については、『法律時報』12-7、1940年、2頁以下に牧野英一「刑法の改正における妥協と進歩」、小野清一郎「刑法に於ける道義と政策―改正刑法仮案に対する概括的批判―」、瀧川幸辰「改正刑法仮案の各則―刑法改正綱領を中心として―」、木村亀二「刑法草案各則の比較法的考察」の各論稿が寄せられている。牧野論稿は、牧野英一『改正刑法仮案とナチス刑法綱領』有斐閣、1941年に再録されている。

[88]　この点につき、玉城肇は「民法の上でも刑法の上でも姦通に対する制裁の差がとりのぞかれたのは、法制史の上から見ても女性の地位を向上せしめる上に一つの進歩だつたことは確かである。」と評している。玉城肇「一夫一婦制の解剖―（附）姦通罪の廃止について―」『婦人の世紀』9、1949年、36頁。

[89]　前掲（第1章・註44）ボワソナード著、森・中村訳『ボワソナード氏刑法草案註釈』551頁。

[90]　前掲（第1章・註71）宮城『刑法正義　下巻』747-748頁。

は、「配偶者トハ法律上正式ノ婚姻ヲ為シタル男女ノ一方ヨリ他ノ一方ヲ指ス語ナリ。夫ヨリ見レハ妻ハ配偶者ニシテ妻ヨリ見レハ夫ハ配偶者ナリ。法律上ノ夫婦関係アルコトヲ要スルヲ以テ、内縁ノ夫婦又ハ妾ノ如キハ配偶者ニ非ス。本罪ハ配偶者カ他ノ者ト更ニ婚姻ヲ為シタル場合ニ成立ス。」[92]と、妾は配偶者に該当しないことを明示する。山岡萬之助も、重婚罪の行為は「重ネテ婚姻ヲ為シタルヲ要ス。茲ニ所謂婚姻トハ民法上ノ形式ニ従ヒタル夫婦関係ノ謂ニシテ事実的ナル夫婦生活ヲ指スモノニアラズ。故ニ妾ヲシテ同居セシムルガ如キ背徳行為モ未ダ以テ本罪ヲ構成スルニ足ラズ。」[93]と記述する。重婚罪は正式な婚姻関係を重ねて行った際に適用されるものであるので、妾とは婚姻の手続きを経ない以上、重婚罪を適用するものとして解釈がなされていなかったことは明白である。

　以上、刑法典の妾に関連する親属・姦通罪・重婚罪の諸規定を中心にその文言の変遷や解釈を概観してきた。新律綱領では妾を妻と同等の二等親に位置付けたものの、明治 15 年（1882 年）刑法では妾が法文上は消滅したが、その一方で法文の解釈や当時の法学者の著作からは未だに妾の実態を許容し得ることが示されていた。明治 15 年（1882 年）刑法の編纂過程では草案段階で妾規定の存否について討議され、結局は妾の文言は明文上の規定として設けられることはなかったが、姦通罪の規定は「有夫ノ婦」を対象とし、仮に夫が妾を有していたとしても刑罰の対象とは見做されていなかったことからも、暗黙の了解の内に妾が広く公認されていたことを窺わせる。明治 40 年（1907 年）刑法に至るまでの改正案は、何れも姦通罪の処罰対象を「有夫ノ婦」に限っていた。その理由は妻が夫以外の男性と関係を有した場合に血統を乱す虞があり、その点で夫が姦通行為を行う場合とは齎す結果が異なることを根拠とするものであったが、この規定によるならば、夫が妻以外に妾との関係を有していたとしても、それは姦通として見做されないこととな

---

(91)　村田保も、重婚罪について「本条謂フ所ノ重婚ノ罪トハ己ニ本夫アリ本妻アリテ又更ニ法式ニ従ヒ婚姻ヲ為シタル者ヲ云フ。」と註釈を記しており、重ねて婚姻をすることにより罪が成立する旨を明らかにしている。村田保註釈『刑法註釈　巻六』内田正栄堂、1880 年、50-51 頁。

(92)　原田清『刑法通解　全』法令研究会、1911 年、282 頁。

(93)　山岡萬之助『刑法原理』[訂正増補第 8 版] 日本大学、1918 年、620-621 頁。

り、夫は処罰を受けず、蓄妾行為を暗に認め得ることにもつながっていた[94]。重婚罪は、解釈上夫と妾との関係は婚姻ではない以上は重婚とはならない旨が明示されていた。つまり、これらの規定により夫の蓄妾行為は刑法上の罪として問われることはなかったのである。

但し、夫と妾との関係を重婚罪として問い得るものではないとの立場が堅持されていたのに対し、姦通罪の規定方法に関しては徐々に法学者の意識の変化が見られ、夫も誠実義務を負っていることから妻のみを処罰することに関して批判的な見解が寄せられ、男女を同等に扱うべきことが説かれ始める。しかし、夫婦間の差別をなくすよう意見が述べられてはいるが、夫にも姦通罪の処罰規定を適用する考えが主流になっていた訳ではないことには留意しなければならない。むしろ、瀧川幸辰が夫婦間を平等に処罰しないことを訴えていたことに代表されるように、男女双方を処罰しない、即ち姦通罪の処罰規定を刑法典から取り除くとの観点から夫婦間の区別を排斥する考えを説く論者が多かったのである。この考えについては、「姦通が平等に離婚原因となるならば、夫婦はそれで一応自己の目的を達し得るのであつて、それ以上に非行者に対し国家の刑罰権を乞ふやうなことは避けたが良いとするのであらう。寧ろ姦通を以て平等に離婚原因たる主張を、もっと称導すべきではなからうかと考へる。」[95]との言及がある。小野清一郎も、「婚姻の信義を破ることは、夫たると妻たるとを問はず非難さるべきである。(略)近世の個人主義的人格主義的思想に基く男女平等の思想は、姦通の点に於ても男女を同様に取扱ふことを要求するに至つたのである。しかし、一方に於ては姦通の如き親族間に於ける信義の問題は国家の法律、殊に刑法を以て干渉すべき事柄にあらずとする考へが有力である。」[96]と記述しているように、あくまでも民法上の平等に止め、これを刑法上の処罰に含めるべきではない、との考えが広く受け止められていた様子が見て取れる。姦通罪を改正する際に

---

(94) 姦通罪の規定では内縁の妻や妾が正犯とはならず、夫が妻以外の女性と関係を有したとしても処罰対象とならないことが社会における妾の悪習につながっているとの指摘も示された。泉二新熊『改正日本刑法論』有斐閣、1908年、715頁。同様の指摘は、前掲(第1章・註66)泉二『日本刑法論 下巻(各論)』409-410頁にもある。
(95) 前掲(第1章・註41)三宅・青山『親族法・相続法』143頁。
(96) 小野清一郎『刑法講義 各論』有斐閣、1928年、138-139頁。

〔表2〕 姦通罪に関する学生の意識調査

姦通罪に関する学生の意見（回答総数 294）	
（1）不罰主義（夫婦平等の関係において離婚原因とすべきである）	107
（2）平等処罰主義	57
（3）不平等処罰主義（夫に軽く、妻に重くすべきである）	27
（4）単独処罰主義（妻の姦通のみを犯罪とすべきである）	71
（5）平等主義（罰するにせよ、罰しないにせよ、夫婦を平等に取扱うべきである）	5
（6）いずれも現行刑法よりはよい	27

も、一度は予備草案で男女双方を姦通罪の処罰対象として規定したにもかかわらず、仮案に至っては夫と妻とで異なる規定を設け、完全な平等主義を採用するには至っていないことからも、夫側にまで処罰の対象を広げることには消極的であったという姿勢が窺える。

ここに興味深い統計結果を示しておきたい。〔表2〕は、1928年に学生を対象になされた姦通罪に関する意識調査の結果である[97]。

夫側にまで処罰の対象を広げることに賛成する意見もある程度見られるものの、依然として夫を処罰させるべきではない、と見る見解が多い。意識調査の結果の面から見ても姦通罪は夫側を処罰するまでのものとは見られておらず、民事上のみの平等規定に賛成するものが主流であったことが分かる。

第2節　判例の状況

次に妻からの離婚請求や夫の貞操義務に関する判例を中心に、判例に登場する妾の扱われ方を見てゆく。

妾は妻と異なるものとしてその区分は比較的初期より指標として示されていたようである。石井良助氏は高知県伺に対する明治7年（1874年）8月10日の司法省指令を根拠として、妻の立場は結納の取替と婚姻の礼が行われる

---

[97] 前掲（第1章・註83）瀧川『刑法雑筆』153頁に掲げられている統計結果を基に作成した。意識調査の結果は、前掲（第1章・註83）瀧川「夫婦平等の原則―夫の姦通と妻の姦通―」にも示されている。同稿によると、当該意識調査の結果は1928年3月に筆者の刑法講義に出席していた学生の意見に基づくもので、「姦通に関する立法例や学説を一応、説明したが、批評は一切差し控へて、学生に考慮の余地を与へたのである。」（11頁）との説明が附されている。

のに比して、妾は当事者間の双方の許諾のみが判断となっていることを指摘する[98]。これは他の指令からも見ることができ、愛媛県伺に対する明治7年 (1874年) 2月2日の指令で「凡妾ト称スルハ双方許諾ノ上初テ其名ヲ定ムルヲ得ル。」[99]と記されていることからも、双方の合意を要件としていたことは明らかである。

こうした妾を夫が有していたとしても、法文の上では妻側からの離婚事由としては認められ得ず、判例もそうした立場を当初は闡明に打ち出していた。民法第813条第6号に規定する「所謂悪意ノ遺棄ナルモノハ単ニ夫婦ノ一方カ他一方ト別居シタリトノ事実ヲ以テ足レリトセス。又妾ヲ置キ若クハ妾ヲ携帯シテ他出シ久シク家ニ帰ラストノ事実ノミヲ指称スルモノニアラス。」(大審院明治33年(オ)205号[1900.11.6判決])や、「吾邦古来の慣習上夫か私かに他女と通したれはとて、之を以て直に其妻を侮辱したるものと云ふを得す。」(大阪地明治35年(ウ)6号[1902.5.30判決])の判例にて示されているように、妻は妾を有している夫との離婚を欲したとしても原則として離婚が認められることはなかった。

しかし、判例では徐々に夫の蓄妾行為は妻側からは重大な侮辱を与えられる行為であると見做し、その行為は民法第813条第5号に違反するものとして、妻の離婚事由を認めるものへと解釈を示すようになる。例えば、夫が妾を持ち、その妾との間に子どもを儲けた事案では、「如上の事実は、被告が原告に重大なる侮辱を与へたるものと認定すべく、即ち民法第八百十三条第五号に該当するもの」(東京地明治40年(タ)62号[1908.3.9判決])と認めている。このように妾との間に子どもを儲けた事例について、他の事案でも夫が自宅に下婢として雇入れた女性を「妾トシテ(略)私通関係ヲ継続シ、遂ニ右(女)カ男子ヲ分娩スルヤ之ヲ認知シ庶子トシテ入籍シタル事実(は)(略)民法第八百十三条第五号所定ノ、所謂重大ナル侮辱ヲ受ケタルモノト認定スルヲ妥当トス。」(東京控大正12年(ネ)206号[1924.10.29判決])とし

---

[98] 石井良助「明治初年の婚姻法—とくに法律婚主義と妾について—」中川善之助他編『結婚　家族問題と家族法Ⅱ』酒井書店、1957年、223-224頁。

[99] 『司法省日誌』明治7年-21、1874年、15頁。大阪裁判所編纂『刑事類纂　丙編』1878年、106頁。

て、妻側からの離婚を認めている判決が出ている。また、「妻が家出の後、夫が他の婦女を雇入れ、之を妾として同居し、妻の如く遇し、家事上の事項一切を之れに委託せるに至りたる其動機が、妻の家出ありたる為め生じたるも、其家出たるや夫が妻を遇すること苛酷にして、妻が夫と同居を為すに堪へざりし場合に於て、右夫と他の婦女との関係行為は以て妻に対する重大なる侮辱なりとなすに足る。」(大阪控事件番号不詳 [1912.2.9 判決])や、「夫が公然妾を蓄ひ、多くは妾と同棲し、偶妻と同棲する場合には暴言を奔し、妻が不和に堪へずして一時生家に立帰るや妾を自宅に入れ、妻をして夫の家に復帰することを得ざらしめたるは、所謂重大なる侮辱なりとす。」(東京控大正 7 年 (ネ) 第 313 号 [1919.4.2 判決])とする等、夫が蓄妾行為を行っているのみならず、妻が同居できない程の要因を作り出し、その帰責性がある場合には妻側からの離婚事由を認める判断を下している。

さらに、裁判所は柔軟な解釈を示すようになり、単に妾を有している行為そのものが妻に対する重大な侮辱行為と認めるような判例も現れるようになった。「正妻あるに拘はらず、他に女を蓄へ妻として遇し、之と同棲するが如きは民法八百十三条第五号に所謂妻に対する重大なる侮辱を加へたるものと認むるに足る。」(東京地大正元年 (タ) 185 号 [1913.7.14 判決])や、「夫が家出して後ち二十有余年の久しき間、妻を顧みずして妾と共に別に一家を構え居る事実あるに於ては、夫は悪意を以て妻を遺棄したるものと認むるに足る。因って離婚の原因ありと謂ふべし。」(東京控大正 2 年 (ネ) 272 号 [1913.9.26 判決])、夫が妾と同棲している場合に「斯クノ如ク夫カ妻アルニ拘ラス他ノ婦女ト内縁ノ関係ヲ結ヒテ之レト同棲スルカ如キハ、民法第八百十三条第五号ニ所謂重大ナル侮辱ニ該当スル事勿論ナリ。」(東京控大正 11 年 (ネ) 978 号 [1924.5.17 判決])等がその例として挙げられる。

さらに妾に関する裁判例の中で、最も重要なものの一つとして挙げられるのが、大審院大正 15 年 (れ) 233 号 [1926.7.20 判決] の判決である。下級審で「我国現行法の下に於ては男子の姦通罪を認めず、従て男子に貞操義務を認めざる法の精神並に我国現時の社会状態より論究するときは、我民法の解釈上、妻は夫に対し貞操を強要する権利ありと認むるを得ざるを以て、(別女が正妻の) 権利を侵害したりと云ふを得ず。」[1925.12.22 判決 大分地

裁］と下されたのに対し、大審院では「婚姻は夫婦の共同生活を目的とするものなれば、配偶者は互に協力して其の共同生活の平和安全及幸福を保持せざるべからず。然り而して夫婦が相互に誠実を守ることは其の共同生活の平和安全及幸福を保つの必要条件なるを以て、配偶者は婚姻契約に因り互に誠実を守る義務を負ふものと云ふ可く、配偶者の一方が不誠実なる行動を為し、共同生活の平和安全及幸福を害するは即ち婚姻契約に因りて負担したる義務に違背するものにして、他方の権利を侵害するものと云はざるべからず。換言すれば、婦は夫に対し貞操を守る義務あるは勿論、夫も婦に対し其義務を有せざるべからず。民法第八百十三条第三号は夫の姦通を以て婦に対する離婚の原因と為さず、刑法第百八十三条も亦男子の姦通を処罰せずと雖是主として、古来の因襲に胚胎する特殊の立法政策に属する規定にして、之れあるが為めに婦が民法上夫に対し貞操義務を要求するの妨とならざるなり。」として、妻のみならず夫にも貞操義務があることを明示し、注目を浴びた[100]。

　この判決を下した大審院長の横田秀雄は、後に当該判決につき次のように述懐している[101]。「女の方には貞操擁護が大切なる義務でこの義務の違反に対しては厳重なる制裁がある。第一は民法上では離婚の原因となる。刑法では罰せられる事になる。併し男子の方にはそれがない。何とも書いてない。そこで所謂反対推理の解釈、勿論男子の方にはさういふ明文が無いから、男子の方面で是を離婚の原因とする事は出来ない。（略）つまり法文は暗に男子の貞操義務を否定した事でないか。ないといふ事を認めたのでないか。若し貞操義務ありと認めるならば、女と一緒にやはり離婚の原因となり刑罰に処せられるものであるが、それがないからどうしても法律の主意としては男子の貞操義務を認めるわけにはゆかぬとかういふ一寸考へが起こる。反対論としては（略）女の方には特別の制裁が附いて居るに違ひないが、男の方には特別の制裁がないから、といつてそれで法律の義務はないとかういふ事にはならぬ。併しそれにしても義務ありと肯定するにはどうして行くかといふ問題が起こる。（略）今日の男子に貞操の義務ありや否やといふ問題、この問題を我々は時代の精神で解釈しなければならぬ。」と、社会状況に従って判断を下したことを述べる。その上で、「元来は女が男に対してそれだけの

権利を主張するだけの力がなかつたんです。けれどもつまり女子教育が盛んになり、女の社会上の地位が上がつて自分の地位を自覚して、それを要求する事が出来るまでになつた。なつたからやはり前の通りに押付けて置く事は出来ない。（略）今から十年前に大審院に出たら、我々は否定したかも知れぬ。そこが今申しました法は時代の状態を解釈して行かなければならぬ。今日の状態では義務を認めて差支へないと我々は認めた。（略）それから今一つ既に大分男女同等問題といふものが進んで来た。大審院では只だ貞操の義務を見ただけです。更に一歩進んでこの点に関しては男子と全く同じやうにしやうといふので、民法上に於ては離婚の原因となり、刑法上に於ては刑罰の裁判にまで行くといふ、さういふ機運が動きつつある。その運命はまだ今

(100) 当該判決については、後に多くの学者によって論評された。主要なものとしては、以下のものがある。中川善之助「「夫の貞操義務」に関する裁判に就て」『法学協会雑誌』45－2、1927年、222-246頁。牧野英一『法律における倫理と技術』有斐閣、1934年、35-41頁（初出『法律学の新らしき目標―最近の立法と判例とに関し、開講の辞として―』『法学志林』29－1：1927年）。同「夫の貞操義務に関する判例に付いて―中川法学士に答ふ―」『法学協会雑誌』45－3、1927年、436-464頁。同『法律における価値の論理』（民法の基本問題　外編第一）有斐閣、1930年、277-284頁。穂積重遠「男子貞操義務判決の真意義」『法学志林』29－7、1927年、1-22頁。同「夫の貞操義務に関する大審院の新判例に就いて」横田秀雄・穂積重遠共述『男子貞操の新義務』廓清会婦人矯風会連合、1928年、21-36頁。栗生武夫「夫の貞操義務の条文上の根拠―民法七八九条の「同居」―」『法学志林』29－10、1927年、55-65頁。同『婚姻立法における二主義の抗争』弘文堂、1928年、263-279頁。こうした判例評釈の議論の流れを整理したものとして、利谷信義「男子貞操義務論争」加藤一郎編『民法学の歴史と課題』東京大学出版会、1982年、289-318頁がある。

他にも、横田秀雄が下した名判決の一つとして紹介されている等、大きな注目を浴びた様子が窺える。穂積重遠『判例百話』日本評論社、1932年、182-187頁。手塚豊「日本の名裁判官　横田秀雄」『法学セミナー』35、1959年、58-61頁（同稿は、手塚豊『明治史研究雑纂』（手塚豊著作集第10巻）、慶應通信、1994年に再録されている）。

さらに、当該判決の意義及び影響について、「これまでの例では絶対になかつた男の貞操が法律的な制裁を受けたことになる。新聞紙はデカデカに掲げるし、天下の話題はそれからそれへと飛び、この事件は大きな波紋を当時の社会に投じた。不良老年どもの脅え上つたのも宜なる哉である。」と述べているものもある。大澤一六『裁判実話　貞操の法律』大京社、1932年、476頁。

(101) 横田秀雄「判決所感」前掲（第1章・註100）横田・穂積共述『男子貞操の新義務』1-19頁（同稿は、『買売春問題資料集成〔戦前編〕』第3巻（廃娼運動編Ⅲ〔1926～1928年〕）不二出版、1997年に再録されている）。

日では判らぬ。併し私は考へる。思想の転換といふものは中々さうは行かぬ。（略）私は急激の変化は好まない、一足飛びは好まない、既に法制審議会まで男の姦通を以て離婚の原因とする案が出た。従来の例でいふと男の姦通といふと奇異の感を抱く事になるが離婚の原因にしやうといふ案が出たけれども、それは葬られてしまつた。現在では是を離婚の原因とするまでには或は進んで居ないといふ事が出来るかも知れない。けれどもそこまで行く間に一つの階段を付けやう、是も一つの進歩ですから、それで後の行動を自由ならしむる。例へて見れば貞操義務を認める外廓を陥入れた形になる其一歩を進めた。さういふ事にもなる。一足飛びに飛ぶ事をせずにここに階段をつけて、貞操義務はあると認めてよい、その程度に満足して居る、かういふ考へであります。」と、男女を同等に扱う法改正の足掛かりとしての判決の重要性を説く。さらに「もう時世が時世、男の人は覚悟しなければならぬ。やはり女の人格を認めなくてはならぬ。凡そ一家の平和を乱すものはこの貞操義務の違反より甚だしきはない。（略）何が平和でないかといふと貞操義務違反である。して見ると婚姻の性質から考へると、どうしても夫婦は対等でなければならぬ。（略）だから立法を時代の進歩に従つて更正するといふ点に最も我々重きをおいたのであります。婚姻そのものの性質に依るとさうなければならぬ。」と、男子にも貞操義務違反が成立し得ることを結論付けた。[102]

　当該判決の後には夫の蓄妾行為を妻への侮辱行為として一層離婚を認める傾向にあり、「夫カ正妻アルニ拘ラス度々他ノ婦女ト情交ヲ交フルノミナラス、之ヲ妾トナシ一戸ヲ構ヘテ居住セシメ、醜行ヲ継続スルカ如キハ、妻ニ対スル信義誠実ノ義務ニ反シ、其人格ヲ侮蔑スルモノナルコト誠ニ重大ニシテ、斯ノ如キ場合妻カ将来其夫ト円満ナル婚姻関係ヲ持続スルノ望ヲ失フニ至ルカ如キコトハ止ムヲ得サルニ在リト謂フ。（略）（夫が）他ノ婦女ト性交又ハ蓄妾シタル行為ハ、戸主タル男子ノ血統ヲ断タサラシメムトスル古来ノ道徳観念ニ照シテ斟酌セラル可キモノナリト抗弁スレトモ、現今ノ社会ニ於

---

[102]　横田のこうした判断は、他の著作の記述にも見られる。横田正俊『父を語る―横田秀雄小伝―』巌松堂書店、1942年、282-294頁。

テハ右ノ如キ観念ハ単ニ旧時代ニ於ケル歴史的事実トシテ伝ヘラルルニ過キス。且婚姻ヲ以テ一男一女ヨリ成ル夫婦ノ共同生活ヲ為ス為メノ結合ト為シ、必スシモ子ヲ得ルヲ以テ目的ト為ササル我法制ニ於テハ勿論、現時ノ一般社会通念ニ於テモ単ニ夫婦間ニ子ナキノ故ヲ以テ、夫婦ノ一方カ其信義誠実ノ義務ニ反シテ他ノ異性ト性交ヲ為スコトヲ許サル可キニ非ス。」(東京控大正15年(ネ)1482号［1929.12.20判決］)との判断を下している例や、「凡そ夫婦は相互に誠実を基調として共同生活の平和に共力(ママ)すべきものにして、殊に夫たる者は常に妻を教化誘導し一家の幸福を増進せしむべきものなるに拘らず、(略)(夫が)妻たる原告との婚姻継続中(に別女)と関係し、其の後之を所謂妾として私通関係を継続し、(夫婦間の対立を深めたことは)啻に善良の風俗に背くのみならず妻たる原告を虐待し、且其の名誉を害し之を侮辱するの甚しきもの」であることを認めた(大阪地昭和10年(タ)264号［1936.4.20判決］)。「苟モ夫タル者カ何等正当ノ理由ナクシテ妻ヲ別居セシメ、自分ハ其ノ雇人ヲ妾トシテ之ト同棲シ、妻ニ対シテハ相応ノ衣食ヲモ給セサルカ如キハ、民法第八百十三条第五号ニ所謂妻ニ対スル重大ナル侮辱ヲ加ヘタル場合ニ該当スルヤ勿論ナリ。」との判断を下している例もある(東京控昭和9年(ネ)684号［1936.10.2判決］)。

　裁判所もこうした離婚事例を柔軟に解している立場を示しており、大阪地昭和8年(タ)66号［1933.9.4判決］では、「我民法は元来裁判上の離婚の原因に付ては所謂限定的列挙主義を採用し、同法第八百十三条第一号乃至第十号に限定する処にして右列挙原因以外の事実に準拠して離婚を為すことを得ざるを原則とす。然れども複雑なる社会世相と錯綜せる家庭生活に準拠して簇生する各種多様の近代社会生活に於る離婚要求の事項は決して我現行民法の採れる限定的列挙主義の離婚原因によりて到底能く其の目的を達し能はざるものとす。(略)(よって)離婚することは却って当事者の将来の真の幸福を招来するものと客観的に思量し得らるるや否やに準拠して民法所定の限定的列挙の離婚原因を有意義に拡張解釈し以て之を活用するの外無きものとす。」としている。

　但し、判例の上では徐々にその解釈に修正が加えられたとは言え、「古来夫ト婦トノ貞操義務ニハ寛厳ノ差別アリ。婦ノ貞操義務ハ厳ニシテ夫ノ貞操

義務ハ寛ナリ。(略)(男子の貞操義務を認めた横田判決は)婦カ民法上夫ニ対シ貞操義務ヲ要求スルノ妨トナラサルナリト判示スルニ止リ、進テ夫婦同等ノ貞操義務アリトハ判示セス。以テ両者ノ間寛ト厳トノ差別ノ存スルコトヲ知リヘキナリ。是因テ来ル所ノ理由ナキニアラス。夫婦ハ相互ニ誠実ナルヘキノ義務アリ。姦通ハ是ノ義務ニ違背スルノ最甚シキモノナリ。殊ニ婦タルヘキモノハ貞操ヲ守ルヘキモノナルニ仇シ、男ニ慇懃ヲ通スルカ如キハ夫ノ名誉ヲ毀損スルノ太シキモノト謂ハサルヘカラス。況ヤ婦ノ姦通ハ血統ヲ紊ルノ虞アルカ為ニ厳ニ戒メサルヘカラス。」(大審院昭和3年(オ)1250号[1929.3.1判決])と述べている例もある。さらに、「吾国の現実の国民道徳乃至国民思想は妻を責むるに厳にして夫を遇するに寛なる古来の風習は未だ全然消滅したりと云ひ難く、殊に夫の不倫は如何なる場合に於ても常に妻に対し離婚の権利を賦与して然るべしと考ふる程度に至らず、現行民法の解釈論としても夫が妻以外の女と私通するも必ずしも離婚の原因とならず、唯だ私通せる夫の妻に対する態度其の他の事情に依り妻をして到底夫と同居するに堪へざらしむるものと認むべき場合に於てのみ妻に離婚の権利を認むるのみ。」(大阪控大正14年(ネ)732号[1927.7.14判決])と見られており、夫の姦通行為は単独では妻の離婚請求は公式には認められていなかった。あくまでもその程度が著しい場合には、妻に対する侮辱と見做し離婚事由として認める立場にあったと言える。

　このように妾に関する妻の離婚請求権の認容可否という観点で以って判例の状況を整理すると、次第に変遷している過程が示される。即ち、初期の判例では、妻は妾を蓄えている夫に対し離婚を請求することは原則として認められていなかったが、蓄妾行為を妻に対する侮辱であると見做し、そのことを以て離婚事由として認容する姿勢を打ち出している。この背景には、妻の姦通行為は夫の姦通行為と異なり家の血統を乱すことにもなり、そのために貞操観念は夫には軽く、妻には重く見られていた従来の考えから、徐々に姦通は夫婦平等に相手方に対する誠実義務違反として見られるようになったことが挙げられる。判例解釈により夫婦不平等の法文を是正するようになった姿勢は、「判例が夫の不行跡の著しきものをこの理由によつて離婚原因とし、貞操上の夫婦の不平等を緩和せんとすることは注目に値する。」[103]や、

「旧法下の判例は、早くから、夫の著しい不行跡を「重大ナル侮辱」(旧八一三条五号) の離婚原因に該るものとして男女不平等主義の緩和につとめていた。」[104]と評されている。妾を有することを重大な侮辱行為と見做し、妻側の離婚請求として柔軟に解し、夫にも貞操義務を認める判決が出されている点は注目される。但し、その一方で妾がいることを理由とする離婚の成立は直接認められてはおらず、妻に対する侮辱行為が著しいものについて離婚事由として斟酌されていた。

第3節　メディアの状況

では、その当時の妾を取り巻く社会状況はどのようなものであったのだろうか。ここでは妾をめぐる議論を検証するために、近代期に発行出版されたメディア媒体の記録から探ってゆく。

(1)　社会における妾の動向と廃妾論

　新律綱領において妾の法的地位が公に認められ、新聞記事でも妾との暮らしぶりが報道されているが(雑報(『東京日日新聞』1875.3.10))、妾を廃止すべきとの見解は明治初期から説かれていた。廃妾論を提唱したものとして広く知られているのが、森有礼の「妻妾論」(『明六雑誌』8・11・15・20・27：1874-75年) である。森は「夫婦ノ交ハ人倫ノ大本ナリ」として、妻の他に妾がいる状況を批判する。妾と交わることを栄とする風潮があり、国法でも妻妾を同視している弊害を明らかにしようとする。日本の風俗として夫は「奴隷モチノ主人」で妻は「売身ノ奴隷」の如き立場にあり、妻は貞節を守るのに対し、夫は「妾ヲ購ヒ婢ヲ置」くのであり、「真ニ無情非義ヲ極ムト云フ可シ。」と批判、一夫一婦主義を説く。その上で、女子を男子の遊具となすことは「外国人ノ我国ヲ目シテ地球上ノ一大淫乱国ト為スモ或ハ虚謗ニ非サルナリ。」とし、外国での婚姻法を参考にした上で、日本における婚姻

---

(103)　我妻栄『親族法・相続法講義案』岩波書店、1938年、83-84頁。
(104)　岩垂肇「配偶者の姦通・不貞行為」中川善之助教授還暦記念家族法大系刊行委員会編『家族法大系Ⅲ　離婚』有斐閣、1959年、142頁。

律案を掲げる。

『明六雑誌』では他の論者も妾の問題に言及し、福澤諭吉は「先ツ世界中ノ男ト女ノ数ハ大抵同様ナルユヘ男一人ト女一人ト相対シテ夫婦ニナル可キ勘定ナリ。」との観点から一夫一婦制を主張し、男女の数の面で「イロハカルタノ娘ヒトリニ婿八人ガ不都合ナレバ男ヒトリニ妾八人モ亦不都合ナラン。」と妾の廃止を訴えた「男女同数論」(『明六雑誌』31：1875年）を寄せ[105]、阪谷素も一夫一婦制は皇室以外で採用させるべきであり、妾制度を野蛮な習であると説き、その悪習を改めるべきことを主張、その上で立法に際し妾に重税を課す、婚姻の制定といったことにより是正すべきであることを「妾説ノ疑」(『明六雑誌』32：1875年）にて論じる。加藤弘之も「夫婦同権ノ流弊論」(『明六雑誌』31：1875年）にて、森や福澤が説いた夫婦同権論を蓄妾制度の醜俗廃止につながるとして評価する一方、婦権が夫権を超越するものについては否定的な見解を説き、夫婦同権を誤認し、婦権は夫権より優位しているのは「弊害ナリ」とする。

『明六雑誌』は創刊して1年で廃刊となるが、その後も『女学雑誌』で妾の問題が扱われている[106]。当時の社会の動向を見ると、「姦淫」(『女学雑誌』33：1886年）で「吾国に於ては上流の紳士と称さるるものにして尚ほ妾を蓄ふるものあり。(略) 甚しきハ(ママ)世の新聞紙上に公然之を報し、尚甚しきハ(ママ)いと風流気に之をつづりて遊野郎の歓心を買はんとするものあるに至れること、実に慷慨の極と云ふべし。」との記述や、社説「日本の家族（第六） 家族幸福の大根底」(『女学雑誌』101：1888年）にて「夫は其身分に応じて或は家に妾と名くるものを置き、或は外に外妾と呼ぶ所の者を囲ひ、或は出でて花柳の巷に遊び流連して家に帰らざることあり。(略) 彼は数年前に至るまでかの妾を三等親(ママ)に置てれいれいたる一家族の公けの者と為たり。但し方今は稍や之を厭慮して法に之を許さずと雖ども、其の実際に於ては尚ほ其の多

---

(105) 福澤の一夫一婦論については、後に一條忠衛が「福澤諭吉氏の一夫一婦論」『廓清』9-5・6＝7・8・9・11、1919年にて評論している。
(106) 青山なをは『明六雑誌』に掲載されていた婦人論は、『明六雑誌』の廃刊後は『女学雑誌』へと引き継がれたことを見る。青山なを「『女学雑誌』解説」『複製版「女学雑誌」別冊一』臨川書店刊、1967年、7-8頁。

きを以て一つの名誉と見做し、妾幾人外妾何個所にありと聞く時、隠然之を以て豪富を証するの符徴となし。甚ハ(ママ)だしきは流連放蕩を以て風流の余事と心得、其の楽を咏ずるを以て初めて唐詩の風韻を得たりと為す。」と、夫が妾を有していたとしてもそれを問題視していない風潮もあったようである。

　こうした風潮は新聞記事で妾制を擁護する明治初期の論説からも確認できる。「一口田原生」による投書記事（『東京日日新聞』1874.3.29）では「蓋シ禁令ヲ設ケ法律ヲ立ルハ、其国ノ人情ト風俗トニ基キタル慣習ニ拠ラザルヲ得ズ。苟モ慣習ニ逕庭シタル法律アレバ、往々其実践シ難キニ苦ム。其レ一夫一婦ハ上帝ノ賦シタル天理ナリト雖ドモ、日本ニ於テハ公ニ妾ヲ養ヒ妻妾ト並ベ称ス。（略）政府ハ慣習ニ拠リテ法律ヲ立ルコトヲ目的トシ、日本人民ノ品行未ダ其域ニ進マザルヲ知リ、敢テ欧州ノ法ニ摸シテ過激ノ禁令ヲ設ケザル所ナリト信ズ。」と述べ、品行の面から妾は好ましいものではないが、欧州の法を模倣して禁ずるのではなく、慣習を重視し、学問や教法により品行を説くべきであるとの立場を表明する。同じく寄書記事「[日々新聞八百六捨四号夫婦新論答書]招魂社下一狂生稿」（『東京日日新聞』1874.12.9）でも「若シ能ク天下ノ人ヲ一様ニシ、貧富賢不肖ノ差等ナキナレバ貴論ノ俟タズ、一夫一婦トナルハ必定ナリ。」としつつも、現状は「富貴賢豪ノ種ハ外人ヨリ妻妾ヲ多ク与ヘ其善キ種ヲ取ルハ亦人情ナリ。妻妾ハ富貴人一身ノ逸楽トノミ心得ルハ貧賤人ノ妬情ニ出ルナリ。（略）若シ一夫一婦ナレバ、太閤モ無子徳川公モ殆ド無子且ツ恐レ多クモ□皇家モ遠ニ御血統乏シク御一新ハ勿論、西洋同様貴婿ヲ他ヨリ迎フルニモ立チ至ラン。」と指摘し、天皇の血統の持続性からも妾の必要性を訴えている。また、「夫婦新論投書駁議ノ答書」（『東京日日新聞』1874.12.13）も同様な観点から、一夫一婦制や一夫一婦制を説いた福澤諭吉に対する批判を述べている。小川健一郎による「法律論」（『東京日日新聞』1879.10.31・11.19・12.4・12.8）では夫婦には自己の子孫を残すという社会に対する一大義務を負っている以上、子孫を残すことが難しい場合には妾という手段を使うのが最も簡便な方法であることを示した上で、妾を娶ることが風俗を汚し社会の秩序を乱すことにつながっておらず、海外からもその点を指摘されていないことを理由に、「苟モ妾ナルモノノ在ル以上ハ妻ノ義務ヲ代行シ、妻ノ目的ヲ達スルニ於テ未ダ余輩ヲシテ不

可ナルヲ認メシメザル也。」として、妾の果たす役割の重要性を説くものもあった。

　このように蓄妾を風俗としてこれを維持すべきことを指摘する論稿も皆無ではなかったが、賛意を示す者は少数であった。むしろ、妾について批判的な論調で述べている記事が早くから相当数存在し、時代を経過するに従い、妾制に対する否定的な見解が主流を占めるようになった。例えば、前述の「［日々新聞八百六捨四号夫婦新論答書］招魂社下一狂生稿」に対しては、同号（『東京日日新聞』1874.12.9）にて反対意見が掲げられ、「夫婦新論投書駁議ノ答書」についても、「［夫婦新論投書駁議ノ答書ノ駁議］慶應社中ノ一学生誌」（『東京日日新聞』1874.12.16）が寄書記事として掲載され、「天子ニテモ人民ニテモ身分ニ貴賤ノ別コソアレ□天賦ノ性ニハ賢愚ノ異ルコトナキハ冒ヲ待タズ。」として、その根拠として廃妾論を示した森や福澤の両名が処罰されていない点を掲げる。大野生「蓄妾官員無愛国心之最甚論」（『東京日日新聞』1875.3.4）では、「愛国ノ心ナキノ最モ甚シキ者ハ蓄妾之官員是也。（略）男子ノ女ヲ妾トシ、女子ノ男ニ妾タル皆天地ノ公理ニ戻リ、人民ノ大権ヲ害ス。」と、妾を有している官員への批判記事が出されたことを始めとして、雑報欄（『東京日日新聞』1875.3.19）に掲載された記事では、一夫一婦制を人倫として説かなければならない官員の立場でありながら、本国に妻がいる身分にもかかわらず赴任先で妾を有した者に対する記事が載せられ、蓄妾行為に対して厳しい立場で臨んでいた様子が窺える。

　妾を抱える男性には厳しい視線が注がれていたが、妾にも同様に批判的な意見が寄せられていた。「広告を出して妾を募る」（『女学雑誌』326－乙：1892年）は、山形市にて妾を公募している男性の記事を報道する。当該男性は自宅前に「年齢十七才以上二十五才未満にして顔貌十人勝れ中等以上の教育を受け貯金五百円を所持するものは妾に相抱へ候条望のものは速かに申し出らるべし。但し二十五才以上のものは仮令千円の貯金あるも採用せず。」との広告を家の前に掲示した。この内容により当時妾として求められていた要件を知ることが出来るが[107]、印象的なのはこの広告を掲示した際の世論の動向である。広告の反応として、「通行の人々打笑ふて、器量十人に優れ、殊に中等以上の学問もあり、且つ五百円といふ資産ある婦人が如何に茶人な

れはとて、賤しい妾なんぞに出るものがあるものかと嘲けり合へり」と見ていたとのことである。この広告に応じて、ある女性が実際に妾としてその男性の家へ輿入りした際には、「何れも一風変つた人々と見える」と評されていた。妾が未だに広く存在してはいたものの、これに対する当時の世論の動向から妾について著しく低い評価が下されていた様子が窺える。また、「女社会学答申　出羽荘内（其二）」（『女学雑誌』507：1900年）でも「妾は美麗なる衣服を纏ひ居れとも一般に下品にして人に賤まる。」と述べ、蔑視の対象として妾を見ている。さらに、黒岩涙香は明治31年（1898年）7月から9月までに『萬朝報』紙に社会における蓄妾の実例をまとめ、妾の弊風を改めるべきことを示唆する意見を掲載した[108]。

　このように妾そのものに対する批判的な記事に加え、夫が複数の女性と関係を有することに対しても非難の的となっており、廃妾論が説かれているが、これは何に起因するものなのだろうか。「今や一夫一婦同室に居るを亦天の道にして、或ハ一夫として数婦に通じ一婦として多夫に交る者ハ天道に逆ふ者として律法上に之〇罰す。此律法立ざるの地を野蛮の境界と名く。我国基より野蛮にあらず。」（『東京日日新聞』1872.9.8）との記述で見て取れるように、一因として挙げられるのが文明開化論との関係である。「浅草ニ寓ス奥海釣徒」による投書（『東京日日新聞』1874.2.25）では、「国ニ寵臣アレバ其国必亡ブ。家ニ愛妾アリテ其家ヲ傾クル者多シ。（略）顧フニ今日文明ノ域ニ此弊アリ。我邦因襲ノ久キ一旦更革スヘカラストと雖ドモ、官宜シク開明各国ノ法度ニ倣ヒ其方法ヲ製セバ、倫理ヲミダリ風俗ヲ壊ルノ弊習ヲ掃除シ一家和順スベシ。」と述べ、西洋の文明国家に倣い妾を廃止すべきことを訴

---

(107)　妾の公募を出している事例は他にも見受けられ、例えば『東京朝日新聞』（1891.12.5）には「妾十八才以上廿二才以下、妾宅あり之に住ふ者、月六円位を与ふ、望みの者は住所姓名を記したる写真一葉を送るべし」との広告が掲載されている。当該広告は、同月10日に「過日の妾云々の広告ハ都合により取消す」ことが再度広告で出された。

(108)　黒岩涙香『弊風一班　蓄妾の実例』（現代教養文庫）社会思想社、1992年。
　　尚、『萬朝報』に掲載された蓄妾の実例を用い、妾を蓄える者の身分職業や妾の素性を明らかにしようとする論稿も見られた。山形東根「蓄妾問題の新研究（蓄妾者の身分職業と妾の素性）」（『女学雑誌』476：1898年）。

える。「朝鮮の蓄妾」(『女学雑誌』35：1886 年)での指摘が端的に廃妾の根拠を示していると言えるが、そこでは「凡そ開化低き国ほど姦淫の弊風多きことなるが妾を置くの悪習など尤も然りとす」として、文明開化の基準の一つとして妾の存在の有無が見られている。こうした観点から妾を廃止すべきであることに言及している記事は他にも見られ、「妾」(『女学雑誌』44：1886 年)では女子が自身のことを謙遜するのに「妾」の字をあてて「ワラハ」と呼ぶものの、一方で「異日之を外国の語に反訳せんとき初心の人ありてコンキュバイン(ママ)なんど記したらんには国体を損すること非常なりと慷慨したるものあり。」として、妾の実態は海外からみて国体を損する意見が挙がっていることを記述する。井深梶之助による論説「東京婦人矯風会大会演説録 井深梶之助君演説（基督教と婦人の地位）筆記」(『女学雑誌』58・59・60：1887 年)でも、「男女の関係が宜に適はなけれバ(ママ)決して真の文明社会を見ることハ(ママ)出来ません。」とも述べている。『時事新報』の社説には、「我国にて本妻の外に妾を置くは、古来の習慣に怪しまざる所なれども、彼国人の眼より見れば恰も公然一夫多妻の実を行ふものにして驚かざるを得ず。（略）之が為めに間接に日本の国光に影響する其不利は決して看過するを得ず、」との論説が掲げられ、妾の有無が文明国か否かの判断となっており、文明諸国としては妾を公然に有するという行為は好ましくないことに言及する(「蓄妾聘妓の害」『女学雑誌』430：1896 年)。また、早田正雄が記した「妾の法律上の性質」(『中央法律新報』3−12：1923 年)においては、「今日に於ては蓄妾制度は売淫と同じく正しき結婚外の淫行を遂げんが為めに起れる文明史上の一大罪悪である。」と記述する。

　後に夫への姦通罪の適用可否についての論稿を記す加藤弘之も、論説「品行論」(『女学雑誌』93・94：1888 年)にて、「今の有様で行けばまだ妾を蓄ふると云ふことも、恥でも無いやうで有るし、また芸妓だの娼妓だのに戯れると云ふことも、ソンナに恥で無いやうでありますが、カタツパウ(ママ)でハ民法も国憲も西洋通りになり、カタツパウ(ママ)でハ女(ママ)を弄ぶこと(ママ)ハ百年も前と同じと云ふのハ(ママ)、道理に合はぬことで有ります。」と、文明国か否かの判断は男女の関係とも関わり、西洋諸国の制度を受け入れつつも男女間の道徳に関してのみそれに反するような行為を取ることへの批判的見解を述べている。品行論

から男女間の関係を説いたり、妾を有している風習に関して論じる記事も多く寄せられ、例えば赤羽橋南一書生「貴顯品行論」(『東京日日新聞』1875.3.25・3.26)、安藤勝任「国之強弱関于人民之品行論」(『東京日日新聞』1875.5.16)、池上四郎「品行論」(『東京日日新聞』1877.2.3)にも見られる論調である。

　さらに廃妾論の要因として挙げられていたのが、依田雄甫が「先づ廃妾より始めよ」(『女学雑誌』197：1890年)にて、「蓋し数婦を以て一男に配すれば妻妾の間に嫉妬の心を生じて呑恨反目の禍に陥るに至るや必せり。(略)一夫にして数婦を娶るは啻に天然の道理に背くのみならず、其結果上より論ずるも決して有益なる者にあらざるなり。(略)夫婦の倫を破り、家内に風波を生じ、父子の親を害し、嫡庶の争を生じ、貨財を失ひ、嘲笑を招く等一として其結果にあらざるはなし。故に蓄妾の風は断然之を廃棄せざるべからざる者なり。」との指摘で見られるように、一夫一婦に背く行為は天然の道理に違背すること、さらに家庭内の不和を招くことにもなるとの意見である。西村茂樹の「蓄妾論」(『太陽』4-22：1898年)も蓄妾の目的は血統の継続が重視されているにもかかわらず、実際に妻との間に子がいる者も妾を置いており、最早血統とは関係していない現状を示した上で、「今日蓄妾を為す者は、其の口実は如何にあるも、其実は己が奢侈に長じ、獣慾を肆にせんとする者にして、一も正当の理由あることなし、凡そ世に蓄妾を為す者を見るに第一夫婦の倫を破り、家内に風波の絶ゆることなく、其他或は父子の親を傷ひ、或は嫡庶の隙を生じ、或は奸通の途を開き、或は貨財の損失を招き□或は衆人の妬忌を受く、」と道徳面と家庭上の点から、蓄妾制度を批判する。

　専ら倫理面から妾廃止を訴えた記事は、新聞では「秋田県管下由利郡佐藤清也」による投書記事(『東京日日新聞』1874.10.8)や「小田県下第二大区小十八区ニ住スル上米道人」と名乗る人物が記した記事「秋田県管下佐藤君福澤氏ノ学問勧八編妾ノ議論ヲ見テ驚歎セル云々ノ投書ヲ一読シ余亦福澤氏ノ卓識ニ感服シ試ニ夫婦新論ヲ作ル」(『東京日日新聞』1874.11.28)にも見られる。前者では『学問のすすめ』を読了した上で「一夫ニテ二三ノ女ヲ娶トル固ヨリ天理ニ背クコト明白ナリ。是ヲ禽獣ト云ハンモ妨ケナシ。」との議論

を紹介し、後者では「一陰一陽ハ造物者ノ定ムル所ニシテ、一夫一婦ハ天地自然ノ公道ナリ。（略）然レバ一夫ニシテ二婦ヲ妻妾トナスハ、剛ヲ以テ柔ヲ制スルノ理ニシテ、乃チ蛮野ノ弊風ナリ。」との言及がなされ、かなり早い時期から倫理面より一夫一婦制の原則と蓄妾制との抵触が意識され、影響力を有していたことが分かる。男女の倫理として一夫一婦制が説かれている模様は江藤新平の伺書の中でも表れていたが、同様のことは他の論者も指摘している。例えば、久米邦武の「倫理の改良」（『太陽』1-8：1895 年）や、津田真道の「夫婦説」（『太陽』4-25：1898 年）である。久米は男女の倫理は基本であることを説き、その上で蓄妾の例を挙げ、「女は人倫の外に放棄し、男のみの孝を重んずるは男の自儘勝手なる論理ならずや。」と批判し、津田は「夫婦は人倫の大本なり、道徳仁義の大原なり」との観点から妾を蓄えている者を厳しく批難する。

妾の存在が家庭内の不和の甚だしい原因となることに言及している論説は各種の論稿にも見られる。炭谷小梅「芸者と手掛とに勧めす」（『女学雑誌』342：1893 年）では、妾がいることによる家庭内の不和の面を強調し、妾となることで本妻や夫に対して、迷惑を掛けるべきでないことを説く。巌本善治の「蓄妾の弊風」（『太陽』2-19：1896 年）では、封建時代には家を重んじる観念から妾が重用されたものの、現在の妾制は弊害となっていること、その理由は妾との居住形態が同居或いは別居を問わず、家庭内で妻との間で対立することで家庭が崩壊する虞があり、仮に妻と妾との対立が無くとも、妾を一生の日陰者とすることは男子の不名誉なることを挙げる。社説「蓄妾打撃」（『女学雑誌』469：1898 年）では、富の象徴として妾が位置付けられている現状を指摘した上で、妾を有することにより家庭内に不和が発生している模様にも言及する。

廃妾論が積極的に説かれる一方で、社会では未だに妾が存在していたことはメディア内に掲載されている各種の記事より明らかである。各地の風俗調査を行った際に[10]、長野県で一部の地域に「金銭の為めに人の妾等となり却つて得意なるの風ありといふ。」（C. D. 生「各地女風俗報告集（第二）」『女学雑誌』454：1897 年）という調査結果が出ている。社会の実態として相当数の妾がいることから廃妾をどのように効果的にもたらすかを考察する趣旨の論

稿も表れるが（「廃妾論、廃芸妓論」『女学雑誌』206：1890年、佃野繁荘「蓄妾の弊」『女学雑誌』208：1890年）、廃妾の具体的方法として、法的側面以外にも妾を対象に課税することを提言していることは興味深い。「茨城県下書生原雍平」投書の記事（『東京日日新聞』1873.10.13）では、妾税について正妻1人に対し妾を複数抱えている場合に、若し妾のために税金を納めるのであれば「家産傾クルモ尚足ラザントス」ということを示している。「妾宅税と婚姻税」（『女学雑誌』357：1893年）は、越後の区議会にて妾を蓄える者は贅沢であるので、妾宅には5倍の税が課せられることに決した旨を報道している。井上美代「廃妾か課税か」（『女性』12-3：1927年）でも「故に現今の悪習に対して、第一に望む事は蓄妾が即ち一夫多妻が法律上許されぬ様、法律の改訂される事である。同時に社会は彼等の行動を容赦せず、もつと厳重な制裁を加ふべきである。然し、若し男子側があくまで蓄妾の必要を感じるならば、むしろ妾を所有物の一つと見なして、有妾者に納税の義務を負はすがよい。」と、具体的改善案を提示している。蓄税の可能性に言及したものは後にも見受けられ、例えば高島米峰の「畜犬税と蓄妾税」（『東京朝日新聞』1912.11.20）では、妾を置くのは悪贅沢であるとして蓄妾も対象として課税すべきことを論述する。

(2) 妾の諸問題に関する法的考察

妾を取り巻く社会的議論の動向を見てきたが、続いて妾をめぐる法的議論の模様を概観する。浮田和民が男女平等を論じた「婦人問題及び婦人運動」（『太陽』19-9：1913年）で「社会上貴賤の別を廃するは現代文明の大勢なるに、独り男子と女子との間にのみ貴賤の制を存せんとするは固より不条理なるのみならず、最早や時勢の許さざる所である。（略）蓄妾の弊風や紳士の待合遊廓出入は、将来之を社会道徳上より其跡を断たしむる様になす可き事

---

(109) 「各地女風俗の報告を求む」（『女学雑誌』450：1897年）では、各地の風俗を調査する旨の記事が掲載されているが、調査項目の中で以下のものがある。
　「十一　婚姻、離婚の方法、及び再婚に対する世間の思惑（早婚の弊なき乎、夫婦年齢の懸隔甚しき者なき乎、初婚大凡の年齢、婚姻の儀式簡略とならざる乎等）」
　「十五　尼、巫女、妾等となる婦人（土地の婦女多き乎他所のもの多きか、貧窮の為か風習の為か、又は醜業者より転ずるもの多きか等）」

である。」との指摘が示されているが、一般の記事の社説では妾の法的問題も議論されており、またそうした議論の模様はメディアの言説からも確認できる。

　まずは、離婚事由の問題に関する論稿から見てゆこう。妾を有する夫に対する妻の立場は非常に弱く、当初は離婚を請求することが基本的に認められていなかったが、この点は早くより問題として意識されていた。「女権の保護を要む」(『女学雑誌』16：1886 年)と題する社説では、夫と妾が関係を有したとしても、妻側には離縁を訴える権利が認められていない現状を批判し、「吾人ハ(ママ)政府に於て婚姻条例を設定し離婚を制し女権を保護するの政を施さるるを以て改良第一の順序なりとせり。夫独り気儘にして妻の之に制さるる今日の如きは一日だも続くしむべき有様にあらず。吾人ハ(ママ)先づ女権の政府の手に依りて保護されんことを希望するもの也。」と訴える。社説「女権保護の心得」(『女学雑誌』17：1886 年)でも妻は夫が妾を有していることを事由として離婚を訴えられず、男女間で差異が生じていることを批判する。海老名宮古演述、佃龍雄筆記の論説「第二回女学演説第三席筆記　日本の姉妹に勧む」(『女学雑誌』67：1887 年)では、夫が「其妻の外に尚婦人を畜へ(ママ)妾となし、或は汚れたる婦人と親み戯るる如きは実に其妻に対して無礼なる失敬なる行と申さなければなりません。」と指摘しており、蓄妾行為を妻側の侮辱行為として見做す議論がなされている。

　民法上の離婚事由の差別化を扱っている「夫の凌辱」(『女学雑誌』209：1890 年)では、同年に公布された民法典での離婚請求の原因が夫婦で異なっていることに関して、「之れ実に訳の分らざることと云ふべし。」と評している。「民法草案と離婚」・「姦通処刑の場合」(『女学雑誌』461：1898 年)は、夫婦間の離婚事由の差別を取り上げた上で、妻は姦通の事実のみで離婚を請求されるが、夫は姦通の事実があっても刑に処せられない限りは離婚を請求されず、姦通の処刑は殆ど皆無であり、日本では夫は姦通行為による制限を受けないこと、結局のところ離婚事由で夫の姦通罪の処刑によるものを含めても、あまり効果の無いものであることを指摘するが、こうした差別規定を是正すべきとの意見が多く寄せられている。代表的なものとしては、岡村司の論説「民法上より見たる婦人問題」(『太陽』19－9：1913 年)がある。岡村

は当該論説でも民法上の規定では夫が妾を蓄えたとしても離婚原因とはならないことに対して、「是れは男子の我儘勝手を認むると云ふの外何等の理由のないことであるから、西洋諸国では民法を改正して此の点に就きては夫婦を全く平等に取扱ふと云ふことにした。余輩もそれが正当であると思ふのである。」と指摘した上で、「一夫一妻制の婚姻制度は将来長く持続せらるべきものであつて、女子の貞操が其の要件であることは勿論のことである。唯之に対して男子も忠実を守らねばならぬとするのである。」と述べている。

　後に判例の解釈を通じて妾を有していることが妻に対する侮辱と見做されるようになった一方で、あくまでもその程度が著しい場合に限っていたことに対する危惧観を示した論稿もあった。片山哲「妾を蓄ふるは妻に対する侮辱」(『中央法律新報』2-19：1922年)では、妾を自宅に迎え、妻の如く同棲している場合には妻に対する侮辱に当たるが、そうでなければ侮辱として離婚請求の事由とはならず、よって妾を蓄えたとしても、自宅に入れることをしなければ侮辱とは見做されないことを問題視しており、「離婚問題につき男女平等の権利を主張せらるる人々は、多く、姦通の事項について、我法律の不公平を攻められる、勿論私共はこの非常なる不公平を論難しなければならぬ。」と述べている。弁護士の稲田秀吉が記した「離婚の話　妻が離婚を請求し得る場合」(『女性』12-3：1927年)では、「我が国では往時より、「妾を囲ふのは男に働きがあるからだ」といふやうな誤つた考が一般にあり、甚しきに至つては蓄妾を以て資本家階級たる資格であるかの如く自他共に許していた時代があつたやうですが、悲しい事に現在でも右の如き考の惰性で単に妾を置いているといふ程度では重大なる侮辱なりとの判決は求め難いと思はれます。(略)然し社会が進歩し、婦人の地位が著しく向上して来た今日、蓄妾は勿論のこと夫が他の女と一回たり共私通した等の事実があれば、妻に生理的欠陥其他特殊の事情のない限り、重大なる侮辱だと為すべきであると私は考へて居ります。」として、未だに妾がいることは妻側の離婚事由としては認められていないが、将来的には蓄妾の事実により妻側からの離婚事由として認められるべきことを説いている。

　次に、姦通の適用範囲に関する論稿である。姦通に対する男女間の差ということも問題として意識されていた。社説「男女交際論（第七）其危険

（下）」（『女学雑誌』119：1888年）では、男女の姦通に対する世間の反応の違いについて、女子は厳格に処分を受けるのに対し、男子は世間から非難されておらず、風流の証、或いは新聞には豪遊とされていることが述べられている。

　このような法的な夫婦間の差別問題が意識されていたが、これを積極的に是正すべきことを訴えたものとして、湯浅はつ「倫理の基の要旨」（『女学雑誌』161：1889年）がある。湯浅は、刑法の姦通罪規定を「有妻ノ男子若クハ有夫ノ女他ノ男女ニ姦通シタル者ハ共ニ六ヶ月以上二年以下ノ重禁錮ニ処ス。其相姦スル者亦相同シ。」と改正すべきこと、さらに民法の規定に男子の姦通を制止するために「姦通トハ有妻ノ男子若クハ有夫ノ女、他ノ男女ニ接シ、又ハ有妻無妻ヲ問ハス、有夫無夫ヲ問ハス、他ノ有妻男子又ハ有夫ノ女ニ接スルヲ云フ。即チ有妻ノ男子カ妾ヲ置キ婢ニ接シ、芸娼妓ニ接スルカ如キハ皆姦通ナリトス。」との姦通を定義する条項を置き、「姦通ハ離婚ヲ請求スル正当ノ理由ト為スコトヲ得ベシ。」との文言を離婚事由として定めることを述べる。刑法上では女子のみならず男子にも姦通罪が適用されるべきとし、民法上でも離婚事由として男子の姦通を認めるように法文を改め、妾を置くことも姦通に含めること、さらにその姦通は離婚の正当な事由にすべきことを主張する。こうした意見については、特に婦人矯風会を中心に法律上の平等を求める運動が活発化していった[110]。さらに、趣旨に賛同した者は「一夫一婦は人倫の大本なり。然るに世間往々一夫にして数妻を蓄ふ者あり。是れ人倫の本旨を破るものなり。之を救済せんには刑法中有夫の婦姦通せし者を罰するのみに止めず、有妻の男子他の婦女に姦通せし者をも併せて

---

[110] 刑法上及び民法上の平等化を請願する運動が各地で広がっていることが報じられている。「刑法民法に関するの請願」（『女学雑誌』161：1889年）、「一夫一婦建白書」（『女学雑誌』164：1889年）、「地方に於ける一夫一婦の建白」（『女学雑誌』166：1889年）、「一夫一婦制建白」（『女学雑誌』168：1889年）、「横浜より亦」（『女学雑誌』169：1889年）、「一婦一夫の建白」（『女学雑誌』170：1889年）、「一夫一婦」（『女学雑誌』171：1889年）、「一夫一婦制建白」（『女学雑誌』175：1889年）、「一夫一婦建白」（『女学雑誌』178：1889年）、「一夫一婦の建白」（『女学雑誌』271：1891年）。また新聞でも建白の内容が報道されている（「一夫一婦の建白」『東京朝日新聞』1889.5.21）。

之を罰して矯正すべし。而して民法中に姦通とは、有妻の男子他の婦女に姦通し、有夫の婦女他の男子に通ずるを姦通とすとの条項を設け、有妻の男子にして妾を蓄へ、妓に接する者を姦通となし、又姦通する者は其配偶者の一方は裁判所に訴へ、相当の償金を請求するを得せしめ、又姦通の配偶者は離婚を請求することを得る等の条項を設くべしと云ふにあり。」との趣旨の請願を明治25年（1892年）に衆議院に示し、大きな反響をよんでいる（「姦通問題の請願書」『女学雑誌』335 - 乙：1893年）。また、社説「道徳に二位なし」（『女学雑誌』164：1889年）では、「女子の刑律に待せらるる実に過酷、男子の寛容せらるるや実に非常なりと云べし、」「特に彼の夫婦間に於て姦淫の刑を異にするが如きは更に尤も不都合の事なり、」と、その刑事上の処罰をめぐる夫婦間の差を批判、「男女間に於ける裁制の今日の如くに相違するは、若し知らず顧みざるによりてならば野蛮の遺習なり、文明の進歩を熱望するものは速かに之を除かざる可らず、」と、文明の進歩のためにこれを改めるべきことを指摘する。

同様な点から、男子にも姦通の処罰規定を設けるべきと説いたものとして、「姦淫論」（『女学雑誌』196・197・198：1890年）がある。本論稿では、有夫の姦通のみを処罰する規定は野蛮なものであり、姦淫は大罪であるので、有夫の妻及び有妻の夫の姦淫は同等に害悪として見るべきことを主張する。こうした見解に対し、内田魯庵は「「新しい女」の第一努力―因襲の風俗習慣を駆逐せよ―」（『太陽』19-9：1913年）にて賛同の意を示している。当該論稿では、男女同権が説かれながらも未だに社会の上では進歩していない状況を批判し、「何れにしても道徳も制裁も権利も位置も男女共に同一でなければならぬのは当然であつて、男が一等上の位置を占めてより強大な権利を有し、より寛大な制裁を許されべき筈は無い。姦淫に関する刑法の改正は女の当然の欲求である。」と評している。

対する法学者の意見には、刑法上の姦通罪をめぐる男女平等に処罰することには極めて慎重な立場を示している者が多かった。加藤弘之は「姦通ニ就テ」（『法学協会雑誌』26-1：1908年）にて、妻を有している者が姦通を犯した場合には、妻からの離婚請求は認めることに賛成しつつも、刑法上の処罰に関しては有夫姦と有妻姦では結果が異なること、即ち有夫姦は「他ノ男子

ノ胤ヲ孕ムト云フコトニナル」ので有夫姦を「唯離婚ヲ請フダケノコトトスル訳ニハユカナイト思フ」と述べ、「有夫姦ノ方ハ矢張リ今日ノ儘罪ニナルコトニシテ、有妻婚ノ方ハ唯離婚ヲ請フダケノ理由ニスル、サウイフ軽重ノアッタ方ガ宜カラウ、」とし、明確に区分すべきことを論じる。当該論稿は、『法律新聞』にて議論の的となった。

　一瀬勇三郎の「男爵加藤先生の姦通論を拝読し民法第八百十三条刑法第三百五十四条改正刑法第百八十四条に及ぶ」（『法律新聞』476・477：1908年）は、有妻姦について妻から離婚請求できるようにすべきという加藤の意見に対し、これは民法第813条第5号の離婚請求の一因として構成されており、既に法文にあると指摘する。さらに、有夫姦は祖先の家系に他の血統が混じるとして厳しく罰するという考えは杜撰薄弱の理由であるとし、姦通罪を女子のみの犯罪とすることも批判している。一瀬論稿に対しては平井彦三郎が「妾は蓄妾の夫に対し離婚の訴を提起することを得るか」（『法律新聞』478：1908年）と題する論稿を寄せている。当該論稿では、第813条第3号の規定と侮辱の意思の観点から一瀬論文を批判する。同号の規定は「夫が姦淫罪に因りて刑に処せられたるときとあり。（略）苟も其姦淫に因り刑に処せられざる限りは到底同号に依り離婚の訴を提起し得ざることは蓋し何人も異存なかるべき処なるべし。」とし、同条第5号の規定でも「或る事項が侮辱なるや否やを論ずるに当りては、第一侮辱の意思と之に伴ふ外形の行為との二者を具備せざる可らす。」とし、夫が「侮辱の意思を以て妾を蓄へたるものと云ひ得るか、余輩は到底之を首肯し能はざるなり。」との見解を示す。即ち、夫が妻を侮辱する意思を有した上で蓄妾行為に及んだ場合に、妻からの離婚事由として認められ得ると結論付けたのである。その後も、蓄妾の行為はそれ自体が妻に対する重大な侮辱行為であるとの見解を記した思齊生「蓄妾は離婚の原因と為るや否や」（『法律新聞』481：1908年）へ、平井が「再び蓄妾が離婚の原因となるや否やに就て［思齊生君に答ふ］」（『法律新聞』484：1908年）と題する反駁論稿を掲載し、対立が見られた。河西善太郎「所謂重大なにる侮辱に就て（一瀬院長及び平井判事に質す）」（『法律新聞』（ママ）489：1908年）では、蓄妾が重大な侮辱として認定されるためには、「風俗及慣習等の如何」、「家庭の階級、状況等如何」、「妻並に夫の人格素行品性等如

何」、「蓄妾をなすに至りし原因如何」、「蓄妾の方法、状態如何」、「妾の人格素行品性等如何」、「妻が蓄妾に対する観念、態度如何」、の7点を個別具体的に判断する基準としなければならないことが説かれた。

加藤論稿及び『法律新聞』紙上での意見対立を受け、齋藤常三郎「姦通ニ就キテ」（『法学針誌』69・70：1908年）では、姦通罪の処罰規定のあり方に検討を加えている。即ち、男女平等の権利に基づき有夫と有妻の姦通罪を設ける立場と血統混乱の防止との観点から有夫姦のみを罰するのを適切と見る立場があるが、「血統混乱防止ト、男女不平等ノ二理由ニヨリ現今吾国ノ状態上有妻姦ヲ以テ有夫姦ト同様之レヲ処罰スルノ説ニ賛同スル能ハサレトモ、有妻姦ヲ罰スルニハ其間多少ノ軽重ヲ斟酌シテ之レカ規定ヲ設クルノ必要アルヘシト信ス。」として、夫婦間の差を堅持すべきとの見解を示す。その際、「現刑法ヲ改正シテ「姦通ノ常習アルモノニシテ妻ヲ冷遇シタルモノハ之レヲ罰ス可シ」トノ意味ノ規定ヲ設クル必要アリト信ス。」として、その程度が著しい場合には夫側にも処分を加えるべきことを指摘する。

その後も蓄妾行為の処罰に注目する記事も発表されており、上畠益三郎の「婚姻観念発展の曙光（有妻姦 Ladaltere du mari に対する道徳上社会上及び比較法制上の批判）」（『法律新聞』630・631・632・633：1910年）では、「一夫一婦の制度を最も厳粛に厲行し、男子の姦通も女子の姦通と同一程度の罪悪たることを周知せしめ、以て女子の人格を高むると共に、女子に対する男子の謂れなき軽侮心を一掃せざる可からざるなり。」との意見を示しつつも、「絶対的平等主義は余りに極端なり、絶対的不平等主義は又余りに偏頗なり、」と述べ、法案を提唱する。そこでは、「民法上に於ては（略）夫の姦通即ち有妻姦は（イ）共棲屋に行はれたる時、（ロ）妾を一定の場所に置き以て二箇以上の愛情及生活の中心点を定めたる時に限り婦に離婚請求権を付与すべし」、刑法上では「民法上離婚を許可すると同一の場合に限り夫の姦通を婦の姦通と同一以下の刑を以て処罰す可し、但し単純なる罰金は不可なり、」という案を提言する。

姦通罪の処罰規定を夫にも適用するか否かという議論に関連しては、夫婦の貞操義務の問題と絡めて論じられている。当時の社会の現状としては、藤井健治郎が「婦人問題と家族制度」（『太陽』19-9：1913年）にて「妻の貞節

といふことは、甚だ厳重なことになって、日本などでも、教育の程度の低い処では、否時としては稍々高い程度の処などでも、夫が妾を蓄ふるとか、或は売笑婦などに関係するとかをも、妻たるものは、啻に之を黙認して居るのみならず、時としては当然のこととして、之に口外するなどいふことは、必ずしも珍らしいことではない。」と指摘しているように、貞操の義務は妻のみに科せられているとの意識が強かったようである。但し、高島米峰の「新しい女の為に」(『太陽』19-9：1913年) や与謝野晶子の「一人の女の手帳」(『太陽』22-7：1916年) では、貞操は女子専有のものではなく、男子側にも貞操を守るべきことを説かれており、徐々に貞操に関しても男子も負うべきことの見解が見られるようになる。藤井健治郎の「自由恋愛及び貞操上の二重標準の問題」(『女性』4-5：1923年) でも、貞操観念が男性には寛大で女性には厳格な二重基準が取られている現状にあることにつき、肯定論者及び否定論者両者の見解を紹介した上で、「されば個人的民族的衛生の見地からするも男女ともに厳に貞操を守ることに努めねばならぬのである。」と述べる。女子にのみ貞操を限ることへの批判的な論説は、奥むめお「婦人も宿命論者でない限り」(『女性』5-1：1924年) や三宅やす子「近代家庭の悲劇と貞操問題に直面して」(『太陽』31-11：1925年) でも見られる意見である。

　こうした貞操観念の男女平等論は、特に大審院の夫に対する貞操義務判決が下された後には、各方面より意見が寄せられている。三宅やす子の「訴訟に現れた男子の貞操に就て」(『女性』10-4：1926年) では、「婦人の方から男子の不貞操を原因として離婚を法廷に持ち出すといふやうなのは、殆んど有り得ないと見られて居るまでに数に於て少いものでも、さうした気持の醸されて来た事は、男子も婦人も注目すべき事と云ひ得る。」とした上で、「女から良人の貞操を訴へても問題にならないといふ風に考へられて居る事が、いつか根底から覆される日が、どれだけさきの事かは決して予測し難い。」と述べている。男子の貞操義務を認めたことについては、山田わか「進歩の過程としての貞操無視」(『女性』10-4：1926年) では (大審院にて横山大審院長が)、『夫にも貞操の義務あり』と云ふ判決を下し、男の貞操に対して新判例を作られたことは、確かに、前述の徐々と進みつつある潮流の中の浮標であります。」と述べていることや、千葉亀雄「夫の貞操問題―夫にも貞操の

義務があるとの新法律が出来た─」(『女性』12−3：1927年)で、当該判決が下されたことを、「今日になつてそれが始めて適用され、画世的の名判決などと評判されるなどは、打明けたところ誠にお恥かしい話で、それほどにも今日までの裁判官や社会が、女性生活の利害に対して、冷淡であつた内幕を明るみに出しただけの事だ。またそれだけ、横田大審院長の時代性に対する閃光のずば抜けた鋭どさを礼讃してよいわけにもなる。どうして裁判官も中々「化石」ではない。」と見ているように、女性誌を中心として肯定的に評している。

　近代期日本における廃妾論や妾に関する法的諸問題をめぐる扱われ方を概観すると、妾については新律綱領でその規定が設けられ、さらに刑法の法文から妾の文言が正式に削除されるまでは夫が妾を有することは社会的に公認される風潮が見られた。その後、妾には法的地位が正式には与えられないこととなったが、妾に関してはメディアの中でしばしば登場しており、妾は社会的な存立基盤を未だに失っていなかったことが示される。妾を有することの正当性としては、特に血統を継ぐ存在として果たす役割が意識されていたことがその要因の一つとして挙げられていた。ところが、明治期の比較的早い段階より廃妾論が積極的に説かれている。妾を有していることは文明開化論や天理の観点、さらには家庭内の不和を招く要因となっていること等を根拠に蓄妾行為に対する批判が寄せられている他、妾を蓄えている夫や妾そのものに対する軽蔑の視線が注がれていたことも、妾を有することが風紀を乱す行為として見做されている模様を裏付けていると言えよう。

　こうした廃妾論の高まりと相俟って妾をめぐる法的諸問題、例えば民事上の夫婦間の離婚事由や刑事上での姦通罪の適用範囲についても、各誌で考察されていた。基本的には妾を廃止する立場から、こうした民事及び刑事上存在する夫婦間の差を積極的に是正する意見が見られたが、法学者を中心に妻と同等に一律に姦通罪の処罰を適用することには消極的な意見が見られ、少なくとも夫婦間の差は保たれるべきことを訴えているものが多いことが示される。

第4節　小括

　日本における妾をめぐる環境について、法的及び社会的側面から概観してきた。明治初期より妾の存在や妾を蓄える男性もおり、無子の場合に果たす妾の役割や妾を承認してきた慣習から蓄妾の風潮を擁護する報道もあるが、専ら廃妾論が各論稿で主張されている。その理由としては、妾が蔓延っている状況は野蛮な風習であり文明国の体裁として相応しくないこと、一夫一婦制に違反する行為であり天理に悖ること、妾を有することで家庭内に不和が齎されること、等の害悪が強調されている。こうした妾については、例えば妾によって不和の状態となった家庭を報道し廃妾論を活発化させることや、妾に納税の義務を課すような改革案が意見として出され、法的側面以外からも是正するための方法が提示されている。

　法文上では、民法及び刑法では一貫して重婚を禁ずる条文が設けられ、妾は親属の一員として認められていないため、体裁としては一夫一婦制を採用している。しかし、他方では依然として夫には妾を有することが可能となる規定も設けられていた。即ち、夫婦の離婚事由の規定では夫と妻との間での規定方法が異なっていたために、夫の蓄妾行為は妻からの離婚事由としては認められないこととなり、さらに刑事上も夫と妾との関係は婚姻関係ではないことから重婚罪を構成するものではなく、姦通罪も妻のみが処罰されていたことから、夫は罪に問われることのないままに妾を有することが暗に承認されることともなっていた。これらの規定が設けられた理由の一つが、夫と妻とでは姦通によって齎される影響や結果が異なるとする、主に血統の乱れから説くものであった。しかしながら、廃妾論との兼ね合いから是正すべき点が多くの論者より指摘された。

　民事上の姦通を事由とする夫婦間の差については、当初の草案では夫婦が同等に規定されていたにもかかわらず、徐々に不平等規定となった経緯から批判が相次ぎ、夫が妾を有した場合にも妻からの離婚事由と認めるように改めるべきことが説かれている。法文の解釈として、夫の蓄妾行為を妻に対する侮辱として見做している見解も取られ、判例でも妾を有している夫に対す

る妻の離婚請求を緩和して容認し、妾を有している夫からの離脱を容易にさせる傾向にあった。しかし、判例でも示されているように夫が妾を有している行為そのものが即座に妻の離婚請求を認可するものでは無かったことには留意しなければならない。

　妾を有している夫に対する妻の離婚請求権は、法的にも社会的にも徐々に肯定的に受け止められるようになったのと比較すると、姦通罪を夫にも拡大して適用することに関しては、大きく分けて2つの見解が説かれていた。女性誌に寄稿された論稿の特徴として言えることであるが、1つには男子にも姦通罪を適用することを肯定し、以って男女間の差を撤廃することを主張する立場である。他方、法学者を中心に、姦通罪の規定を夫に拡張させることには極めて慎重な立場を表明しているものが多い。穂積重遠は夫の姦通行為は刑法で処罰される程の悪事とは捉えられておらず、一般道徳観念よりも刑法が先走りすることは好ましくなく、最初に夫の姦通を民法上の離婚原因とするに止めることを論述する。こうした姦通の問題は民事上の是正で事足りるとの見地からの意見は他にも見られ、例えば美濃部達吉は夫婦間の離婚事由を是正する際に、「全然法律上デ之ヲ同等ニ扱フト云フコトヲ、私ハ今直チニ之ヲ主張スルモノデハナイノデアリマスガ、妻ノ姦通ガ刑法上犯罪トナルカラ、夫ノ姦通モ刑法上犯罪トシナケレバナラヌ、ト云フコトヲ申ス程ノモノデハナイノデアリマス。」(111)と述べている。宮本英雄や和田于一はそれぞれの著書で、男子への刑事罰を設けることには否定的な見解を唱え、代わりに民事法規の活用を訴えている(112)。また、「犯姦に対する民事上及び刑事上の制裁」(『法学協会雑誌』26－1：1908年)や上村進「婦人の観たる姦通罪の二大潮流」(『中央法律新報』3－2・3：1923年)でも、男女不平等の規定を不合理とし、民事法上の平等化には賛成しつつも、刑法の規定を改正し姦通罪を男子に適用させることには反対意見を表明する。新聞記事では、鳩山秀夫の「婦人問題と民法」(『東京日日新聞』1925.1.13・14・15・16・17・18・20)で、離婚原因が夫婦で異なっている現状は是正し平等化を図るべきことを述

---

(111)　前掲（第1章・註35）『臨時法制審議会総会議事速記録』333頁。
(112)　宮本英雄『婚姻の基調』改造社、1924年、87頁以下。和田于一『婚姻法論』大阪巌松堂書店、1925年、597頁以下。

べているが、男子の姦通を処罰することに関しては否定的な立場を採っている。こうした態度は法典の改正の場でも如実に表れている。刑法における姦通罪の規定は、予備草案で「配偶者アル者」と夫婦同等にこれを処罰することとなっていたが、仮案では削除され、夫婦それぞれ別個に規定するように改められていることからも、立法者も姦通罪を夫婦平等に適用させることに関しては消極的な態度であったことが窺える[113]。

　法文上は一夫一婦制を規定しつつも、夫の蓄妾行為を暗黙の了解で認め得る条文が設けられたが、妾或いは妾を有している男性を蔑視の対象として報道しており、社会における妾廃止運動に伴い、法律上でも廃妾の方法が議論されることとなった。判例では妾を有している夫に対する妻の離婚請求権を拡大して容認するように解釈がなされることとなったが、その一方で妾に関する問題についてはあくまでもこれを民事上の領域に止めるべきであり、刑事上の問題とすることは多くの学者が難色を示し、或いは刑事法でも夫婦を平等と扱うのであれば夫婦とも処罰しない方向での改正が説かれていた。また刑法の観点からも、文言上妾は親属に含まれることはなく、その法的存立基盤は承認されることはなかったが、妾との関係において夫に対する罰則規定を積極的に設けることはせず、消極的に妾を維持する道が残されていたと言える。

---

[113] 結局、戦後に民事上の離婚事由として姦通を夫婦双方のものとした一方で、刑法では姦通罪の規定そのものを削除し、夫婦共に姦通罪に問われることはなくなった。つまり、民法でも刑法でも姦通をめぐる規定は夫婦間で平等となったものの、その立場は反対であった。こうした現象について我妻栄は、夫の貞操について法律で強制するまでの力がないとの立場から、むしろ妻の経済的独立を考えなければならないこと、そうした点に鑑みて、「改むべきものは刑法の規定ではない。むしろわが国の世論あるいは経済的な事情、そして女子の教養であり、女子の自覚であるということになるわけであります。」と述べ、法の力よりも世論の力の方が大きいことを説明している。我妻栄「家族制度と男子の貞操」『日本講演』275、1959年、16頁以下。

第 2 章

近代中国における妾

第2章では、近代中国における妾の状況を探ってゆく。中国においても、法典の編纂と併せて妾をめぐる法的及び社会的問題についての議論が活発に行われていた。本章では、法文や判例の変遷から妾の扱われ方やその位置付け、メディアに登場する妾をめぐる言説について着目する。

第1節　法文の変遷

(1) 民法典─重婚の禁止規定・夫婦の離婚事由規定─

まず民法典の中で妾に関連する規定、特に重婚の禁止及び夫婦の離婚事由といった規定の法文やその解釈を当時出版された法学書物と併せて概観する[1]。1911年の大清民律草案では、重婚の禁止及び夫婦間の離婚事由を以下のように規定していた。

第1335条
有配偶者不得重婚。
（配偶者のあるものは、重ねて結婚することができない。）
第1339条
婚姻須呈報於戸籍吏、而生効力。
（婚姻は、戸籍吏に届け出た後に其の効力を生ずる。）
第1362条
夫婦之一造以左列情事為限得提起離婚之訴。
（夫婦の一方は、次に掲げる事情がある場合に限り、離婚の訴えを提起することができる。）
　一、重婚者
　（1、重婚をしたとき。）

---

(1) 尚、近代における婚姻法や親属法の変遷に着目した研究として、王新宇『民国时期婚姻法近代化研究』中国法制出版社、2006年や、金眉『中国亲属法的近现代转型─从《大清民律草案・亲属编》到《中华人民共和国婚姻法》』法律出版社、2010年がある。また、陈同「从民法的制订看清末民国时期男女平等地位的法律建构」『史林』2010年-5、108-120頁の研究成果も発表されている。

二、妻与人通姦者
（２、妻が人と姦通したとき。）
三、夫因姦非罪被処刑者
（３、夫が姦非罪に因って、刑に処せられたとき。）
四、彼造謀殺害自己者
（４、相手方が故意に自己の殺害を謀ったとき。）
五、夫婦之一造受彼造不堪同居之虐待或重大之侮辱者
（５、夫婦の一方が相手方より同居に耐え難い虐待、或いは重大な侮辱を受けたとき。）
六、妻虐待夫之直系尊属或重大侮辱者
（６、妻が夫の直系尊属を虐待し、或いは重大な侮辱をしたとき。）
七、受夫直系尊属之虐待或重大侮辱者
（７、夫の直系尊属より虐待、或いは重大な侮辱を受けたとき。）
八、夫婦之一造以悪意遺棄彼造者
（８、夫婦の一方が悪意で相手方を遺棄したとき。）
九、夫婦之一造逾三年以上生死不明者
（９、夫婦の一方の生死が３年以上明らかでないとき。）

第1364条
因第一千三百六十二条第一款至第八款所列情事而有主訴離婚権之人、須於明知離婚之事実時起、於六個月内呈訴之。若離婚原因事実発生後、已逾十年者、不訴呈訴。
（第1362条第1款乃至第8款に掲げる事情により離婚の提訴権を有する者は、離婚の事実を知った時より６ヵ月以内に提訴しなければならない。若し、離婚原因の事実が発生して10年を経過した場合には提訴することができない。）

　1915年の民律草案親属編でも上記の条文が設けられた。重婚の禁止規定が設けられたことは、「蓋シ一妻多夫ト一夫多妻トハ法律ノ許サザル所ナリ。故ニ既ニ夫アル者ハ重ネテ夫アルヲ得ス。已ニ妻アル者亦重ネテ妻アルヲ得ス。」[(2)]という考えに基づくものであった。また、妻の姦通を夫の離婚事由としているのは、「已ニ夫婦ヲ為シテ後ハ即チ貞潔ノ義務ヲ負ヘルニ、妻

人ト通姦スルハ是貞潔ノ義務ニ反スルヲ以テナリ。夫貞潔ノ義務ハ夫婦両造均シク応ニ遵守スヘシ。妻人ト通姦スレハ法律已ニ其夫ノ離婚ノ訴ヲ提起スルヲ許ス。夫ト人ト通姦スレハ姦ニ因テ刑ヲ受クルヲ除ク外其妻離婚ヲ請求スルヲ得サルハ、妻ヲ責ムルニ厳ニシテ、夫ヲ責ムルニ寛ナルニ似タリ知ラス。妻人ト通姦スルハ已ニ夫ノ名誉ニ於関スルアリ。且血統ヲ混和スルノ虞アリ。故ニ文明諸国ノ法律ハ凡ソ妻ノ人トノ通姦ハ常ニ夫ト人トノ通姦ニ視レハ其制裁時ニ厳ナリ。」[3]との理由が附されている。一方で、夫の姦通行為は刑に処せられない限りは妻側の離婚事由として認められていないことについては、「姦非ノコトハ廉恥ヲ喪失セル男子ニ非スンハ決シテ為スヲ肯セス。然ルニ夫即チ姦非ヲ為セル若シ未タ刑ヲ受ケサレハ、其妻タルモノハ明ニ其此ノ行為ヲ知ルト雖モ、而モ之ニ因テ離婚ヲ請求スルヲ得ス。惟既ニ所刑(ママ)セラルレハ家門ノ玷タルノミナラス、即チ社会公衆亦均シク認メテ罪悪ノ徒トナス。而シテ妻ノ名誉ニ於テ亦損害ヲ受ク。故ニ此時ニ在ツテハ直チニ其妻ニ離婚ノ訴ヲ提起シ得ルコトヲ許ス。」[4]と記されている。

　民律草案では重婚の禁止規定を設け、重婚を犯した場合は相手方の離婚請求事由となっていることからも、一夫一婦主義を採用していることは明白である。しかしながら、姦通を理由とする離婚請求は夫婦間で異なっている。妻が人と姦通した場合に夫は離婚の訴えを提起できるのに対し、妻側の離婚請求事由として認められているのは夫が刑に処せられた場合のみとなっていることから、法文上は夫が妻以外に妾を有していても妻側からの離婚事由としては認められていなかったことが示される[5]。これらの諸規定は1925年の民国民律草案にも継承された。

　では、当時の社会的状況として、妾のいる家庭での離婚請求はどれほどの件数が訴えられていたのだろうか。以下に1929年の上海における離婚の統計を示してみよう[6]。

　まず、〔表3〕は離婚した男女間の婚姻関係を示したものである。ここで

---

(2) 『中華民国民律草案理由訳文　第四編親属　第五編継承』((南支那及南洋調査（第54輯) 台湾総督官房調査課、1922年、44頁。

(3) 同上、71-72頁。

(4) 同上、72頁。

〔表３〕 婚姻の関係

月＼関係	合計	妻	妾	同居
１月	50	47	3	0
２月	38	30	5	3
３月	40	37	2	1
４月	41	32	7	2
５月	47	41	2	4
６月	49	43	2	4
７月	42	40	2	0
８月	46	42	3	1
９月	34	31	2	1
10月	58	52	5	1
11月	32	27	5	0
12月	48	43	5	0
合計	525	465	43	17
百分比（％）	100	88.6	8.2	3.2

は、男女の関係として夫婦関係、家長と妾の関係、単なる同居関係の３種類が示されているが、離婚の訴えが全体で525件提起されている中で、女性が妾であったのが43件（全体の8.2％）であった。次に、〔表４〕は離婚原因の内訳を抜粋したものである。夫の納妾行為により離婚を訴え出ているものが４件（全体の0.8％）、妾の方が離脱を希望したものが３件（全体の0.6％）

---

(5) 同草案が妾の存在を前提として編纂されていることは、他の規定からも見て取れる。その一つとして挙げられるのが、「非妻所生之子為庶子。」（妻の生むところの子でないものは庶子とする。）という、庶子を認める条文が盛り込まれたことである。この規定が盛り込まれた理由について、「本条ハ妻生ム所ノ子ニ非サルヲ庶子トスト規定ス。即チ所謂妾出是也。外国ハ一夫只一妻アリ。正妻外ニ於テ既ニ所謂正妻ノ名ニ非ザル無シ。即チ嫡子外亦所謂庶子ノ名ナシ。故ニ泰西各国ノ親属法ハ単ニ嫡子私生ノ別アル也。吾国社会習慣ハ妻ノ外ニ妾アル者尚ホ多シ。故ニ親属中嫡子庶子ノ別アラザルヲ得ズ。」と指摘していることからも、習慣上このような規定を要していたことを考慮していたことが読み取れる。同上、99頁。
(6) 〔表３〕から〔表７〕までの統計表は、譚紉就『中国離婚的研究』出版社不明、1932年、31頁以下の統計表を参照し作成した。

〔表4〕 離婚の原因

原因 \ 月	1月	2月	3月	4月	5月	6月	7月	8月	9月	10月	11月	12月	合計	百分比
夫の納妾	1	—	—	—	—	—	—	3	—	—	—	—	4	0.8
妾の離脱	1	—	—	1	—	—	—	1	—	—	—	—	3	0.6

であった。但し、この時期にはまだ夫が妾を納めることは妻側からの離婚事由としては認められておらず、他の要因により訴えを提起する以外に方法が無かったため、納妾を主たる目的として、且つその他にも離婚を請求するための事情を附帯しなければならなかった[7]。〔表5〕は離婚の方式を示した内訳で、〔表4〕で示されている夫の納妾行為による4件の内、訴訟を提起しているのが3件（全体の0.6％）、離婚の声明を表明しているのが1件（全体の0.2％）となっている。さらに、離婚の主体を示した〔表6〕では、夫の納妾を訴えているのは妻3件（全体の0.6％）、双方1件（全体の0.2％）との結果が示されている。〔表7〕は離婚者の結婚年数である。納妾の事実はそれのみで離婚事由としては認められていなかったが、納妾を原因とする離婚提起の件数は少ないものの報告されていることが分かる。

1928年には新たな親属法草案が示され、これまでの草案とは異なる規定も設けられた。

第14条
結婚須有相当公開之形式及二名以上之証人。
（結婚は相当な公開の形式及び2名以上の証人を要する。）
第17条
男女有配偶者、不得重婚。
（男女の配偶者のあるものは、重ねて結婚することができない。）

---

(7) 同上、37頁。

〔表５〕 離婚の方式と原因

方式	原因	総計	1月	2月	3月	4月	5月	6月	7月	8月	9月	10月	11月	12月	百分比
離婚訴訟	夫の納妾	3	—	—	—	—	—	—	—	3	—	—	—	—	0.6
離婚訴訟	妾の離脱	2	—	—	—	1	—	—	—	1	—	—	—	—	0.4
離婚の声明	夫の納妾	1	1	—	—	—	—	—	—	—	—	—	—	—	0.2
離婚の声明	妾の離脱	1	1	—	—	—	—	—	—	—	—	—	—	—	0.2

〔表６〕 離婚の主体と原因

原因＼主体	双方	女性 合計	女性 妻	女性 妾	女性 其他	男性	不明	合計	百分比
夫の納妾	1	3	3	—	—	—	—	4	0.8
妾の離脱	—	3	—	3	—	—	—	3	0.6

〔表７〕 離婚者の結婚年数と原因

原因＼結婚年数	1年未満	1年至5年	6年至10年	11年至15年	16年以上	不明	合計	百分比
夫の納妾	—	—	1	—	1	2	4	0.8
妾の離脱	—	—	1	—	—	2	3	0.6

第27条

夫婦之一方、有左列情事之一者、其対造得向法庭請求離婚。

（夫婦の一方は、次の事情に該当するものがあるときには、法廷に対して離婚を請求することができる。）

　一、重婚

(1、重婚をしたとき。)

二、犯姦

(2、姦通を犯したとき。)

三、不堪同居之虐待

(3、同居に堪えられない虐待があったとき。)

四、悪意之遺棄

(4、悪意の遺棄があったとき。)

五、不堪同居之悪疾

(5、同居に堪えられない悪疾があるとき。)

六、重大不治之精神病

(6、重大な不治の精神病があるとき。)

七、外出已満三年而生死不明

(7、外出し既に3年間生死が不明であるとき。)

八、被処三年以上之徒刑

(8、3年以上の徒刑に処せられたとき。)

第28条

対於前条第一欵至第四欵及第八欵之情事、其受害当事人於事前同意、或事後宥恕、或知悉後已逾二年者、不得請求離婚。

(前条の第1款乃至第4款及び第8款の事情について、その害を受けた当事者が、事前の同意或いは事後に宥恕、又はこれを知った後に2年以上が経過した場合は、離婚を請求することができない。)

当該草案では、これまでの草案と同様に重婚を禁じ、重婚の行為による相手方の離婚請求権も認めている。他方で、姦通を理由とする離婚事由が夫婦平等の規定へと改められた点で相違する部分もある。この点につき国民政府法制局は、「〇案根拠男女平等原則、所定離婚原因、於夫妻双方同様適用、而以夫或妻対於他方之過失行為及使婚姻目的不能貫達或難於貫達之事項、為構成離婚之原因。」[8]((本案は)男女平等原則に依り、離婚原因を夫婦双方に同様

---

[8] 国民政府法制局擬「親属法草案之説明」『法律評論』264 (6-4)、1928年、28頁。

に適用することを定める。夫或いは妻の相手方に対する過失行為及び婚姻の目的を貫徹できない、或いは貫徹し難い事項については、離婚の原因を構成する。）と述べ、「犯姦」と規定することで夫婦間の差別を設けなかったことを説明する。また納妾については、「納妾之制、不独違反社会正誼、抑実危害家庭和平」[9]と、社会の正義に反するのみならず、家庭の平和を害するものであることを指摘した上で、納妾を禁止するには単行法令に基づきなすべきことを提示する。

1930年12月には中華民国民法典が公布、翌年5月に施行された。当該法典（以下、30年民法と称す。）での関連する規定は下記の通りである。

第982条
結婚応有公開之儀式及二人以上之証人。
（結婚は公開の儀式及2人以上の証人を要する。）
第985条
有配偶者不得重婚。
（配偶者のあるものは、重ねて結婚することができない。）
第1052条
夫婦之一方以他方有左列情形之一者為限得向法院請求離婚。
（夫婦の一方は、相手方に次の事情に該当するものがあるときには、法院に対して離婚を請求することができる。）
　一、重婚者
　（1、重婚をしたとき。）
　二、与人通姦者
　（2、人と姦通したとき。）
　三、夫婦之一方受他方不堪同居之虐待者
　（3、夫婦の一方が相手方より同居に堪えざる虐待を受けたとき。）
　四、妻対於夫之直系尊親属為虐待或受夫之直系尊親属之虐待到不堪為共
　　　同生活者

---

(9) 同上、29頁。

（4、妻が夫の直系尊親属に対し虐待したとき、或いは夫の直系尊親属より虐待を受け共同生活に堪えざるとき。）

五、夫婦之一方以悪意遺棄他方在継続状態中者

（5、夫婦の一方が悪意を以て相手方を遺棄する継続状態にあるとき。）

六、夫婦之一方意図殺害他方者

（6、夫婦の一方が相手方の殺害を意図したとき。）

七、有不治之悪疾者

（7、不治の悪疾があるとき。）

八、有重大不治之精神病者

（8、重大な不治の精神病があるとき。）

九、生死不明已逾三年者

（9、生死が3年以上明らかでないとき。）

十、被処三年以上之徒刑或因犯不名誉之罪被処徒刑者

（10、3年以上の徒刑に処せられたとき、或いは不名誉の罪を犯したことにより徒刑に処せられたとき。）

第1053条

対於前条第一款第二款之情事有請求権之一方、於事前同意或事後宥恕或知悉後已逾六個月或自情事発生後已逾二年者不得請求離婚。

（前条の第1款・第2款の事情に対して請求権を有する一方が、事前の同意或いは事後に宥恕又はこれを知った後に6ヵ月以上が経過、又は事情が発生し2年以上が経過した場合は離婚を請求することができない。）

第1123条

家置家長。

（家には家長を置く。）

同家之人除家長外均為家属。

（家を同じくする人は家長を除く外は均しく家属とする。）

雖非親属而以永久共同生活為目的同居一家者視為家属。

（親属ではない者でも永久に共同生活をする目的で一つの家に同居する者は家属と見做す。）

30年民法でも夫婦の離婚事由が平等に規定されていることにより、夫の納妾行為が妻の離婚提起事由として認められ得るようになっているが、この背景には、1930年7月23日に立法院へ送付された中央政治会議第236次会議議決の「親属法継承法立法原則　親属法先決各点審査意見書」[10]の影響があると考えられる[11]。同意見書によると、「妾之問題、無庸規定：妾之制度、亟応廃止、雖事実上尚有存在者、而法律上不容承認其存在。其地位如何、無庸以法典及単行法特為規定。」（妾の問題は規定する必要が無い。：妾の制度は速やかに廃止されなければならない。事実上尚も存在するが、法律上その存在を承認することはできない。その地位については法典及び単行法により特に規定する必要は無い。）ことに決せられた。

　離婚事由が夫婦平等の規定となっていることに関する法学者の反応はどのようなものだったのだろうか。曾友豪は、離婚事由として規定されている人との姦通行為に夫の納妾行為が含まれることを指摘、さらに民法の施行後は妻が夫の娶妾行為を認めていない場合には、法院に対し離婚を請求し得るものであるとの見解を示している[12]。胡長清は、「前大理院判例及解釈亦皆承認妾制之存在、此種制度、不但為女権之障害、抑亦人道之大妨、亟応廃除、実所当然、故現行親属法起草之始、即以応否規定妾制、向中央政治会議請示、嗣経中央政治会議決定：『妾之問題、無庸規定』。」[13]（前大理院判例及び解釈では何れも妾制の存在を承認していたが、この種の制度は女権の障害となるばかりでなく、人道の点でも大きな妨げとなり、迅速に取り除かれなければならないのは当然である。故に現行の親属法が起草されてから妾制を規定すべきか否か、を中央政治会議に請うたところ、中央政治会議は「妾の問題は規定する必要

⑽　同意見書は、『法学季刊』1-1：1930年、『法令週刊』6：1930年、『立法専刊』4：1931年、胡長清『中国民法親属論』（商務印書館、1936年）、Marc van der Valk, *An Outline of Modern Chinese Family Law*, (Herri Vetch-Peking, 1939.) 等の著作や雑誌の中に掲載されている。
⑾　同意見書が提出される以前の意見として、胡漢民等が単行法で妾を規定するか否かを議論していた旨が示されている。「民法親属継承両編」『国聞週報』7-21、1930年、7頁。
⑿　曾友豪『婚姻法』（（王雲五主編『百科小叢書』内所収）商務印書館、1935年、34頁及び40-41頁。
⒀　前掲（第2章・註10）胡『中国民法親属論』55頁。

が無い。」と決定した。) と述べた上で、夫婦は相互に貞操義務を負わなけれ
ばならず、「我国旧律惟妻犯姦、夫得請求離婚、而夫犯姦則否、此種規定、
顯不平等、故現行民法則採平等主義、不因男女而設差別。所謂与人通姦、指
与異性為婚姻以外之性交者而言、例如已有妻而納妾宿娼以及与人女并度之類
是、至因姦構成刑法上之犯罪与否、則非所問。」[14](我が国の旧律では妻が姦通
を犯すと夫は離婚を請求し得るが、夫が姦通を犯した時は否定される。この種の
規定は明らかに不平等である。故に現行民法では平等主義を採用し、男女による
差別を設けていない。所謂人との姦通とは、異性との婚姻外の性交をするものを
指し、例えば既に妻を有する者が妾を納め、娼妓を宿し、人と野合する類がこれ
に該当する。姦通が刑法上の犯罪を構成するか否か、は問うところに無い。)と
して、夫が妾を有する行為も離婚の適用範囲に含まれる旨の認識を示してい
る。黄右昌も、「我国民法第一次草案、認妻与人通奸者、夫可提起離婚之
訴。而夫与人通奸、則非因姦非罪被処刑者、不能成為離婚原因、男女之間、
殊欠平允、(略) 我国党綱上対内政策：亦明載確認男女平等之原則。故本法
改正此点、以適合党綱、而除去男女之不平等。無論夫或妻与人通姦、対方均
可提出離婚、実為我国法律之大進歩。蓄妾可否提出離婚？民法上並無此項規
定、唯審査意見書説明中。已主妾制亟宜廃止、並謂法律上不容承認其存在、
則納妾之成為離婚原因、亦当然之解釈也。」[15](我が国の民法第一草案は妻が人
と姦通した場合、夫が離婚の訴えを提起できるように認めた。夫が人と姦通した
場合には姦非罪で処刑されなければ離婚原因とはならず、男女間で公平性に欠け
ていた。(略) 我が国の党綱の対内政策では男女平等の原則を明らかに記し確認し
ている。故に、本法ではこの点を改正し党綱と適合させ、男女の不平等を取り除
いている。夫或いは妻を問わず人と姦通した場合、相手方が離婚を訴え出ること
が可能となっているのは、実に我が国の法律上の大きな進歩である。蓄妾につい
ては離婚を訴えることができるのか否か。民法にはこの項目についての規定が無
く、唯審査意見書に説明がされているだけである。既に妾制は速やかに廃止すべ
きとされ、法律上その存在は承認されておらず、即ち納妾が離婚原因となるのは

---

(14) 同上、195 頁。
(15) 黄右昌『民法親属釈義』(現行法律釈義叢書之一) 上海法学編訳社、1933 年、125
頁。

亦当然の解釈である。）として、夫の蓄妾行為も離婚事由の解釈に含まれるとの解説を附している。離婚事由としての姦通とは、夫婦間以外の者との性交であることは度々指摘されており、「依此定義。則男子娶妾為通姦。嫖妓亦為通姦。均得成立離婚之原因。」[16]（この定義に依ると、男子が妾を娶ることは姦通となり、女郎買いも亦姦通となり、均しく離婚が成立し得る原因となる。）と解されている他、朱方も著書の中で、「又所謂通姦者、即与人為婚姻外之性交是也。以故男子納妾嫖妓、在旧律上誠不生問題、而在今日法制之下、亦不失其為通姦行為、為之配偶者、亦当然可提起離婚之訴。蓋其納妾嫖妓、亦不失為通姦行為也。」[17]（所謂、姦通とは婚姻外で人と性交することである。故に、男子の納妾や女郎買いは旧律では問題とはならなかったが、今日の法制の下では姦通行為となると言え、配偶者も亦当然に離婚の訴えを提起できる。蓋し、納妾や女郎買いは姦通行為になると言えるためである。）との見解を記している。

　こうした夫婦間の離婚事由規定の平等化については、様々な方面から評されている。一例を挙げると、日本では中川善之助が草案から裁判離婚の事由が変化している現状について「東洋に於ては珍らしく日本民法すら非難を受けつつ斯る男女平等の姦通制裁をおけないで居る有様である。草案が日本法をそのままに「妻が人と姦を通じたる」場合と「夫が姦非の罪に因り刑に処せられたる」場合とを区別して規定したるに対し、新法が簡単に「人と姦を通じたる」場合として包括規定したことは新立法らしい新鮮味を見せたものといへよう。」[18]と述べ、日本民法と比較するとより進んで姦通を事由とする離婚事由を夫婦平等のものと規定していることを評価する。角田幸吉も民国民法の婚姻法は男女同権の尊重に立っており、画期的且つ歴史的な一大進歩で社会上重大な意義を有していることを指摘した上で、「近代世思潮に則って、婚姻の尊重を強調し、夫婦本位の家族制を樹立して、婦人の地位を向上せしめ、あらゆるときと、ところとに、男女平等に関する規定を設けたことは、支那法制史上における画期的な、一大発展と云」[19]える旨を示す。中島

---

(16)　朱采眞編著、朱鴻達校訂『民法親属集解』世界書局、1931年、96頁。
(17)　朱方『依照現行法令編制　民法親属編詳解』上海法政学社、1933年、77頁。
(18)　中川善之助『支那の婚姻法』（社会教育パンフレット第151輯）社会教育協会、1932年、38頁。

玉吉は当該規定を取り上げ、「離婚原因の一たる犯姦に就いては、旧律は我民法と同じく、男子の犯姦は離婚原因とならず、女子の犯姦のみが離婚原因と認められて居ったのを、改めて平等となし、男子の犯姦を離婚原因となした。」[20]と述べている。井出季和太は、「民律草案に於ては通姦を離婚請求の原因とするも、妻の場合には姦通の事実のみを離婚の原因とし、夫の場合には姦通に依って刑に処せられざれば離婚の原因とせざることを規定し（第一三六二条二、三号）、其の義務は妻に重く夫に軽き傾のあるは、旧家族制度の精神を帯び我が民法同様である（日民八一三条三号参照）。」[21]と日本民法典の規定を類似していたことを示しながら、これに対し新しい「現行法は夫妻齊礼、相互貞操義務を原則とし、多数欧洲諸国の立法同様に第千五十二条第二号に於て「人と通姦する者」を離婚請求の原因とし、男女間に区別を設けざることにした。（略）蓋し現行法は男女平等の原則を採り、女子は人の妻として若干の制限（夫婦財産制の規定）あるも、然し夫は妻に対し夫権として認むべきものなきに至ったのは、妻の地位の一大解放と謂はれる。」[22]と評価している[23]。

英文の文献でも、例えば Foo Ping-Sheung は離婚事由の夫婦平等化により男女の貞操が平等に求められ、廃妾となっている旨を指摘する[24]。Marc van der Valk は姦通行為による裁判離婚が夫婦平等となっている点を評価し[25]、H. Y. C. Hu も旧法から変化が加えられた点として、夫婦間の離婚事由

(19) 角田幸吉「中華民国新婚姻法概説」『法曹会雑誌』12-1、1934 年、78-79 頁。同稿は、角田幸吉『親族法論考』良書刊行会、1937 年に再録されている。
(20) 中島玉吉「支那の親属法継承法草案を読む」『法学論叢』21-4、1929 年、510頁。同稿は中国語にも訳されており、前掲（第 2 章・註 10）胡『中国民法親属論』に所収されている他、恵方訳「読中華民国法制局親属法及継承法草案」『法学季刊』1-1、1930 年、105-113 頁にも掲載されている。
(21) 井出季和太「中華民国婚姻法」台北比較法学会編『比較婚姻法　第二部―婚姻の証明及効果―』岩波書店、1942 年、80 頁。
(22) 同上、80-81 頁。
(23) 中国民法の夫婦離婚事由を日本や他の諸国の民法と比較考察したものとして、堀部靖雄「中華民国婚姻法概説（日本民法及独逸民法と比較して観たる）」『商業と経済』12-1、1931 年、75-120 頁がある。
(24) Ching-Lin Hsia, James L. E. Chow, Liu Chieh, Yukon Chang (tra.), *The Civil Code of the Republic of China*, Kelly & Walsh, 1931, p.xxvii.

が平等となった旨を挙げている[26]。またJean Escarraも著書の中で、不誠実な行動による離婚事由は夫婦共に認められ、妾は法律上認められていないことを示す[27]。

このように、法文で姦通を事由とする夫婦の離婚請求権が平等に規定され、夫の蓄妾行為に対し妻側が離婚を請求し得る規定が盛り込まれたものの、離婚の提起期間について見ると、事前に事情を知り得た場合には6ヵ月以内、事前や事後に知ったか否かを問わず事情が発生して2年以内を限度としており、依然として妻の立場からは離婚を提起するための制約があった。この点で注目されるのは、離婚提訴期間を定める法文の変化である。大清民律草案や1925年民律草案では、離婚の事実を知った時より6ヵ月以内に提訴しなければならず、離婚原因が発生して10年経過した場合は離婚の提訴ができないこととなっているのに比べ、1928年親属法草案や30年民法の規定では、離婚の原因となる事実が発生した時の離婚提訴期間の時効が2年以内へと大幅に短縮されている。さらに、30年民法の第1123条において、同じ家に同居して永久に共同生活をしている者は家属の一員と見做される旨の規定が置かれたことにより、妾は暗に家属構成員として含められ、夫が妻以外の女性と関係を有することが法文上認められ得る解釈となっていることを指摘するものもあった。これは、中国の妾の居住形態が前述のように同居型であったことによるものであったが、多くの法学者が当該条文により妾を暗に家属構成員として含め、夫が妻以外の女性と関係を有することが法文上認

---

(25) 前掲（第2章・註10）Marc van der Valk, *An Outline of Modern Chinese Family Law*, p.114.

(26) H. Y. C. Hu, "Marriage and Divorce in Chinese Civil Code with Reference to the Rules of Conflict of Laws" in *The Chinese Social and Political Science Review*, Vol. 22, No. 4, 1939, p.422.

(27) Jean Escarra, *Chinese Law: Conception and Evolution, Legislative and Judicial Institutions, Science and Teaching*, Gertrude R. Browne (tra.), Henri Vetch Publications (Peking) and Library of the Sirey Collection (Paris), 1936, p.259.
原書は、Jean Escarra, *Le Droit Chinois : Conception et Évolution, Institutions Législatives et Judiciaires, Science et Enseignement*, Pékin: H. Vetch, 1936.である。同書は、エスカラ著、谷口知平訳『支那法』（東亜研究叢書第10巻）有斐閣、1943年の日本語訳版も出版されている。

められる解釈となっていることを指摘する[28]。胡長清は、妾は明文で規定されていないことを示しつつも、当該規定を根拠として「但現行法上亦有其相当之地位、即妾為準家属之一員」[29](但し、現行法上相当の地位を有し、即ち妾は家属の一員に準ずる。)と見做されるものであり、郗朝俊は第1123条の条項に含まれるものとして、「旧制之所謂妾、与家長同居已久、縦無法律上之配偶身分、而有以永久共同生活為目的而同居一家之事実、即応視為家属是也。」[30](旧制度での所謂妾は、家長と同居して久しく、法律上配偶者としての身分には無いものの、永久に共同生活をする目的で一つの家に同居している事実があり、家属と見做すべきである。)と、妾を挙げている。Werner Leviも、同法典が立法者により西洋式の男女平等原則を遵守させるために旧来の法制度からは変化がもたらされることに言及しつつも、当該条項に基づき未だに妾は家属の一員とされ、妾制度が暗に認められている点、さらに離婚請求権は第1053条による制約を受けており、よって妻が反対しなければ現実には妾制度が継続する状態にある点を示している[31]。当該規定の解釈として、「又凡非親属而苟以永久共同生活為目的而同居一家者亦得視為家属。例如妾、即其一例。」[32](凡そ親属ではない者でも永久に共同生活をする目的で一つの家に同居する者も亦家属と見做し得る。例えば妾はその一例である。)や、「妾与家長或家属、既非配偶、自不得謂為親属。惟納妾雖為法律所不認、亦有於実際上因妻之允許而同居一家者、故亦視為家属。」[33]と、明示してあるものもある。ここでの「家属」につき、「而家属固以有親属関係者為原則。但雖非親属。而永久共同生活為目的。同居一家者。亦視為家属。例如本法施行前所納之妾。在現行法上並無親属関係。惟既以永久共同生活為目的。而同居於一家。自亦応

---

(28) 例えば、山口弘一「中華民国親族法(民法第四編)満鉄調査課の訳文に依る」『経済法律論叢』2-2、1931年、138頁や、前掲(第2章・註15)黄『民法親属釈義』241頁、前掲(第2章・註10) Marc van der Valk, *An Outline of Modern Chinese Family Law,* p.159. が挙げられる。

(29) 前掲(第2章・註10)胡『中国民法親属論』55頁。

(30) 郗朝俊『民法要義親属編』[第3版]会文堂新記書局、1937年、120頁。

(31) Werner Levi, "The Family in Modern Chinese Law" in *The Far Eastern Quarterly,* Vol. 4, No.3, 1945, pp.263-273.

(32) 前掲(第2章・註17)朱『依照現行法令編制 民法親属編詳解』145頁。

(33) 陶彙曽『民法親属論』会文堂新記書局、1937年、235頁。

認為家属之一。」⁽³⁴⁾（家属とは親属関係にある者を言うのが原則である。但し、親属ではない者でも永久に共同生活をする目的で一つの家に同居する者も亦家属と見做す。例えば、本法が施行される前の妾である。現行法上では親属関係には無いが、永久に共同生活をする目的で一つの家に同居しており、家属の一員と認めなければならない。）との解釈が示されている⁽³⁵⁾。

　その後、家属の範囲をめぐる規定については修正が施されている形跡が見られる。董康が私案として示し、1939年に中華民国臨時政府により提示された民法親属編修正案では、家属について第9条で「与家長同一戸籍之親属為家属」（家長と同一の戸籍にある親属は家属とする。）と規定する。また、同修正案の第10条第1項で「異居之親属欲同居者、経各家長間之同意而為家属」（異なるところに居住する親属と同居を欲する者は、各家長間の同意を経て家属とする。）との規定が置かれていることから、家属とは原則として同居する親属であることが示される。親属については当該修正案第1条に規定されており、配偶者、4親等内の宗族、3親等内の姻族が含まれ、親属でなくして永久に共同生活をする目的で同居する妾については、明文の規定では家属としては含まれていない⁽³⁶⁾。その一方で、瀧川政次郎は当該修正案も妾の存在を肯定するものであると指摘、その根拠として第11条を挙げる。第11条は「左列各欸発生同居之関繋者、視為家属」（左列の各号で同居の関係が発生する者は家属と見做す。）として第1号で「因契約者」（契約による者）が挙げられている。この契約による者の例として、「匠芸弟子及使用人之類」（匠芸

⑶⑷　李謨編著『民法親属新論』大東書局、1934年、183頁。
⑶⑸　「家属」と「親属」について、他の概説書でも「家属与親属不同、凡為家属者、必為親属、而為親属者、未必即為家属。親属兼指血親及姻親而言、家属、固専指同居一家経営永久共同生活之親属而言。然亦有非親属、而以永久共同生活為目的同居一家者、例如本法施行以前、依旧制之所謂妾是。妾与家長、既非配偶、自非所謂親属、然其係以永久共同生活為目的、同居一家、則無可諱言、故本法以其視為家属、以期穏便、所謂視為家属、即擬制的家属是也。」と、両者は異なっており、血親及び姻親を指す親属に対し、家属は同居している一つの家で経営され永久に共同生活をするものであること、そのため妾のように配偶者ではなく、親属ではない者であっても家属と見做されることが指摘されている。黄右昌『民法親属釈義』（現行法律釈義叢書）［第5版］、上海法学編訳社、1941年、241頁。
⑶⑹　董康主編、中華民国臨時政府司法委員会編『民法親属編修正案』出版社、出版年不明。

の弟子及び使用人の類)が列挙されているが、瀧川は修正案第46条では庶子を規定していることからも、第11条で示しているところの契約による者とは、主に妾を指したものであると見ている[37]。その他の関連条文で見ると、修正案では夫婦間の離婚事由は平等となっているが、修正案第42条では離婚原因の事情が発生してからの離婚請求権の消滅期間が2年から1年へと短縮されており、修正が加えられている。

　このように、夫婦の離婚事由規定の変遷を見るならば、当初の草案では姦通をめぐる離婚請求の条文について夫婦間で差が設けられていたが、1928年親属法草案以降は男女平等原則に基づく離婚事由規定が設けられていることから、法文上は夫の納妾行為は妻の離婚請求として認容されてゆくようになったことが分かる。しかしその一方で、30年民法では離婚事由の時効期間が短縮され、さらには妾を暗に家属構成員として含め得る条項が盛り込まれたことにより、依然として夫が妻以外の女性と関係を有することを容認している姿勢が示される。

(2)　**刑法典―親属・姦通罪・重婚罪―**

　次に、刑法典の関連する規定、親属・姦通罪・重婚罪の規定に焦点をあてながら見てゆこう。1907年の大清刑律草案の第一草案では、第278条「凡和姦有夫之婦処四等以下有期徒刑。其相姦者亦同。」(凡そ、有夫の婦の和姦は4等以下の有期徒刑に処する。その相姦者も亦同じ。)、第279条「凡成婚之人重為婚姻者処四等以下有期徒刑。其知為成婚之人而与婚姻者亦同。」(凡そ成婚の人と重ねて婚姻した者は4等以下の有期徒刑に処する。成婚の人と知り婚姻した者も亦同じ。)の規定が設けられた。この内、姦通罪の規定では有夫の婦の和姦のみを処罰し、無夫の婦は刑罰を科しておらず、旧律とは異なっていた点については各督撫からの強い反発を受けたが[38]、第二次草案の第289条でも「凡和姦有夫之婦。処四等或五等有期徒刑。其相姦者亦同。」(凡そ、有夫の婦の和姦は4等或いは5等の有期徒刑に処する。その相姦者も亦同じ。)

---

[37]　『中華民国臨時政府　民法親族相続編修正案』(司法資料　第270号)司法省調査部、1941年、31頁。

と、無夫の婦に対する処罰は盛り込まれなかった[39]。そこで廷杰の提議により暫行章程が附則として設けられることとなり、第4条で次のような条文が置かれた。

第4条
犯第二百八十九条之罪為無夫婦女者、処五等有期徒刑、拘役或一百円以下罰金。其相姦者亦同。
(第289条の罪を無夫の婦女と犯した者は、5等の有期徒刑、拘役或いは100円以下の罰金に処する。その相姦者も亦同じ。)
前項犯罪須婦女尊親属告訴及論。但尊親属事前縦容或事後得利而和解者、其告訴為無効。
(前項の犯罪は婦女の尊親属の告訴を待って論じる。但し、尊親属が事前に放任、或いは事後に利を得て和解した者は、その告訴を無効とする。)

---

[38] 例えば、「和姦刁姦、不独有夫之婦、即無夫者亦当問罪。」(和姦刁姦は、有夫の婦のみならず、無夫の者も罪に問われるべきである。) や、「若照本条規定、和姦罪名成立只及有夫之婦、不及孀婦処女、恐不足以維持風化」(もし本条の規定に照らすならば、和姦罪は只有夫の婦に成立し、孀婦や処女には及ばず、風化の維持ができない恐れがある。)、「此条和姦、僅及有夫之婦、至処女、孀婦、親属相姦均無規定、此於中国礼俗防閑大有妨碍」(この条文で和姦は、只有夫の婦に及び、処女・孀婦・親属相姦については均しく規定がなく、これは中国の礼俗を守るのに大いに障害となる。) との意見が示されている。高汉成主編『《大清新刑律》立法資料汇編』社会科学文献出版社、2013年、261頁・373頁・408頁。

[39] 無夫の婦の姦通罪をめぐっては、中国に招聘された岡田朝太郎による「岡田博士論刑律不宜増入和姦罪之罰則」や、オーストリア出身で青島特別高等専門学堂法政科の講師を務めていたHarald Gutherzが記した「独儒赫氏中国新刑律論」等でも意見が示されている。「刑律不宜増入和姦罪之罰則(録岡田博士論稿)」(『順天時報』1910.12.6・7)。『徳儒赫氏中国新刑律論』京師京華印書局、1910年。桐郷盧氏校刻『桐郷勞先生(乃宣)遺稿』(近代中国史料叢刊第36輯)文海出版社、1969年。李贵连『沈家本传』法律出版社、2000年。王健編『西法东渐―外国人与中国法的近代变革』中国政法大学出版社、2001年。
両者の見解を整理しながら検討したものとして、陈新宇「礼法論争中的岡田朝太郎与赫善心―全球史視野下的晩清修律」『华东政法大学学报』2016年-4、黄礼登「礼法論争中的失踪者：赫善心的生平与思想」『华东政法大学学报』2017年-2、等がある。

こうした姦通罪に関する処罰規定は、資政院の場でも妾に関連する問題として取り上げられており、文龢は第39号議場の席上で「現在民法尚未規定有妾無妾。然按之立憲通則、則断乎不応有妾、而卻為我国事実上之所必不能免。譬如民法不認有妾而納妾是妾、即等於無夫婦女、而非正式之婚姻、即等於和姦。若刑律定入無夫姦有罪一条、則将来納妾也応有罪了。」[40]（現在民法では尚も妾の有無を規定していない。しかし、立憲の通則上断じて妾を有してはならないが、我が国では事実上これは致し方ない。もしも民法で妾を有することを認めずに妾を納めた場合は、即ち妾は無夫の婦女となり、正式な婚姻ではなく、即ち和姦となる。若し刑律で無夫の姦通罪の条文を定めたならば、即ち将来は納妾も有罪となる。）と発言している[41]。

(40)　『宣統二年第一次常年会資政院会議速記録　下編』出版社不明、1910年、89頁。
　　尚、同書は李启成点校『资政院议场会议速记录―晚清预备国会论辩实录』上海三联书店、2011年として、議場の速記録が収められている。
(41)　刑法典編纂の初期の議論や意見対立に迫った研究としては、以下のものがある。小野和子『五四時期家族論の背景』（京都大学人文科学研究所共同研究報告　五四運動の研究　第5函15）同朋舎、1992年（特に、第1章「清末の刑法典論争―刑法出デテ忠節亡ブ―」及び第2章「民国初期の刑法問題」)。小野和子「清末の新刑律暫行章程の原案について」柳田節子先生古希記念論集編集委員会編『柳田節子先生古希記念中国の伝統社会と家族』汲古書店、1993年、431-444頁。松田恵美子「清末礼法争議小考」『法律論叢』137-2・5、1995年、48-67頁・113-124頁。田邉章秀「『大清刑律』から『暫行新刑律』へ―中国における近代的刑法の制定過程について―」『東洋史研究』65-2、2006年、37-69頁。中文のものとしては、黄源盛『民初法律變遷與裁判（1912-1928)』（国立政治大学法学叢書(47)）2000年（特に、第4章「民元《暫行新刑律》的歷史與理論」、第5章「民国四年《修正刑法草案》摭遺」、及び第6章「民国七年《刑法第二次修正案》及其改定案述評」）や李贵连『近代中国法制与法学』北京大学出版社、2002年（特に、「清末修订法律中的礼法之争」)、黄源盛「西法東漸中無夫姦存廢之爭」『政大法學評論』91、2006年、35-98頁、陈新宇「《钦定大清刑律》新研究」『法学研究』33-2、2011年、193-208頁、李欣榮「清末關於"無夫姦"的思想論爭」『中華文史論叢』2011年-3、101-129頁がある。英文では、Marinus Johan Meijer, *The Introduction of Modern Criminal Law in China*, Arlington: University Publications of America, [Reprint Edition], 1976., Alison Sau-Chu Yeung, "Fornication in the Late Qing Legal Reforms: Moral Teachings and Legal Principles", in *Modern China*, Vol. 29, No.3, 2003, pp.297-328. がある。
　　近年では、高汉成による一連の研究成果が発表されている。高汉成『签注视野下的大清刑律草案研究』中国社会科学出版社、2007年。高汉成「大清刑律草案签注考论」『法学研究』37-1、2015年、191-208頁。高汉成『大清新刑律与中国近代刑法继受』社会科学文献出版社、2015年。

辛亥革命の後、1912年3月に公布された暫行新刑律では、次のように規定された。

第289条
和姦有夫之婦者処四等以下有期徒刑、或拘役。其相姦者亦同。
（有夫の婦と和姦をした者は4等以下の有期徒刑、或いは拘役に処する。その相姦者も亦同じ。）

第291条
有配偶而重為婚姻者処四等以下有期徒刑、或拘役。其知為配偶之人而与為婚姻者亦同。
（配偶者を有しながら重ねて婚姻をした者は4等以下の有期徒刑、或いは拘役に処する。その配偶者のいることを知り、婚姻した者も亦同じ。）

それまでの刑律草案と同様に姦通罪の処罰対象を有夫の婦のみに限っていた。当時の概説書において示されている見解では、「夫婦」・「配偶者」とは民法上の結婚の形式を備えた者であり、妾は「有夫之婦」には当たらない旨が記されている[42]。その後、1914年に定められた暫行刑律補充条例では以下の規定が設けられた。

第6条
和姦良家無夫婦女者処五等有期徒刑、或拘役。其相姦者亦同。
（良家の無夫の婦女と和姦をした者は5等の有期徒刑、或いは拘役に処する。その相姦者も亦同じ。）
前項之罪須相姦者之尊親属告訴乃論。但尊親属事前縦容或事後得利而和解者、其告訴為無効。

---

[42] 杭県邵義編輯『刑律釈義』［再版］中華書局、1917年、239-241頁。
　また、その後も「有夫之婦」のみを処罰対象としている姦通罪が規定されていた際にも、「惟妾非有夫之婦、蓋以其民法上無身分関係、故妾与人通姦、不得成立本罪。」（但し、妾は有夫の婦ではなく、民法上は身分関係が無いため、妾で人と通姦しても、本罪は成立し得ない。）と示されていた。蔡天錫編『刑法分則新論　下冊』上海法政学社、1931年、176頁。

(前項の罪は相姦者の尊親属の告訴を待って論じる。但し、尊親属が事前に放任、或いは事後に利を得て和解した者は、その告訴を無効とする。)

ここで無夫の婦も対象となっていることについて、趙鳳喈は「中国以前和姦之罪、無問婦女有無丈夫、均可成立。及民国成立、頒布暫行新刑律（民国元年三月十日）、其第二八九条規定（略）如此、則和姦無夫婦女者、不為罪矣、与近代多数国家之立法例頗適合。嗣於民国三年、頒布暫行新刑律補充条例（第六条）、仍列入和姦無夫婦女之罪、又復昔日之刑罰観矣。」[43]（中国の以前の和姦罪は婦女の夫の有無を問わず、均しく成立していた。民国が成立し暫行新刑律が頒布され（民国元年（1912年）3月10日）、第289条に規定する。（略）ここでは無夫の婦女の和姦については罪とはしておらず、これは近代の多くの国々の立法例と適合するものである。民国3年（1914年）に頒布された暫行新刑律補充条例（第6条）にて、無夫の婦女の和姦が罪に含まれるようになり、以前の刑罰観に戻っている。）と指摘する。謝越石は、「律惟尊重夫権。以維持家道。」[44]（律は夫権を尊重し、以って家道を維持する。）と述べた上で、「則直接妨害夫権。破壊家道。即間接違背善良風俗。紊乱公共秩序。」[45]（直接には夫権を妨害し、家道を破壊する。間接には善良の風俗に違背し、公共の秩序を紊乱する。）との理由に基づき、当該規定が設けられたことを説明する。

さらに、当該条例により妾に刑律の法的効力が及ぼされることとなった。まずは暫行新刑律が規定していた親属の範囲について見てみよう。

第82条
称尊親属者為左列各人。
（尊親属とは次の者をいう。）
　一、祖父母、高曾同。

---

[43] 趙鳳喈『中国婦女在法律上之地位』（社会研究叢刊）商務印書館、1928年、129-130頁。
[44] 謝越石『刑律通詮　分則』[修訂5版]、出版社不明、1923年、272頁。
[45] 同上、273頁。

（1、祖父母、高祖父母。）

二、父母。

（2、父母。）

妻於夫之尊親属与夫同。

（夫の尊親属は妻においては夫と同じである。）

称親属者、為尊親属及左列各人。

（親属とは、尊親属及び次の者をいう。）

一、夫妻。

（1、夫妻。）

二、本宗服図期服以下者。

（2、本宗の服親図で期に服する以内の者。）

三、外親服図小功以下者。

（3、外親の服親図で小功以内の者。）

四、妻親服図緦麻以下者。

（4、妻の服親図で緦麻以内の者。）

五、妻為夫族服図期服以下者。

（5、妻の夫の服親図で期に服する以内の者。）

六、出嫁女為本宗服図大功以下者。

（6、嫁に出た娘の本宗の服親図で大功以内の者。）

　本条の解釈について、当時の概説書によると「夫妻」で言うところの「妻」とは「妾」に及んではならず、「妻之与妾、名分各殊。不容通仮。」[46]（妻と妾の名分は異なっており、仮借してはならない。）とし、妾は当該条項に含めることが出来ない旨が説かれている。こうした点から、刑律の文言上、妾は親属の範囲に含まれていなかったと考えられるが、暫行刑律補充条例では以下のように定められた。

第 12 条

---

[46]　秦瑞玠編『新刑律釈義』［第4版］商務印書館、1920年、313頁。

刑律第八十二条第二項及第三項第一款称妻者於妾準用之。第二百八十九条称有夫之婦者於有家長之妾準用之。
(刑律第82条第2項及び第3項第1款で妻と称する者はこれを妾にも準用する。第289条で有夫の婦と称する者はこれを家長の妾にも準用する。)
本条例第一条第二款称夫之尊親属者於妾之家長尊親属準用之。第五条称妻子孫之婦及同居卑幼之婦於已之妾子孫之妾及同居卑幼之妾準用之。第八条称卑幼者於卑幼之妾準用之。
(本条例第1条第2款の夫の尊親属と称する者は、これを妾の家長の尊親属にも準用する。第5条の妻や子孫の婦及び同居している卑幼の婦と称する者は、これを妾や子孫の妾及び同居している卑幼の妾にも準用する。第8条の卑幼者と称する者は、これを卑幼の妾にも準用する。)

当該条項により妻の文言が妾にも準用され、妾は親属の一員として法的に承認されることとなった。親属範囲に関する規定は、親属容隠や親属相盗で規定されていたところの親属の概念を示していたものとして注目される。暫行新刑律においては、関連する規定が下記のように設けられていた。

第180条
犯罪人或脱逃人之親属為犯罪人或脱逃人利益計、而犯本章之罪者、免除其刑。
(犯罪者或いは脱走者の親属が犯罪者或いは脱走者の利益のために本章の罪を犯した者は、その刑を免除する。)
第381条
於直系親属配偶或同居親属之間、犯第三百六十七条及第三百七十七条第一項之罪者、免除其刑。
(直系親属、配偶者、或いは同居の親属の間で第367条及び第377条第1項の罪を犯した者は、その刑を免除する。)
対其他親属、犯前項所列各条之罪者、須告訴乃論。
(その他の親属で前項で列記している各条の罪を犯した者は、告訴を待って論じる。)

前二項之規定於非親属、而与親属為共犯者、不適用之。
(前二項の規定で親属ではなく親属と共犯した者は、これを適用しない。)

これらの諸規定により、親属の関係にある者は仮に上記の罪を犯した場合であっても、その刑が免除されることとなっていた。具体的な裁判事例においても、「同一家長之妾、苟係同為家属、自応依拠刑律補充条例認為其有親属関係。」(同一家長の妾は、仮に同じ家属であるならば、刑律補充条例に依拠して、その親属の関係があると認められる。)(4年統字第353号［1915年］)と判示されていることからも、暫行刑律補充条例により親属に関連する法文の効果が妾にも及んだものと考えられる。謝越石は、刑律では婚姻の平等主義に基づき重婚が禁じられ、妾は正式に配偶者ではなく、妻に関する規定は妾に適用できないことになっているにもかかわらず、当該条文が盛り込まれたことで妾の法律上の地位が確定されたものとなったことを示す[47]。陳顧遠も当該規定により妾の存在を明文で承認したものであると指摘する[48]。

その後も刑法修正草案が編まれたが[49]、1928年の中華民国刑法(以下、28年刑法と称す。)では、親属の範囲、重婚罪及び姦通罪について、下記のように規定された。

第11条
称親属者謂左列各親。
(親属とは次の者をいう。)
　一、夫妻。
　(1、夫妻。)
　二、四親等内之宗親。
　(2、四親等内の宗親。)

---

[47] 謝越石『刑律通詮　附録』［修訂5版］、出版社不明、1923年、14-15頁。
[48] 陳顧遠著、王雲五・傅緯平主編『中国婚姻史』(中国文化史叢書第1輯)［第3版］商務印書館、1937年、69頁。
　　同著作は陳顧遠『中国婚姻史』(民国叢書　第3編)上海書店、1991年として再録され、また陳顧遠著、藤澤衛彦訳『支那婚姻史』(支那文化史大系第10巻)大東出版社、1940年として邦訳版も出版されている。

三、三親等内之外親。
（3、三親等内の外親。）
四、二親等内之妻親。⁽⁵⁰⁾
（4、二親等内の妻の親。）

第 254 条
有配偶而重為婚姻、或同時与二人以上結婚者、処五年以下有期徒刑。其知情相婚者、亦同。
（配偶者を有する者が重ねて婚姻をし、或いは同時に2人以上と結婚した者は5年以下の有期徒刑に処する。その情を知って相婚した者も亦同じ。）

第 256 条
有夫之婦与人通姦者、処二年以下有期徒刑。其相姦者、亦同。
（有夫の婦で人と姦通した者は、2年以下の有期徒刑に処する。その相姦者も亦同じ。）

⑷⁹ 修正案は、「修正刑法草案理由書暫行新刑律条文比照」（『司法公報』31・32・36・37・38：1915年）や「刑法第二次修正案理由書」（『司法公報』103 臨時増刊：1919年）に掲載されている他、前掲（序・註21）修訂法律館編『法律草案彙編（二）』にも所収されている。
　尚、修正案では「和姦未満二十歳良家無夫之婦女者処六月以下有期徒刑、拘役或三百円以下罰金。其相姦者亦同。」（20歳未満の良家の無夫の婦女と和姦した者は、6ヵ月以下の有期徒刑、拘役或いは300円以下の罰金に処する。その相姦者も亦同じ。）との規定が設けられた。この点につき、村上貞吉は次のように指摘する。「暫行律ニ在リテハ大清現行刑律及ヒ其以前ノ律中ニ存セシ無夫ノ婦女ノ和姦ニ関スル罪ヲ廃止（略）シタル為メ当時甚シク物議ヲ生シタル結果遂ニ其附則トシテ頒布シタル暫行章程五条中ニ之ニ関スル規定ヲ設ケタリ（略）、今此修正案ヲ実施スルニ到ランカ是等従来ヨリノ制法ハ全然其効力ヲ失フニ至リテ、極端ナル婦女ノ解放ヲ生スヘケレハ本案ニ於テハ（略）無夫ノ婦女ノ和姦ニ関スル罪ヲ定メタルモ、唯二十才未満ノ良家ノ婦女タルヲ以テ限トシタルコト。」村上貞吉『支那歴代ノ刑制沿革ト現行刑法』出版社不明、1932年、243-244頁。

⑸⁰ 当該条項については、「或夫親」の文字を追加する意見や、「二親等内之妻系親或夫系親」と修正する見解も示されていた。伍朝樞、徐元誥、王寵恵「審査刑法草案意見書」『最高法院公報』創刊号、1928年、280-281頁（同意見書は、王寵恵属稿、郭元覚輯校『国民政府中華民国刑法』上海法学編訳社、1929年、2頁以下に再録されている）。蔣鳳子「修正中華民国刑法意見書―附草案―」『法律評論』264（6-4）：1928年、14-15頁。

まず親属の範囲であるが、これは 28 年刑法で定められていた親属容隠や親属相盗でいうところの「親属」の範囲を定めていたものとして理解される[51]。親属容隠・親属相盗については、それぞれ次のように規定されていた。

第 177 条
親属図利犯人或依法逮捕拘禁之脱逃人、而犯本章之罪者、免除其刑。
(親属が犯人或いは法に依り逮捕拘禁されて脱走した者の利を図り、本章の罪を犯した者はその刑を免除する。)
第 341 条
於直系親属配偶、或同財共居親属之間、犯本章之罪者、得免除其刑。
(直系親属、配偶者、或いは財を同じくし居を共にする親属の間で本章の罪を犯した者は、その刑を免除することができる。)
親属間犯本章之罪者、須告訴乃論。
(親属間で本章の罪を犯した者は、告訴を待って論じる。)

これらの法文の効果が妾に適用されるか否かという点が問題となり得るが、法文には妾の文言が含まれておらず、さらに暫行刑律補充条例のように妻の規定を妾に準用するための条項が設けられていなかったことから、28 年刑法において妾は親属に含まれるものとしては想定されていなかったと考えられる[52]。

従来の草案の規定を踏襲し、姦通罪の処罰対象を「有夫之婦」に限ってい

---

[51] 小野清一郎『中華民国刑法　分則（上）』中華民国法制研究会、1934 年、206 頁。
[52] 小野清一郎は、28 年刑法での妾の位置付けがどのように解されているのかは「差当り不明である。」と記している。小野清一郎『中華民国刑法　総則』中華民国法制研究会、1933 年、55 頁。
　具体的な事例においても、19 年上字第 738 号［1930 年］では、「按妾不過為家属之一員、不在刑法第十一条規定親属之列、則其盗取某甲所有物、自不得以係某甲之妾、希図倖免刑責。」(妾は家属の一員に過ぎず、刑法第 11 条で規定するところの親属ではないこと、よって某甲の所有する物を窃取した場合、某甲の妾は刑の責任を免れることはできない。) との判断が示されている。

るが、このことについて郭衛は「惟刑法上対於有夫之婦独無科罰之明文。殊失男女平等之旨。殆以処於今日家庭制度之下。尚係以夫為家庭之主。為保持家庭之秩序起見。不得不限制妻之通姦行為。另一理由則為免除血統之混乱。亦不得不取此種限制。」[53]（刑法上有夫の婦を罰する明文しか無いのは、男女平等の趣旨に失する。今日の家庭制度の下では、尚も夫は家庭の主で、家庭の秩序を維持する見地からは妻の姦通行為を制限せざるを得ない。他の理由としてあるのが血統の混乱をなくすためであり、この種の制限を取らざるを得ない。）との見解を示す。しかし、小野清一郎は日本刑法との類似点を指摘した上で「然るに今や日本及び中華民国の刑法は夫の婚姻上の権利を保護せんとする近世立法の個人主義的精神に触れて、しかも、恰も其の個人主義的精神の要求する男女の平等を完全に無視している。此はひとり個人主義的立場に於て婦女に対する不正義であるばかりでなく、社会の風教乃至文化そのものを重んずる立場に於て決して満足すべき立法とはいへない。将来の立法に於ては夫の姦通も亦少くとも其の婚姻及び家庭生活の秩序を危くするが如き場合に於て可罰なるものと為すべきである。」[54]と、批判する[55]。蔣鳳子も「在男女平等的法律上、「有夫之婦」下必須加以「有婦之夫」、否則失去平等之本意、故宜修正。」[56]（男女平等の法律においては、「有夫之婦」の下に必ず「有婦之夫」を加えなければならない。そうでなければ、平等の趣旨が失われるのであり、故に修正すべきである。）と述べ、28年刑法の修正意見を提示し、男女平等原則に則り、条文の文言を「有夫之婦或有婦之夫与人通姦者処二年以下有期徒刑。其相奸者亦同。」（有夫の婦或いは有婦の夫で人と姦通した者は2年以下の有期徒刑に処する。その相奸者も亦同じ。）と、修正すべき旨を説く。

---

(53) 郭衛『刑法学各論　下冊』（法学叢書之一）［修正第5版］上海法学編訳社、1932年、101-102頁。

(54) 小野清一郎『中華民国刑法　分則（下）』中華民国法制研究会、1935年、13-14頁。

(55) 但し、ドイツ刑法のように夫の姦通と妻の姦通を同等に処罰していることについては、「夫婦の貞操が理想として平等であるべきものであるに拘らず、現実としては其の間に或る差異の存すること、殊に妻が姦通に因り妊娠するときは血統に疑を生ずるといふ結果の重大なるものあることを顧みるときは、ドイツ刑法の如き立法が立法として果して正当なりや、なほ考慮の余地がある。」として、同等に可罰することについては慎重な姿勢を表明する。同上、13頁。

(56) 前掲（第2章・註50）蔣「修正中華民国刑法意見書―附草案―」17頁。

1935年には新たな刑法（以下、35年刑法と称す。）が施行され、親属の範囲を定める条文は置かれなかったが[57]、重婚罪及び姦通罪の規定は以下のように定められた。

第237条
有配偶而重為婚姻、或同時与二人以上結婚者、処五年以下有期徒刑。其相婚者、亦同。
（配偶者を有する者が重ねて婚姻をし、或いは同時に2人以上と結婚した者は5年以下の有期徒刑に処する。その相婚者も亦同じ。）
第239条
有配偶而与人通姦者、処一年以下有期徒刑。其相姦者、亦同。

---

[57] 但し依然として、35年刑法にも下記のように親属容隠や親属相盗の条文は設けられていた。

第167条
配偶五親等内之血親或三親等内之姻親図利犯人或依法逮捕拘禁之脱逃人、而犯第一百六十四条或一百六十五条之罪者、減刑或免除其刑。
（配偶者、五親等内の血属、或いは三親等内の姻属が、犯人或いは法に依り逮捕拘禁されて脱走した者の利を図り、第164条或いは第165条の罪を犯した者は、減刑或いはその刑を免除する。）
第324条
於直系血親配偶或同財共居親属之間、犯本章之罪者、得免除其刑。
（直系血属、配偶者、或いは財産を同じくし居を共にする親属の間で、本章の罪を犯した者は、その刑を免除することができる。）
前項親属或其他五親等内血親或三親等内姻親之間、犯本章之罪者、須告訴乃論。
（前項の親属、或いはその他の五親等内の血属、或いは三親等内の姻属の間で、本章の罪を犯した者は、告訴を待って論じる。）

ここでも妾がこうした親属に含まれるのか、という問題が生じるが、この点につき管見の限りでは概説書で明確に述べたものは見当たらない。但し、配偶者とは夫婦を示すものであることや、28年刑法と同様に妻の規定を妾にも準用するための条文は設けられなかったこと、さらに民法との兼ね合いで言うならば、民法典では親属に妾が含まれるとの規定はなかったこと、また妾の存在を暗に認めるものとして指摘されている30年民法第1123条第3項でもこれを家属と見做す、と規定されていること、さらに後述するように裁判例でも妾を家属の一員と見做すことが判示されていることから鑑みると、「親属」には妾が含まれるものではなかった、と考えられる。

（配偶者を有する者で人と姦通した者は、1年以下の有期徒刑に処する。その相姦者も亦同じ。）

まずは重婚罪の規定であるが、一夫一婦主義に違背するものとして草案の段階より一貫して処罰規定が設けられていた。但し、妾との関係では重婚罪が否定されることは、多くの法学者が指摘するところである。謝越石は「有配偶者。指已有成婚及現時存在之夫或妻而言。未婚夫婦、不包括之。」[58]（配偶者とは、既に成婚及び現時点での夫或いは妻を指す。未婚の夫婦はこれに含まれない。）と述べ、何啓澧は重婚罪につき、「本罪因有重婚行為或同時与二人以上結婚而成立。茲所謂婚姻指依民法規定之儀式成立夫妻関係之情形而言。事実上有無為夫婦之生活与本罪之成立無所影響。立妾行為雖属違背徳義、惟未有成立婚姻関係、尚難謂為重婚也。」[59]（本罪は重婚行為或いは同時に2人以上の結婚によって成立する。ここで言う婚姻とは民法で規定するところの儀式に依り夫妻の関係が成立したことを指す。事実上の夫婦生活の有無と本罪の成立は影響しない。妾を立てる行為は徳義に違背するものであるが、婚姻関係は成立しておらず、重婚とは言い難い。）と講述している。さらに郭衛も「重婚者。有配偶而重為婚姻也。所謂有配偶者。指已経与人成婚。其婚姻関係尚在存続中者而言。」[60]（重婚者は配偶者を有している者が重ねて婚姻をするものである。所謂配偶者を有していることは、既に人と成婚し、その婚姻関係が尚も存続している者のことを指す。）と見ている。さらに、「重婚罪の成立には結婚の儀式を挙行することを要件とし、若し結婚の儀式の挙行を経ずして、単に同居又はその他の婚姻関係と看做すべき事実があっても、それはただの姦淫と看做され、重婚とはならない。」[61]と指摘するものがあることからも、妾とは正式な婚姻関係にはなく、そのため「配偶者」の関係を規定する法文の効果は及ばなかったことが分かる[62]。重婚罪については35年刑法でも28年刑法と同様

---

(58) 前掲（第2章・註44）謝『刑律通詮　分則』281頁。
(59) 何啓澧講述『刑法講義』（国立広東法科学院講義）、出版社不明、1928年、75頁。
(60) 前掲（第2章・註53）郭『刑法学各論　下冊』111頁。
(61) 郭衛原著、真鍋藤治・郡司弘訳註『支那現行法律体系』大同印書館、1942年、130頁。
(62) 兪承修『刑法分則釈義』会分堂新記書局、1946年、592頁。

第 2 章　近代中国における妾　127

に規定が設けられたが、刑期は 5 年以下の有期徒刑から 1 年以下の有期徒刑へと改められた。

　35 年刑法より姦通罪の規定は夫婦平等に処罰されるように改められ、夫の納妾行為は刑事罰に問われ得るものとなったが⑹³、改正作業の過程では立法院において様々な観点から議論の的となった⑹⁴。1934 年 10 月 25 日の審議では、刑法修正案第 234 条にて「有配偶而与人通姦者、処二年以下有期徒刑、其相姦者亦同。」（配偶者を有する者で人と姦通した者は、2 年以下の有期徒刑に処する。その相姦者も亦同じ。）と規定されたことにつき⑹⁵、楊公達が「本条理論上不能成立、因離婚手続至繁、如与人通姦即犯罰、則中国二万万之男

⑹³　メディア媒体では、男女平等の観点から、「立法院修正之新刑法、規定厳禁納妾、犯者以姦非論罪、」となった点が指摘されている。「刑法厲禁納妾」（『新民』1 - 28：1934 年）。
　　概説書においても、35 年刑法第 239 条の規定が男女平等となっており、旧律と比較して進歩していること、さらに蓄妾や娼妓を宿すことは婚姻ではなく、当然貞操義務に違反するため、刑法上は徒刑の処罰を負い、民法上は離婚を請求する要因となることを指摘している。徐志欣『婚姻法浅論』中華書局、1936 年、105 頁。
⑹⁴　当時の状況については、周巍峙「首都婦女力争法律平等運動」（『婦女共鳴』3 - 11：1934 年）、「法律平等之争戦」（『女子月刊』2 - 12：1934 年）等の論説で詳しく報じられている。
　　『申報』でも「有夫之婦与人通奸処置　立法院通過之条文　京婦女会認為不満」（1934.11.3）、「京婦女界　力争法律平等　組首都各界婦女同盟会」（1934.11.6）、「首都女界法律運動」（1934.11.7）、「首都婦女界力争　法律平等権利」（1934.11.9）、「刑法修正後　引起本市婦女界反響　昨開会決派代表晋京請願　法政学院女同学発表通電」（1934.11.10）、「本市婦女団体　今日代表大会　請願代表今晩晋京　通電全国婦女声援」（1934.11.11）、「婦女界争法律平等　紛派代表晋京請願　根拠昨日連席会議決案協進会金光楣等作前駆」（1934.11.12）、「力争男女法律平等　婦女界先後晋京請願」（1934.11.13）、「女界力争法律平等」（1934.11.14）、「中政会議　通姦罪交複議」(ママ)（1934.11.15）、「婦女代表請願帰来　昨招待新聞界」（1934.11.16）等、連日に亘って報道されている。
　　尚、当時の立法院の委員につき、職名や籍貫等を記したものに、『立法院職員録』中華民国立法院、1935 年がある。
⑹⁵　修正案の要旨では、「現行法第二百五十六条僅科有夫之婦与人通姦之罪、対於有婦之夫与人通姦者不加処罰、殊背男女平等之旨。故本案対於有配偶与人通姦者、一律処罰。」（現行法第 256 条は、有夫の婦で人と姦通した者のみを罰し、有婦の夫で人と姦通した者を処罰しないのは、男女平等の趣旨に違背する。故に本案では配偶者を有する者で人と姦通した者は、一律に処罰する。）との理由が示された。『立法院公報』63、1934 年、85 頁。

子或三万万犯罪、故主本條删去。」(本条は理論上成立しない。離婚手続きが煩雑であり、仮に人との姦通行為を犯罪としたならば、中国の2或いは3万もの男子が罪を犯すことになる。故に本条の削除を主張する。)と指摘したのを皮切りに、黄右昌や孫維棟も現行の第256条の規定を維持し、修正案第234条の削除を求め、傅秉常は「各国犯淫多採英美辦法、認此為民事問題、夫婦発生不和、最多為離婚、毋庸想定離婚後仍加処罰。」(各国の犯淫では多くは英米法を採用し、民事の問題とする。夫婦の不和が生じると多くは離婚し、離婚後に処罰を加えることを想定するに及ばない。)と主張した。これに対し、劉克儁は「現行法対有婦之夫与人相姦、不加処罰、有背男女平等之旨、故主修正。」(現行法は有婦の夫が人と相姦した場合処罰を加えないが、男女平等の趣旨に違背する。故に修正を主張する。)と訴えた。主席の孫科より表決が求められ、委員69名の内40名が修正案の削除に賛成し、姦通罪の男女平等規定は削除されることに決せられた。31日には焦易堂による「恢復現行刑法第二五六条、但減其徒刑為一年、以代替被删之修正案第二三四条文」(現行刑法第256条を戻す。但しその徒刑を減らし1年とし、以って修正案第234条を削除し代替させる。)との提議が二読会を通過し、11月1日に三読会が開催されることとなった。会の冒頭で、秘書長の梁寒操より各婦女団体の刑法修正案第234条を再議すべきとする旨の請願が報告された後、再議の是非が問われ、劉克儁、陶玄、周一志は再議を主張したが、程中行、史尚寛、楊公達は既に審議が充分尽くされたことを理由に反対意見を表明した。主席が再議についての表決を採ったところ、賛成者は陶玄、蔡煊、鐘天心、周一志等12名の少数であったため否決された。この結果、三読会を経た後には第239条で「有夫之婦与人通姦者、処一年以下有期徒刑、其相姦者亦同。」(有夫の婦で人と姦通した者は、1年以下の有期徒刑に処する。その相姦者も亦同じ。)と規定されることとなった。28年刑法と比較すると刑期は短縮されているが、依然として処罰対象は「有夫之婦」となっている。

　立法院の審議を経た後、多くの婦女団体は姦通罪が婦女のみの処罰規定となっていることを批難する声明を発表し、男女平等に処罰することを求める活動を行っている[66]。婦女文化促進会、婦女共鳴社等の団体は立法院院長に再度審議するよう訴えると共に、11月5日に黎剣虹、鄧季生、唐国楨等20

名を委員とする、法律上の平等を求めるための同盟会を組織することを決議
している。7 日には同盟会の徐闓端、劉蘅靜等 10 数名が、立法院で通過し
た有夫の婦のみを処罰することを規定した刑法修正案を矯正するよう中央政
治会議へ請願を行った。さらに、同盟会は新聞界を招き声明を発表、劉巨全
主席、曹孟君、唐国楨、劉蘅靜、王俊英、李峙山、鄧李惺、黄人中等の人々
が意見を報告し、世論に対し刑法修正案の公平な批評を求めた。他の婦女団
体も相次いで活動を行っており、上海の婦女界では 11 日に会議を開催し、
中華婦女社、婦女同盟会、婦女節制会、婦女協進会等の代表者、胡瑛、陳婉
貞、呂蘊、卜振華、王立明、陳令儀、邱希聖、楊志豪、金光楣、王瑞竹、平
寄塵、温恭嗣等 20 数名が参加し、各団体が請願のための人員を上京させる
ことを討議した。婦女協進会、婦女同盟会、中華婦女社、婦女節制会、女青
年会、女青年協会等の各婦女団体は 11 日から 13 日にかけ、人員を派遣し、
中央政治会議や立法院等へ請願を行った。さらに 14 日には、楊志豪等の 5
名は北京の婦女代表の劉巨全、曹孟君、鄧季惺、李峙山、唐国楨等の立会い
の下で中央政治会議へ請願、交通部長の李家驊、監察院秘書長の王陸一、中
委の謝作民、司法院長の居正、行政院秘書長の褚民誼、中委兼立法委員の焦
易堂等、各人へ再議するよう直接働きかけた。結局、中央政治会議は 14 日
に第 433 次会議を開催し、刑法第 239 条については男女平等原則に基づき立
法院で再議することに決せられた。この決定により 11 月 29 日に開催された
立法院の第 84 次例会にて再議されることとなり、その際には当該規定は不
要であるとの意見や、民法で相手方に対して離婚を請求するようになってい
ることで足り、刑法で規定するに及ばないといった意見も出されたが、採決
の結果により男女平等に姦通罪を適用し処罰する規定が置かれることとなっ
た[67]。この改正について、Robert C. W. Sheng は姦通罪を男女平等に問い得
るものとなったことを特徴として挙げている[68]。その一方で、Francis S. Liu
は男女平等の法へと転換したとしながら、各国の性に対する道徳観念は異な

---

[66] 中央政府のみならず、省内でも婦女団体が積極的に活動を行っていたことが報じら
れており、例えば浙江省で婦女会が納妾蓄婢者には選挙権と被選挙権を与えないよう
呈した案件が伝えられている（周巍峙「納妾蓄婢者応剝奪選権」（『婦女共鳴』3－
11：1934 年））。

っていることを指摘、社会教育を通じての変化を行うべきことを主張する[69]。Meredith P. Gilpatrick は、妾はその法的立場を失った一方で、妾制を廃止するための強行法規が置かれなかった点を指摘している[70]。

35年刑法と同時に公布された中華民国刑法施行法の第9条では「刑法第二百三十九条之規定於刑法施行前非配偶而以永久共同生活為目的有同居之関係者不適用之。」(刑法第239条の規定は、刑法施行前に配偶者では無くして永久に共同生活を為す目的で同居している関係者にはこれを適用しない。)と定められ、刑法典施行前の男女関係には効力が及ぼされないこととなった[71]。本規定も1935年3月15日の立法院の審議で議論の的となっている。劉克儁が「本条規定、在補救新刑法施行前已納妾者之辦法」(本条の規定は、新刑法施行前に既に納妾者であった者を救うものである。)と説き、黄右昌は「民法一一二三条、対妾之身份、已有規定、主刪去」(民法第1123条にて既に妾の身分の規定があり、削除すべきである。)と主張、陳長蘅は「規定此条太難看、我們並不承認納妾制度、民法条文既可救済、加入此条、不啻畫蛇添足」(本条は非常に不格好な規定である。我々は、納妾制度を承認しておらず、民法の条文で既に救済をしている。この条文を加えることは、あたかも蛇足をつけるようなも

---

(67) 立法院での攻防や、各婦女団体の活動や意見等の議論を紹介した論稿としては、M. H. van der Valk, "The New Chinese Criminal Code" in *Pacific Affairs*, Vol. 9, No. 1, 1936, pp.69-77. がある。また、簡又文編「立法院修正「有配偶而与人通姦者」一条新刑法之経過」『逸経』9、1936年、65-83頁や、前掲（序・註21）謝編著『中華民国立法史』1139頁以下にも議論の様子が掲載されている。
　先行研究に、Lisa Tran, "Sex and Equality in Republican China: The Debate over the Adultery Law" in *Modern China*, Vol. 35, No. 2, 2009, pp.191-223. がある。

(68) Robert C. W. Sheng, "Revised Penal Code of China" in *The China Law Review*, Vol. 7, No. 3-4, 1935, pp.137-143.

(69) Francis S. Liu, "Adultery as Crime in China" in *The China Law Review*, Vol. 7, No. 3-4, 1935, pp.144-147.

(70) Meredith P. Gilpatrick, "The Status of Law and Lawmaking Procedure under the Kuomintang 1925-46" in *The Far Eastern Quarterly*, Vol. 10, No. 1, 1950, p.53.

(71) 概説書においても、「民法施行後、有妻納妾、即属与人通姦、応受刑法第二三九条之処罰。惟在刑法施行前者、不適用之（刑法施行法第九条）。」(民法施行後は、妻を有しながら納妾をすることは人と通姦することであり、刑法第239条の処罰を受けなければならない。唯刑法施行前の者についてはこれを適用しない（刑法施行法第9条）。)と記されている。趙鳳喈編著『民法親属編』[第4版]国立編訳館、1947年、126頁。

のである。）と指摘する等、意見が相次いだが、条文の削除に賛成した者は僅か3名であったので、そのまま通過することとなった⁽⁷²⁾。当該規定により、姦通罪で以って納妾者が一律に処罰されない現状について、Jean Escarraは民法典に規定されていない妾を刑法上承認するものであることを指摘している⁽⁷³⁾。

　夫にも姦通罪が問われることになったと同時に、35年刑法では時効期間についての修正も施されている。下記に28年刑法と35年刑法の時効期間の規定をそれぞれ掲げる。

［28年刑法］
第97条
起訴権逾左列期限而不行使者、因時効而消滅。
（起訴権は左記の期限を経過したにもかかわらず行使しない者は、時効によって消滅する。）
　一、死刑無期徒刑或十年以上有期徒刑者、二十年。
　（1、死刑、無期徒刑又は10年以上の有期徒刑は20年。）
　二、一年以上十年未満有期徒刑者、十年。
　（2、1年以上10年未満の有期徒刑は10年。）
　三、一年未満有期徒刑拘役或罰金者、三年。
　（3、1年未満の有期徒刑、拘役或いは罰金は3年。）
前項期限自犯罪成立之日起算。但第七十五条之連続犯罪、自犯罪最終之日起算。
（前項の期限は犯罪が成立した日より起算する。但し、第75条の連続犯罪は、犯罪が行われた最終の日より起算する。）

［35年刑法］

---

(72)　「立法院通過　刑法施行法草案　対九条規定有所争議」（『申報』1935.3.16）。周巍峙編「立法院通過刑法施行法草案」（『婦女共鳴』4-4：1935年）。
(73)　前掲（第2章・註27）Jean Escarra, *Chinese Law: Conception and Evolution, Legislative and Judicial Institutions, Science and Teaching*, pp.316-317.

第 80 条

追訴権因左列期間内不行使而消滅。

（訴追権は左列の期間内に行使しないことにより消滅する。）

　一、死刑無期徒刑或十年以上有期徒刑者、二十年。

　（1、死刑、無期徒刑或いは 10 年以上の有期徒刑は 20 年。）

　二、三年以上十年未満有期徒刑者、十年。

　（2、3 年以上 10 年未満の有期徒刑は 10 年。

　三、一年以上三年未満有期徒刑、五年。

　（3、1 年以上 3 年未満の有期徒刑は 5 年。）

　四、一年未満有期徒刑者、三年。

　（4、1 年未満の有期徒刑は 3 年。）

　五、拘役或罰金者、一年。

　（5、拘留或いは罰金は 1 年。）

前項期限自犯罪成立之日起算。但犯罪行為有連続或継続之状態者、自行為終了之日起算。

（前項の期限は犯罪が成立した日より起算する。但し、犯罪行為が連続或いは継続している状態にある時は、行為終了の日より起算する。）

　28 年刑法の時効期間を定める条文によると姦通罪の時効は 10 年と定められていたが、35 年刑法下においては 3 年となっている。姦通罪の処罰対象に夫が含まれるようになると同時に、刑期が短縮され、また姦通罪に関する時効期間も大幅に短縮されている点は、注目に価する修正と言えよう。

　以上、中国刑法典の諸規定を整理すると、次のようになる。まず、親属の範囲であるが、草案より妾の文言は親属内には含まれていなかった。しかし、1914 年に公布された暫行刑律補充条例により妾も親属の一員として法律の効力が及ぼされることとなった。よって、親属容隠や親属相盗の条文も妾に適用されたのではないか、と考えられる。但し、28 年刑法以降は、妾を親属の範囲に含めるための明文規定は用意されておらず、法文上親属の一員として扱われなかった、と思われる。姦通罪に関しては、それを「有夫之婦」に限るのか、それとも旧律の規定に基づき「無夫之婦」にまで含めるべ

きか、ということは刑律の審議段階より議論されているが、そこでは後に問題となる男女平等の処罰の是非に関する論議は見られず、夫の納妾行為については処罰する観念は生まれていなかった。28年刑法の下では姦通罪は夫を有する婦人のみを処罰対象としており、2年以下の有期徒刑が処せられることとなり、その時効期間は10年であった。続く35年刑法においては、前述したように当時のメディア媒体において姦通罪を妻のみを処罰させるのか、夫も平等に処罰するのか、ということをめぐり立法院や各婦女団体を巻き込んで大きな議論となった様子が窺える。審議の結果、処罰の対象を「有夫之婦」としていた文言が「有配偶」へと改められ、男女双方への罰則規定となった。しかし、その刑期は1年以下の有期徒刑となり、28年刑法よりも短くなっていること、さらに35年刑法では姦通罪の時効が3年となっていることからも、立法院での議論を経た後に夫も妻と同等に処罰されることにはなったが、夫の処罰をなるべく軽いものにするようになっている点は注目される。さらに、35年刑法の公布と併せてその例外も規定され、一部の同居関係を有している男女関係には姦通罪が適用されないという曖昧な部分も残された。重婚罪については草案より一貫して処罰規定が設けられ、体裁の上では一夫一婦主義の法典となっていることが確認されるものの、婚姻関係には無い夫と妾との関係では重婚罪の成立は否定されるものであった。

第2節　判例の状況

　次に、妾が登場する判例について、特に、夫が妾を有していた場合、民法上の観点からは夫の納妾行為が妻の離婚事由として認められ得たのか、刑法上の観点からは罪として見做され得たのか、という点に着目する。
　最初に、妾との関係は婚姻とは捉えられていなかったことは明白である[74]。そもそも重婚罪の成立は、2年非字第58号［1913年］「未成立正式婚

---

[74] 端的に示しているものとして、元年上字第29号［1912年］「妾不能認為有婚姻関係。」（妾は婚姻関係にあると認めることはできない。）や2年上字第22号［1913年］「妾不得為有夫之婦。」（妾は有夫の婦とすることはできない。）等、初期の判例が挙げられる。

姻、即不能謂犯重婚罪。」（正式な婚姻が成立していないものは、即ち重婚罪を犯したと謂うことはできない。）や、2年統字第16号［1913年］「重婚罪之成立、必已挙行相当婚娶礼式為要件。」（重婚罪の成立には、必ず相当の婚礼を挙げることを要件とする。）、5年非字第22号［1916年］「重婚罪之成立以有配偶、而重為婚姻者為要件。」（重婚罪の成立は配偶者を有し、重ねて婚姻した者を要件とする。）の案件で示されている通り、正式に婚礼を挙げることや、相当する儀式を執り行うことが要件として挙げられていた[75]。3年上字第432号［1914年］「婚姻成立必経習慣上一定之儀式。其経一定儀式而成婚者、乃新刑律重婚罪成立之要件。」（婚姻の成立には必ず習慣上の一定の儀式を経なければならない。その一定の儀式を経て成婚者となり、新刑律の重婚罪の成立要件となる。）という判例からも、重婚罪の成立要件として婚礼の儀式が求められていたことが分かる。妾を娶る際には妻と異なり婚礼を挙げてはならなかったので[76]、夫と妾との関係は配偶者とならず[77]、重婚罪の要件を満たさないこととなる。裁判の場でもその立場が堅持されており、2年10月18日司法部批趙蓉呈［1913年］「査刑律重婚罪。指有妻更娶妻而言。妾非正式婚姻。与重婚罪並無関係。」（査するに刑律の重婚罪は、妻を有している者が更に妻を娶ることを指す。妾は正式な婚姻には無く、重婚罪とは関係が無い。）、6年非字第151号［1917年］「娶妾不得謂為婚姻、故有妻復納妾者不成重婚之罪。」（妾を娶ることは婚姻とは言えず、故に妻を有し妾を納めたものに重婚罪は成立しない。）として、娶妾行為は重婚罪と抵触しないことを明確にしている[78]。姦通罪との関連においても、23年院字第1136号［1934年］「家長与妾既非配偶関係、妾与他人通姦、其家長自無告訴之権。」（家長と妾は配偶の関係ではなく、妾と他人との姦通については家長には告訴権はない。）との判決

---

(75) 5年上字第857号［1916年］「重婚罪之犯罪行為不成立於訂婚之時、而成立於挙行婚礼之時。」（重婚罪の犯罪行為は婚約時には成立せず、婚礼を挙行した時に成立する。）でも見られるように、重婚罪の成立は婚礼が行われたことが要件となっており、婚約した段階では成立しなかった。

(76) 前掲（序・註29）滋賀『中国家族法の原理』554-555頁。G. Jamieson, Chinese Family and Commercial Law, Kelly and Walsh Ltd., 1921, pp.45-46.

(77) 2年統字第26号［1913年］では「配偶二字専指已成婚者而言。」（「配偶」とは既に成婚した者のことを指す。）と判示されている。

が示されている。

　では、家庭内の妾は法律上どのように認識されていたのだろうか。3年上字第1078号［1914年］では、「凡為人妾媵者与其家長雖無法律上婚姻関係、然苟事実上可認為家属之一人者。」(凡そ妾とその家長は法律上婚姻関係に無いとは雖も、事実上家属の一人として認めることができる。)として、妾を家属の構成員と見做している。同様の判決例は他にも見られ、4年上字第1691号［1915年］「妾媵為家属之一員。」(妾は家属の一員である。)、4年上字第2052号［1915年］「為人妾者現行法例上既認家属之一人、即其得有私産自田容疑。」(人の妾となる者は現行法例上既に家属の一人と認められ、即ち私産を有することには疑いは無い。)、7年上字第922号［1918年］「妾為家属之一員。応与其家属同受相当之待遇。」(妾は家属の一員なので、その家属と同じく相当する待遇を受けなければならない。)、8年上字第724号［1919年］「妾僅為家属之一員、不能為家之尊長。」(妾は家属の一員に過ぎず、家の尊長となることはできない。)等がある。

　妾との関係が成立するための要件については、5年上字第1534号［1916年］では、「妾之身分。凡以永続同居為其家属一員之意思。与其家長発生夫婦類同之関係者。均可成立。法律上並未限制其須備何種方式。」(妾の身分は、凡そ永続してその家属の一員として同居する意思を為し、その家長と夫婦と同類の関係が発生する者に均しく成立する。法律上必ず形式を設ける制限は無い。)と見ている[79]。また、7年上字第186号［1918年］でも、「妾与家長間

---

[78]　但し、20年院字第609号［1931年］の「娶妾若用正式結婚儀式。亦構成重婚。」(妾を娶るのにもし正式な結婚の儀式をした場合は、重婚を構成する。)や、また21年院字第668号［1932年］での「已有配偶而又与人挙行相当之結婚儀式。無論後娶者実際上是否為妾之待遇。均応成立重婚罪。」(既に配偶者を有している者が他者と結婚の儀式に相当するものを挙行した場合、後に娶った者が実質的に妾の待遇にあるか否かということは問わず、均しく重婚罪が成立する。)の判決のように、婚姻と同様な儀式により妾を娶った際には重婚罪に問われることが示唆されていた。

[79]　大理院民事第三審判決上字第1205号でも「本院按妾之身分、凡以永続同居為家属一員之意思与其家長発生夫婦類同之関係者均可成立、法律上並未限定其須備何種方式。」(本院では、妾の身分は凡そ永続して家属の一員として同居する意思とその家長と夫婦と同様の関係が発生している者に均しく成立する。法律上必ず形式を設ける制限は無い。)との言及がなされている。『法律週刊』19、1923年、15頁。

名分之成立。応具備如何要件。在現行律並無規定明文。依拠条理正当解釈、須其家長有認該女為自己正妻以外之配偶、而列為家属之意思、而妾之方面、則須有入其家長之家為次於正妻地位之眷属之合意。始得認該女為其家長法律上之妾。若僅男女有曖昧同居之関係、自難認其家長与妾之名分。」（妾と家長との間に名分が成立するためには、如何なる要件を具備しなければならないのか。現行の律では明文の規定は無い。条理の正当解釈に依り、その家長が当該女を自己の正妻以外の配偶者として家属とする意思を為し、妾の方にもその家長の家に入り、正妻の地位の下の眷属になるとの合意があることで、初めて当該女はその家長の法律上の妾として認められ得る。もし、単に男女の曖昧な同居関係があるのみでは、家長と妾の名分を認め難い。）と、その判断基準を示す。6年上字第86号［1917年］の「家長与妾之関係。在法律上既可認為一種契約発生之効力。則但有両方合意。」（家長と妾の関係は、法律上一種の契約によりその効力が発生すると認められる。但し、双方の合意を有する。）との判決も出されており、家長と妾との間での合意を要していたことが分かる。

　このように、娶妾行為は正式な婚姻関係を構築することとは見做されず、妾はあくまでも家属の一員に過ぎないものとされていた。8年上字第106号［1919年］「現行法令採用一夫一婦之制、如家長与妾之関係自不能与夫婦関係同論、蓋納妾之契約実為無名契約之一種、其目的専在発生妾之身分関係与正式之婚約其性質顕不相同。」と、現行法令は一夫一婦制を採用していること、そして納妾契約は無名契約の一種であり、妾の身分関係の発生と正式の婚約とはその性質が明らかに異なっていることから、妾との関係は夫婦関係とは異なるものとして捉えている[80]。夫婦関係とは見做されない以上、5年上字第840号［1916年］の判決のように、「家長与妾之関係、与夫婦関係不同。此種関係雖亦発生於一種契約、而其性質及効力既与婚姻有別。則関於此種契約之解除、自不能適用離婚之規定。」（家長と妾の関係は夫婦関係と異なっ

---

[80]　6年上字第852号［1917年］「妾応受正妻之監督。」（妾は正妻の監督を受けなければならない。）や、17年解字第109号［1928年］「妾雖不能与妻享受法律上同等権利、但在限定範囲以内、仍応認其得以享受。」（妾は妻が享受する法律上の同等の権利を与えられないと雖も、但し限られた範囲内でその享受が認められなければならない。）との解釈があるように、妾には妻と同等の権利が与えられておらず、妻の立場にあるものとは見られていなかったことが示されている。

ている。この種の関係は一種の契約が発生するとは雖も、その性質及び効力は婚姻とは別である。すなわち、この種の関係の解除には離婚の規定を適用させることができない。)、つまり妾との関係においては夫婦間の離婚規定を適用することはできないこととなる。9年統字第1298号［1920年］「家長与妾之関係、不適用夫婦離異之規定。」（家長と妾の関係には夫婦の離婚の規定を適用できない。）や、17年解字第176号［1928年］「妾与家長之関係、発生於一種契約、離婚規定、妾不適用。」（妾と家長の関係は一種の契約関係で発生し、離婚の規定は妾には適用できない。）でも、その姿勢が打ち出されている。

他に妾の存在を肯定する判決として、19年上字第2198号［1930年］では、「妾之制度、既沿於旧有習慣、在家長置妾之時、即認為家属之一員、願負扶養之義務、則嗣後苟非有相当之事由、而僅憑家長一方之意、請求脱離関係、自不応率予准許。」（妾の制度は既に古くからの習慣により、家長が妾を置く時には家属の一員と認められ、扶養の義務を願えば、その後相当の事由を有していなければ家長の一方的な意思によりこの関係の離脱を請求することは許されない。）がある。20年上字第688号［1931年］では、民法第1123条に基づき、「以永久共同生活為目的、而同居一家之人、均為家属。」（永久に共同生活をする目的で一家に同居する人は、均しく家属とする。）との判決が示され、21年院字第735号［1932年］でも「妾雖為現民法所不規定、惟妾与家長既以永久共同生活為目的同居一家、依民法第一千一百二十三条第三項之規定、応視為家属。」（妾は現在の民法では規定されていないと雖も、妾と家長が永久に共同生活を為す目的で家に同居する時は、民法第1123条第3項の規定に依り、家属と見做されなければならない。）とされた。

しかし、1920年代後半から30年代にかけての判例では異なる見解が事案の中から次第に表れ始める。18年院字第7号［1929年］では、「妾之制度雖為習慣所有、但与男女平等原則不符。」（妾の制度は習慣であるものの、男女平等の原則とは符合しない。）と示されている。20年院字第585号［1931年］の事例では、妾が遺産承継人としての地位を取得できるか否かということが争われたが、「妾之身分依照現行法令只認為家属之一員、国頒佈之法親属編並無関於妾之規定設。」（妾の身分は現行の法令に照らして単に家属の一員として認められるが、国が公布した親属編には妾に関する規定が設けられていない。）

として「立法旨趣本不認妾之制度存在応無承継権。」（立法趣旨からは妾制度は認められず、承継権も無い。）との意見が一見解として提示されている。20年院字第647号［1931年］では、「民法一千零五十二条重婚者為請求離婚原因之一、然娶妾者是否重婚」（民法第1052条で重婚者は離婚を請求する原因の一つとなるが、娶妾者は重婚となるか否か。）との意見が出された際には、（甲）「娶妾非婚姻、前大理院有判例自不能謂為重婚」（娶妾は婚姻ではなく、前大理院の判例では重婚としていない。）と、従来通り娶妾は重婚に該当しないと否定する見方もあったものの、（乙）「前大理院判例係因新刑律補充条例第十二条承認妾制、現該条例已経総理廃止、而新民法並不承認妾制、娶妾実違反一夫一婦制度之原則、其害甚於与人通姦、民法所以規定重婚為離婚原因之一原為確保夫妻関係、如娶妾不為重婚、則妻不得請求離婚、実於妻大有妨害、而妻与人通姦或重婚夫得請求離婚殊欠公平、似有違党綱及約法所定男女平等之法文。」（前大理院判例では新刑律補充条例第12条により妾制が承認されていたが、現在当該条例は既に廃止されている。新民法では妾制は承認されておらず、娶妾は実に一夫一婦制度の原則に違反するものである。それは人と姦通する甚だしい害である。民法で重婚を離婚原因の一つとして規定するのは夫婦関係を確保するためである。もしも娶妾を重婚としないならば、即ち妻は離婚を請求できず、これは実に妻にとって大きな妨げとなる。妻が人と姦通或いは重婚をしたならば夫は離婚を請求し得るのでは殊に公平性に欠け、党綱及び約法で定める男女平等の法文と違背する。）との見解も示された。

　21年院字第770号［1932年］では、より踏み込んだ判断が下されている。当該判決では、「民法親属編無妾之規定、至民法親属編施行後、自不得更以納妾為締結契約之目的、如有類此行為、即属与人通姦、其妻自得依民法第一千零五十二条第二款請求離婚。如妻不為離婚之請求、僅請別居、自可認為民法第一千零一条但書所称之正当理由。惟在民法親属編施行前業経成立之納妾契約、或在該編施行後得妻之明認或黙認而為納妾之行為、其妻即不得拠為離婚之請求。」（民法親属編には妾の規定が無く、民法親属編施行後は納妾を締結する契約をしてはならず、仮にこれに類する行為があれば即ち人と姦通することとなり、その妻は民法第1052条第2款により離婚を請求することができる。もし妻が離婚を請求せず、僅かに別居を請うのであれば、民法第1001条但書で言う

ところの正当な理由となる[81]。但し、民法親属編施行前に既に成立した納妾契約、或いは当該編の施行後に妻の明認或いは黙認の得られた納妾行為については、妻は離婚を請求することはできない。）とし、夫が妾を娶ることを姦通行為と見做し、妻側からの離婚提起事由として認めた[82]。22年再字第5号［1933年］もまた「民法親属編施行後、夫納妾而与之同居者、即属与人通姦。其妻自得依民法第一千零五十二条第二款請求離婚。」（民法親属編施行後、夫が妾を納め之と同居する者は、即ち人と姦通することとなる。その妻は民法第1052条第2款に依り離婚を請求し得る。）と、妾を娶ることを姦通と見做し、妻は夫の娶妾行為を理由に離婚を請求し得ることを認めた。

　夫が妾を有する行為は妻側からの離婚事由と認められるようになったが、依然として妻側の制約はある。26年上字第794号［1937年］では、「夫之与妾通姦、実為納妾必然之結果。故妻対於夫之納娶已於事前同意者、依民法第一千零五十三条之規定、即不得以夫有与妾通姦之情事、請求離婚。」（夫と妾の姦通は、実に納妾の必然の結果である。故に妻が夫の納妾につき事前に同意した者は、民法第1053条の規定に依り、夫が妾と姦通している事情により離婚を請求することはできない。）との判断が下されている。その後、32年上字第5726号［1943年］では、「夫納妾後実行連続与妾通姦者妻之離婚請求権即陸続発生。民法第一千零五十三条所定六個月之期間、応自妻知悉該夫与妾最後之通姦情事時起算。同条末段所定之二年期間、亦応従最後之通姦情事発生時起算。」（夫が納妾後に妾との姦通を連続して行った際には、妻の離婚請求権は6ヵ月続いて発生する。民法第1053条で定める6ヵ月とは、妻が当該夫と妾との最後の姦通の事情を知った時より起算しなければならない。同条末段で定める2年間についても、最後の姦通の事情が発生したときより起算しなければならない。）との判断が下され、妾を有している夫に対する妻の離婚請求権についての起

---

(81)　民法第1001条は、「夫婦互負同居之義務。但有不能同居之正当理由者、不在此限。」（夫婦は互いに同居の義務を負う。但し、同居できない正当な理由がある者は、この限りではない。）と規定されていた。

(82)　当該判例により、納妾行為が離婚原因として認められるように判例変更がなされたものの、親属編施行前の納妾につき姦通行為とならない点は遺憾である、と評する立場もあった。曹傑『中国民法親属編論』（法学叢書之一）［第3版］、上海法学編訳社、1939年、285‒286頁。

算期間の要件が従前よりも緩和されている。

　このように中国の裁判における妾の事例を整理すると、特に妻側からの離婚請求権という点から考察すると妾制に対する変遷が見られることとなった。初期の頃の判例では、夫と妾との関係は婚姻関係でない以上は重婚罪を構成するものではなく、夫と妾の双方に合意があれば、妾は単なる家属の一員となっている。しかも妾は妻と同等の地位を得ていなかったため一夫一婦制とも抵触せず、夫の納妾行為は許容されていた。さらに30年民法の第1123条第3項の規定を根拠として、妾が同居する場合には引き続き家属の構成員として見られていた。このように、妾は法文上その地位が明文で規定されていなかったにもかかわらず、未だにその存在は裁判上否定されることは無かった[83]。一方、妻側からの離婚事由は徐々に拡大して許容される傾向にあった。夫が妾と関係を有することを姦通行為と見做し、姦通を事由とする離婚事由に該当する旨の意見が次第に出されるようになり、最終的には夫の納妾行為を離婚の訴えを請求する上で制限があるとしながらも離婚事由と認め、より柔軟に妻の離婚請求権を認めるようになっている。但し、24年上字第1229号［1935年］の「刑法第二百五十四条所謂重婚及相婚、均指正式婚姻而言、如未正式結婚、縦令事実上有同居関係、仍難成立該罪。」(刑法第254条で言う所謂重婚及び相婚は、均しく正式な婚姻を指すのであって、もし正式に結婚していなければ仮令事実上同居の関係があったとしても当該罪が成立することは難しい。) という判断が下されていることから窺われるように、妾と関係を有している夫に対して妻側からの離婚請求は徐々に柔軟に認められるようになったものの、夫の納妾行為を刑罰で処罰する程のものとは基本的に想定されていなかったことが窺える。

---

[83] 妾は法文上明記されず、妾との関係は法律上正式な婚姻関係とは見做されなかったが、妾の存在やその地位は裁判例を通じて容認されている状態にあった点につき、当時の概説書でも指摘されている。衡平法学社編訳『親属法問答』(現代法学問答叢書) 中央書店、1931年、106－109頁。陳一清編輯『婚姻解決法』会文堂新記書局、1932年、267－282頁。

第3節　メディアの状況

次に、近代期中国における妾についての社会的動向を当時のメディアの記録から探ってゆく。

(1) 妾の実態と改革意見

新聞の報道によると、1920年代までは一般の家庭において妾がいたことが示される。例えば、北京で失踪した妾を尋ねる告知の「尋妾広告」(『申報』1920.1.23) や、南京の家庭で夫が妾を納めるにあたり、妻がそれを了承するための条件が示した「納妾也有条件」(『申報』1920.5.23) の記事等で見られる。特に後者では、夫が妾を納める際に妻が①儀式の際に妾を着飾らず、妻と妾の区別を示すこと、②妾が自分を「太太」(奥さま) と称させること、③夫は毎月の給料を妻に管理させ、妾の手には渡さないこと、④妾の小遣い銭は毎月10元より多くは支給し得ないこと、⑤衣服や装飾品を購入する際には、同意を得なければならないこと、と基本的には家庭内で妻が優位に立つような5つの条件を示した旨が報道されており、当時の妾の置かれていた環境を見る上では興味深い[84]。実際に、大都市では3割から4割ほど婢妾 (女中及び妾) がいたとする記事もある (羅敦偉「婢妾的実際解放―家庭改革実際問題之一―」『家庭研究』1-2：1921年)[85]。また、新聞や雑誌では大理院判決から、妾の法的位置付けを考察しているものもある (張侃「現行民事法例上之妾」(『申報』1922.7.15)、費次青「伯叔父母与妾在法律上之地位」

---

[84] 因みに妻の条件に対する夫の回答は、①承認が難しい、②妾は芸妓ではなく、再議を要する、③自由を束縛するもので修正すべきである、④承認、⑤承認、とのことであった。
　こうした妻が妾よりも優位な立場に置かれていたことは、当時の中国社会の様子を書き記した著作の中、例えばDaniel Harrison Kulp II, *Country Life in South China : The Sociology of Familism*, New York: Bureau of Publications Teachers College Columbia University, 1925, pp.151-152. でも記されている。当該著作の邦訳として、D・H・カルプ著、喜多野清一・及川宏訳『南支那の村落生活―家族主義の社会学』生活社、1940年がある。

(『申報』1922.7.25)、剣芙「妾在法律上之地位」(『申報』1923.7.10)、関瑞梧「妾制研究」(『社会学界』6：1932年))。

　妾に関する意見としては、蓄妾の廃止を説く見解が多く見られた。杜亜泉の「論蓄妾」(『東方雑誌』8-4：1911年)では、蓄妾により家庭内で弊害が生まれることを理由に挙げ、さらに一夫一婦制に基づく男女の分配が均しくなければ、必ずや社会の平和を破壊することにつながるため、蓄妾を取り除くべきことを訴える。蓄妾の弊害という観点からは、「論蓄妾之弊」(『順天時報』1915.11.18)では、蓄妾は家庭教育・社会風紀・国民生活の面で有害である旨の論説が掲載され、皕誨「一夫一婦主義之提倡」(『進歩』11-1：1916年)でも、一夫一婦制は家庭の円満につながること、円満でない家庭では妻は妾がいることで恐怖を感じ、鬱積し神経病を患う弊害があることを指摘する。

　こうした妾を一定の制限の下で承認すべきとの意見もあった。王超然「妾的問題」(『婦女雑誌』14-3：1928年)では、男女平等の原則の観点から納妾行為を否定しながらも、特殊な事例では制限を設けた上で納妾を認めるべきことを説く。具体的には、政府若しくは政府の経費による民間組織による機関を設立、仮に納妾を希望する際には、当該機関に赴き署名捺印で以って同意していることを示し、対する機関はその特殊な関係の必要性と可能性を詳細に調査した上で、個々人は上下関係にはないことを定め、もし認可を経ずに自ら妾を納めた者については厳しく取り締まる、という手続きを提言する。

　しかし、妾制の齎す害悪を強調した上でその廃止を訴えかける論稿が多く寄稿された。1922年には『廃妾号』が発刊され、妾の要因やその弊害、廃妾のための方法を検討する諸論稿が掲載されている[86]。章錫琛の「廃妾論的

---

[85] 李景漢が1930年に河北省定県を対象に行った調査結果によると、30,642人（5,255家）の内、家長の妾が20人、子の妾が1人、甥の妾が1人であった。李景漢「農村家庭人口統計的分析」『社会科学』2-1、1936年、82-83頁。
　尚、李景漢の手による定県での調査結果は、李景漢編著『定県社会概況調査』中華平民教育促進会、1933年において明らかにされている。

[86] 『廃妾号』は、張研、孫燕京主編『民国史料叢刊　786　社会・社会成員』大象出版社、2009年、477頁以下に再録されている。

浅薄」『晨報六週紀念増刊』（1924年）では、蓄妾制度は家庭の平和を破壊するのみならず、女子の人格を蔑視し、男女平等という観点からも打破されなければならないことを述べる。麥恵庭の『中国家庭改造問題』（商務印書館、1934年）[87]でも、納妾による弊害を女権の問題や夫妻と妾との関係、さらには経済上の側面から説明する。新聞記事でも妾によって齎される害悪を報道している点が注目される。傲菊「納妾的習慣応当永遠革除」（『申報』1922.12.10・17）では、「納妾是中国人的悪習慣。也是野蛮時代的遺風。」（納妾は中国人の悪習慣で、野蛮な時代の名残である。）とした上で、納妾の弊害を挙げる。弊害の例として、「破壊家庭的和気。」（家庭の平和を破壊する。）、つまり家庭内の平和が妾の存在によって破壊される危険性を説明する。また「困難現時的経済。」（現在の経済では困難である。）として、妾の出身が大半は放蕩で贅沢を尽くす妓女であることから、大富豪であれば大きな影響を受けるには至らないが、やや裕福な家庭ではその家の経済は困難となる旨を指摘する。さらに、妾を1人納めたとしても、仮に子どもを2人儲けた場合は金銭が嵩むとして「増重将来的担負。」（将来への負担が増加すること。）、妾を娶った場合にはこれを寵愛することとなるが、妾を伴って外出する機会を増やし、遊ぶこととなり、貴重な時間を無駄に費やすことで事業が失敗することにもつながり「堕落自身的声誉。」（自身の声誉を貶めること。）の害があり、妾は既に大半が妓女の出身であるため、妾を納めることで家の名声を汚辱するとして「汚辱清白的家声。」（家の名声を汚辱すること。）の5つの弊害を根拠に、納妾を改めなければならないことを訴える。その直接的な手法として「法律上規定明文。」、例えば婦女を妾とする行為については相当の懲罰を与えるための法文上の明文規定を置くこと、及び「厳禁妓寮。」として妾の発生要因となっているものを廃止とするために父母が女児を妾とした場合については法律上の制裁を受けさせるように娼寮を禁止すること、間接的な方法には「発揚新教育。」として、男性には納妾が不正なことであり、女子には妾は恥であることを明確に認識させるように新しい教育を提唱すること、及

---

[87] 同著作は、麥恵庭『中国家庭改造問題』（民国叢書　第2編）上海書店、1990年として再録されている。

び「提唱女子職業。」として普通に女子が自活できるようにさせるように女子の職業を提唱すること、を列挙する。他にも妻と妾がいる家庭ではお互いが夫の寵愛を得ようと争い、結果的に夫に禍がふりかかる様子を挿絵と共に解説するものもある(「妻妾争寵　丈夫罹禍」(『申報』1927.8.9))。挿絵では妻と妾がそれぞれ一人ずついる家庭で、夫の関心を引くためにお互い夕食の場で料理を作って配膳している中、妾が誤って火酒の瓶を倒したことにより、夫の衣服に火が引火した様子が載せられている。

　廃妾を達成するための具体的な運動も積極的に行われていた。天笑「廃止婢妾大運動」(『星期』41：1922年)では、全国の女子団体が婢妾廃止の連合会を組織し、妾を廃止するための大綱が定められ、「今後中華民国的人民。永不得有妾之名称。」(今後中国の人民は、妾の名称を有してはならないこと。)、「自民国某年始。無論何人。永不得娶妾。」(民国某年より、何人を問わず妾を娶ってはならないこと。)等の項目が決せられ、北京、天津、漢口、上海、香港の各都市に婢妾を廃止するためのデモ行進が広まりつつあることが記されている。また、黄罕珉「全国廃禁婢妾協会」(『星期』46：1922年)は、全国廃禁婢妾協会の中央本部に設置されていた「陳列所」・「教養院」・「女傭介紹所」の機関を説明し、その働きかけを伝えている。例えば「教養院」では、婢妾を救護し、女子に自立するための知識を身に付けさせる施設として、いくつかの科が設置され、工芸科では、刺繍、裁縫、造花、紡織等を、普通科では、家政学、家庭簿記、家庭医薬学、看護学、児童教育管理法等を、銀行簿記科では銀行学、簿記学等を、商業科では商業の知識や簿記、速記等を、美術科では絵画、彫刻、撮影等を学び、電報電話班は電報局や電話局に務めるための訓練を受けることとなっていた。新たに入学することが難しいような婢妾妓はまず3ヵ月間予備班で学ぶことになり、宿舎、食堂、浴室、図書館、娯楽室、体育館、プール等の設備を用意していた。また協会の方針として、現在の婢妾を廃除し、再び蓄婢納妾が起きないよう方策を講じること、そのために官庁と協力し、全国の蓄納婢妾の実数及び婢妾の姓氏・年齢・出生地・妾となった年月日等を調査の上、公表することを訴える。こうした妾の実態を調査しながら、妾廃止の手法が模索されていたことについては、他にも浙江省婦女協会が第三次全省代表大会開催に合わせて「凡納妾蓄婢者不

得為本党予備党員」の一案を提出し、予備党員となることを希望する者に対しては厳密に家庭状況を調べ、納妾を有している者は一律に拒絶することや、予備党員となった者が後に納妾の事情があったことが発覚した時にはその党員資格を取消すこと、等が提議されていることも示される（「納妾蓄婢者不得為予備党員」『婦女共鳴』民国 19-29：1930 年、「納妾蓄婢者不得准其入党」『中央週報』128：1930 年）。

　こうした妾制の弊害は各誌や新聞で報道されているが、家庭に妾がいることについては、どのように意識されていたのだろうか。陳鶴琴「学生婚姻問題之研究（続）」（『東方雑誌』18-5：1921 年）に掲載されている学生を対象とした意識調査内で、妾の問題が問われている。「仮使你結婚多年、你的妻子還没有生育、你心裏覚得怎様？你那時想不想娶妾？」（あなたが結婚して数年たっても、妻が子どもを出産しない時に、あなたはどう思いますか。その時は妾を娶りたいと考えますか。）という質問に対し、回答者 148 名の内で妾を娶らないと回答したのが 121 名（81.76％）、妾を娶ると回答したのが 17 名（11.49％）、未定が 10 名（6.75％）であった。さらに、1928 年に発表された潘光旦『中国之家庭問題』では、家庭問題に関するアンケート調査（317 名：男子 273、女子 44）が示されているが、そこでも娶妾問題が問われている[88]。「男子厲行一夫一妻制、無論如何、不宜置妾。」（男子は一夫一婦制を励行し、如何なる場合でも妾を置くべきではない。）に対して、賛成は 253 名（男子 217、女子 36：計 79.8 ％）、反対が 64 名（男子 56、女子 8：計 20.2 ％）であった。「艱於子息時、不妨置妾。」（子どもができない場合に、妾を置くことを妨げない。）との問いには、賛成者 94 名（男子 81、女子 13：計 29.6 ％）、反対者 223 名（男子 192、女子 31：計 70.4 ％）という結果であった。また、Olga Lang が引用している 1925 年の『時事新報』紙の調査結果によると、317 名の回答者の内、婦人の 84％、男子の 79％が蓄妾制の反対意見にあったことが示されており[89]、こうした意識調査の結果からも妾を娶らないようにすべきとの立場を表明する人の割合が高かったと言える。

(2)　妾の諸問題に関する法的考察

　法律に基づき蓄妾の弊害を取り除く方法に言及する論稿は各メディアに寄

せられている。儀聖「論今日娶妾者之心理及所以禁之之道」(『婦女雑誌』5-7：1919年)では、妾を根治する手法として「振興女子教育」、つまり妾の要因には知識のない女性が独立して生計を立てることができないことがあるために女子教育を振興させること、「改良倫理」として納妾が悪徳であることを知らしめるために倫理を改良すること、「提唱女子人格之説」として男尊女卑の考えは平等主義に反するので女子の人格を提唱すること、を掲げ、

---

(88) 潘光旦『中国之家庭問題』新月書店、1928年。
　　アンケートの参加者の内訳は、年齢層が14歳から57歳までとなっている。出身や職業、教育水準、婚姻状況については次の通りである。
・籍貫（出身）
江蘇：147、浙江：97、広東：21、安徽：13、福建：11、四川：6、湖北：4、湖南：4、江西：3、貫州：3、河南：2、直隷：2、雲南：1、奉天：1、山西：1、未詳：1
・職業
（男子）
学界（学生や教育者）：141、商工界（会計や銀行）：68、交通界（郵便や鉄道）：20、政界：9、医薬界：9、工業界（土木）：8、新聞界：7、農業：2、宗教事業：2、軍人：1、律師（弁護士）：1、他
（女子）
学生：17、教育業務者：12、著作家：1、公司職員：1、書記：1、タイピスト：1、木炭書家：1、他
・教育水準
大学程度：116、中学程度：158、小学程度：24、その他（私塾等）：10、未壇者：9
この内の女子の教育水準の内訳は、大学程度：10、中学程度：27、小学程度：2、自宅学習：4、未詳者：1、となっていた。
・婚姻状況
未婚（男子：151、女子：25）…176
既婚（男子：101、女子：16）…118
鰥寡（鰥：4、寡：1）……………5
離異（男子）………………………4
自由恋愛（男子）…………………1
独身主義（女子）…………………1
未詳…………………………………12
　　尚、同著作は潘光旦『中国之家庭問題』（民国叢書　第2編）上海書店、1990年として再録されている。
(89) Olga Lang, *Chinese Family and Society*, Archon Books, 1968 (reprint), originally published New Haven: Yale University, 1946, p.219.
　　同書の日本語訳本として、O.ラング著、小川修訳『中国の家族と社会』（岩波現代叢書）岩波書店、1953・1954年がある。

さらに一時的な解決方法として「厳定重婚罪」、即ち刑律では重婚罪を規定しており、配偶者がある者が重ねて婚姻をした場合には妻か妾を問うことなく、重罰に処するようにすること、「設不納妾会」として不納妾を提唱する集会結社を設置すること、慈善団体等により納妾の害についての演説壇を設け新聞雑誌を刊行すること、を訴える論稿も見られた。より具体的な意見を説いたものの例としては、符致逵「蓄妾問題」(『婦女周刊』民国14-19：1925年）では、妾により「家庭的不和」、つまり父子や兄弟、妻妾間での不和の一因となること、「負担的加重」として夫が家庭内の一切の経費を負担し、妾や妾の子まで面倒を見ると過重な負担となること、「浪費的養成」として蓄妾は浪費の要因の一つになること、「進取的障碍」として家庭の不和や過重な負担や浪費の養成につながり、人々の志気を消失させ、進取の妨げとなること、「人類的不平等」として男女平等の必要性や、「子女的不健全」として妾のいる生活は子女の父母の精神面の影響力が出ることとなり、子女に不健全な生活を強いらせ、国の勢力にも関わる問題であること、といった家庭内での弊害が齎される点を示した上で、弊害を取り除く一つの手法として、「法律上須按女子的年齢、而規定一定的聘金：而対於娶妾的娶金、又須特別加重。」（法律上女子の年齢により一定の結納金の支払いを規定すること。：妾を娶る場合は結納金の金額を高くすること。）とし、具体的には18歳の女子を妻とする場合の結納金は200元、妾とする場合は200元以上とすることを提言する。

　符論稿に対して、林独清の「我読符致逵君的『蓄妾問題』後的意見」(『婦女周刊』民国14-20・21：1925年）は、妾の弊害を除去するためには結納金の価格設定ではなく、より実行力のある法改正を行うべきことを主張する。まず、憲法では「女子参政権須男子一律平等」として参政権を男女平等にすることで女子が発展する可能性を広げ、女子の職業範囲を拡大することや、「女子職業地位須加特別保障」として妊娠期間のように労働できない期間に特別な保障を与え、女子が自活できるようにすること、民法では「夫権之廃除」として民律草案で妻の行為や能力が制限されている規定を廃除し男女平等に改めること、及び「婚姻制度之改良」として結婚や離婚、継承制度を改良し男女平等とすること、刑法では「和姦罪男女不平等之修改」として姦通

罪の規定を修正すること、さらに「刑律補充条例第十二条之廃止」として妾の身分を保障している暫行刑律補充条例第12条を削除して納妾者を重婚罪として処罰すること、「違警罰法第四十三条之修改」として娼妓から妾となる事例を避けるために、「暗娼」のみを罰している違警罰法第43条を「明娼」をも罰するように文言を修正することを指摘する(90)。さらに、民法上の離婚事由規定及び刑法の姦通罪の改正を訴えており、具体的な案としては離婚事由として「彼造与人通姦者」へと修正することで、妻にも均しく離婚の訴えを提起できるようにすること、姦通罪の規定に「有婦之夫」の文言を加えることで夫にも姦通罪の成立を認めること、を提起し、夫婦平等の法規とすべきことを説く。

その後も、妾を廃止するための改革として法文で廃妾を明文化させること、民法上の夫婦間の離婚事由や重婚と納妾との関係について、刑法上の側面からは納妾行為を重婚罪として問い得るものとするか、等多くの論説が各誌に掲載されている。

---

(90) 違警罰法は民国17年（1928年）7月21日に公布、即日施行された。当該条文及びその邦訳は以下の通りである。

第43条
有左列各款行為之一者処十五日以下之拘留或十五円以下之罰金。
　一　游蕩無頼行跡不検者
　二　僧道悪化及江湖流丐強索銭物者
　三　暗娼売奸或代為媒合及容留止宿者
　四　召暗娼止宿者
　五　唱演淫詞淫戯者

第43条
左記各項ノ行為ノ一アルモノハ十五日以下ノ拘留或ハ十五元以下ノ罰金ニ処ス
　一、遊蕩無頼行跡定マラザルコト
　二、僧侶道士修行者及浮浪者乞食ニシテ金銭物品ヲ強請スルコト
　三、私娼売淫シ或ハ代ツテ媒合シ止宿ヲ許スコト
　四、私娼ヲ呼ビテ止宿セシムルコト
　五、淫猥ナル歌曲劇踊ヲ唱演スルコト

邦訳は、外務省条約局第二課『中華民国刑事訴訟法・違警罰法』（支那国治外法権撤廃問題調査資料第7輯）1929年に基づく。

まず、妾制を直接的に廃止するための法規定を置くべきことを論述するものとしては、楊禧「読王世杰君中国妾制与法律書後」(『語絲』106：1926 年) がある。同稿は、妾制の廃除にあたり倫理観念の改造と併せて直接或いは間接的に納妾の風紀を助長する律条を廃止すべきことを説いた王世杰「中国妾制与法律」(『現代評論』4－91：1926 年) の廃妾意見を受けた論稿であるが、楊は妾を廃止するための規定として「民国某年某月某日（譬如説民国十六年一月一日）以後所娶之妾、不適用暫行刑律補充条例第十二条之規定。」(民国某年某月某日（例えば民国 16 年 (1927 年) 1 月 1 日）以後に娶った妾は、暫行刑律補充条例第 12 条の規定を適用しない。) 或いは、補充条例第 12 条第 3 項として「本条規定、於民国某年某月某日以後所娶之妾、不適用。」(本条の規定は民国某年某月某日以後に娶った妾は適用しない。) の条文を設けることを提議する。

　社英「起草民法応注意之点」(『婦女共鳴』民国 18－1：1929 年) でも男子が妾を娶ることを明白に禁止する規定の必要性が指摘されていたが、より強制的に妾を廃止すべきことを提言していたのは金石音である。金は「二十年婦運之一大工作—廃妾」(『婦女共鳴』民国 20－41：1931 年) において、廃妾の単行法令を迅速に頒布し全国で断行すること、さらに民法や刑法を修正し、また納妾を厳重に処分できるようにすることを示している。この内、単行法令については「論現行法上之妾制」(『婦女共鳴』5－2：1936 年) にて、未だに妾を認容するようになっている現行法上での諸問題を挙げた上で、次のような廃妾法草案を起草し、明文で以って妾を廃止すべきことを訴える。

第 1 条
本法所称妾者、指違反一夫一妻制原則之類似婚姻関係之男女結合也。
（本法で妾とは、一夫一婦制の原則に違反し、之に類似する婚姻関係の男女の結合を指す。）
本法所称娶妾者、指男子於妻外復与其他女子為類似婚姻之結合也。
（本法で娶妾者とは、男子が妻の他に更にその他の女子と婚姻に類似する結合をすることを指す。）
第 2 条

凡廃妾後、有妾或娶妾之人、処三年以上七年以下有期徒刑。
（凡そ廃妾の後に、妾を有し、或いは妾を娶った者は、3年以上7年以下の有期徒刑に処する。）
本条之未遂罪、罰之。
（本条の未遂罪はこれを罰する。）
第3条
凡廃妾後与人為妾者、処五年以下有期徒刑。
（凡そ廃妾の後に人の妾となる者は、5年以下の有期徒刑に処する。）
第4条
凡逼令子女娶妾或与人為妾者、処二年以上五年以下有期徒刑。
（凡そ子女に妾を娶らせる、或いは妾となるよう強制した者は、2年以上5年以下の有期徒刑に処する。）
第5条
凡為妾之媒介或代付身價者、処六月以上三年以下有期徒刑。
（凡そ妾を媒介し、或いは代理で身体金を渡した者は、6ヵ月以上3年以下の有期徒刑に処する。）
第6条
意図破壊他人婚姻、而教唆或幇助男女与人為類似婚姻之結合者、処六月以上五年以下有期徒刑。
（他人の婚姻を意図的に破壊し、教唆或いは幇助により男女と人とを婚姻に類似する結合をした者は、6ヵ月以上5年以下の有期徒刑に処する。）
第7条
意図営利、為人作妾之媒介、或以房屋供人為娶妾之用者、処六月以上三年以下有期徒刑。
（営利を意図し、人の妾となるよう媒介し、或いは人に娶妾のための家屋を供した者は、6ヵ月以上3年以下の有期徒刑に処する。）
以犯前項之罪為事業者、処三年以上七年以下有期徒刑。
（前項の罪を犯した事業者は、3年以上7年以下の有期徒刑に処する。）
第8条
因人娶妾或与人為妾而前往道賀或餽贈礼物者、処六月以下有期徒刑。

（妾を娶る、或いは人の妾となるにあたり赴いてお祝いを述べる、或いは贈り物をした者は、6ヵ月以下の有期徒刑に処する。）

第 9 条

公務員犯第二条至第八条之罪者、加倍処刑。

（公務員で第2条乃至第8条の罪を犯した者は、刑罰を倍加える。）

第 10 条

公務員庇護他人犯第二条至第七条之罪者、処二年以上五年以下有期徒刑。

（公務員で第2条乃至第7条の罪を犯した者を庇った者は、2年以上5年以下の有期徒刑に処する。）

第 11 条

犯本法之罪者、得依刑法第三十六条及第三十条之規定、褫奪公権。

（本法の罪を犯した者は、刑法第36条及び第30条の規定に依り、公権が剥奪される。）

第 12 条

除本法之規定外、刑法及其他特別法之不相抵触者、仍適用之。

（本法の規定を除く外、刑法及びその他の特別法に抵触しないものは、これを適用する。）

第 13 条

本法自公佈之日施行。

（本法は公布の日より施行する。）

　本草案の特徴として、妾を娶る者と人の妾となる者の刑罰を区分したこと、さらに妾を紹介する第三者をも処分できるようにしたことが挙げられている[91]。他にも、広東省議会では蓄妾が人道に反する罪悪行為であることを理由に廃妾令の議案が提出され、審議されている[92]。その後も、高続威「法律上「妾」之地位的各面観」（『大衆』創刊号：1942年）では、納妾が現行法下では制度として承認していないにもかかわらず、民法第1123条の規定により妾が認められているが、妾の制度は必要なく、家庭や社会で多くの紛糾を起こしていることに言及する。

　次に、民法上の問題についてである。民律草案の段階で離婚事由が夫婦間

(91) 金石音の草案以前にも高維濬が廃妾法草案を示している（高維濬「廃妾法草案（附説明書）」『法律評論』7-52：1930年）。その原文は以下の通りである。

第1条
本法所称妾者、指違反一夫一妻制之婚姻、另以類似婚姻之形式、由男女双方結合而言。
第2条
凡廃妾後□而仍為類似婚姻之納妾或与人為妾者、処六月以上五年以下有期徒刑。
本条之未遂罪罰之。
第3条
凡受双方之嘱託而為妾之媒介、或得其承諾而為関説、或代為過付身價者、処三年以下有期徒刑。
対子女而迫令其納妾或与人為妾者亦同。
本条之未遂罪罰之。
第4条
意図破壊他人婚姻、而教唆或幇助使男女与人為類似婚姻之結合者、処六月以上五年以下有期徒刑。
本条之未遂罪罰之。
第5条
意図営利為人作妾之媒介、或以房屋供人為納妾処所者、処三年以下有期徒刑。
本条之未遂罪罰之。
第6条
以犯前条第一項之罪為常業者、処六月以上五年以下有期徒刑。
第7条
対於他人為類似婚姻之納妾、或与人為妾行為、而前往道賀、或餽送礼物者、処六月以下有期徒刑、拘役或五百元以下罰金。
第8条
公務員犯本法第二条至第七条之罪者、加倍処刑。
第9条
公務員庇護他人犯本法第二条至第六条之罪者、処一年以上七年以下有期徒刑。
其有要求、期約、収受賄賂、或其他不正当之利益者、処無期徒刑、或十年以上有期徒刑。
第10条
公務員利用権力、強迫他人犯本法第二条及第七条之罪者、処七年以上有期徒刑。
第11条
除本法規定外、刑法及其他特別法、仍適用之。
第12条
本法自公布之日施行。

　刑期の相違は見られるものの、基本的には金石音が提示した廃妾法草案の規定と似通っている。両草案の関連性については現段階では不明である。

で区別され、夫が妾を有することが可能となっていた点は各誌で批判されている。喬峯「中国的離婚法」(『婦女雑誌』8-4：1922年)は、夫婦の離婚事由の規定を見ると妻の責は重く夫の責は軽くなっており、男子は必ずしも貞潔を守る必要がないことになっており、法律上納妾が承認されていることにつながっている旨を示す。周大年「離婚的条件」(『婦女雑誌』14-11：1928年)も、姦通行為は愛情を破壊するものであり、夫が妻の姦通を理由に離婚できるのであれば、妻も亦当然に夫の姦通を理由に離婚できるようにすべきであると論じる。30年民法で夫婦の離婚事由が平等に定められたことについて、劉朗泉「婚姻法中婦女的地位」(『婦女雑誌』17-2：1931年)では、一夫一妻の婚姻原則に照らし、男子が正妻の外に妾を蓄えることは許されず、また蓄妾の制度は夫婦間の貞操と感情を破壊するだけでなく、婦女の人格を蔑視し、婦女の地位を堕落させ、現代の潮流と合致しないものであることから、規定の平等性を評価する。彭素夫による「対於現行民法離婚制度之批評」(『社会科学月報』1-4：1937年)も、夫妻の一方が人と姦通行為を行った際には法院に対して離婚を請求できるようになったことで男女間が完全に平等となり、蓄妾制度の廃止につながることの意見を紹介する。

　法律上、夫と妾との関係は重婚を構成するものではなかったが[93]、例えば張肇鐸「重婚与納妾」(『申報』1923.1.4)のように、夫と妾との関係は異性との結合である以上、実質的にはこれを重婚として見るべきと説くものがあった。社英「婚姻中之重婚与離婚問題」(『婦女共鳴』民国19-13：1930年)でも、妻を有している夫が更に妻を娶った場合は重婚となるが、仮に妾を娶った場合は重婚とはならず、こうした男子の片面的な利益を保障する法律は現代では受け入れられるものではなく、男女の地位は平等でなければならない旨を指摘する。また、周大年の「畸形婚姻下的妾制」(『婦女雑誌』16-3：

---

(92) 尚、無記名投票の結果、廃妾令の反対多数により省議会を通過しなかったものの、蓄妾の悪印象が世に示された点は評価されている。米田祐太郎『生活習慣南支那篇』教材社、1941年、215-216頁。

(93) 聱丐「重婚之危険」(『申報』1922.1.16)、聞偉「兼祧双配仍以重婚論」(『申報』1923.8.20)、老圃「関於妾之法律」(『申報』1923.9.28)等の記事では、妾は配偶者ではないこと、刑法上の重婚罪は娶妾を包含するものではないこと、妾と正式に婚姻した場合は重婚罪に問われること、といった見解を示している。

1930年）も、大理院判例や最高法院の解釈において妾制の名残が示されていること、しかしながら立法上男女平等の原則が採られていることからも妾制を廃止する必要があり、娶妾行為を重婚として論じることを説く。宗文「蓄妾的商榷――一個値得討論的家庭問題―」(『申報』1932.11.10）においては、蓄妾を法律により是正するにあたり、「応該在法律上規定取消蓄妾制度的明文、凡此後男子一概不許娶妾、否則以重婚論。」（法律上、蓄妾制度を取り消す明文を規定し、今後の男子は全て娶妾を許さず、そうでなければ重婚を以て論ずべきである。）と主張する。陳蔭萱「男女平等与妾的問題」(『女子月刊』1-6：1933年）や、林宗芳「我国民法対於婚姻的規定」(『女子月刊』1-10：1933年）では、重婚と娶妾は実際には少しも異なる所が無く、女権を蹂躙するのみならず人道にも違背することを指摘する。

　さらに、娶妾を刑法上の問題として処罰対象に含める意見も説かれている。例えば、遺生「我国法律上妾之身分」(『申報』1923.12.1）は、重婚罪の解釈では重婚者とは有妻者が再び妻を娶ることを指すので、妾を置くことは重婚とはならないが、重婚罪の規定は夫婦が貞操を維持するための規定であるものの、妾を置く行為は男子が貞操を破壊するものであり、重婚罪が空文となっている旨を批判する。こうした重婚罪の規定が機能していない点について、時鋒「重婚罪法律果之探討」(『北平週報』84：1934年）では、重婚罪の構成要件では婚礼を行わず同居している男女は法律上正式な婚姻とは認められないために、納妾を奨励する結果となっていることを問題の一つとして挙げている。尤宗乾「論重婚罪」(『国立広西大学週刊』2-3：1940年）でも、仮令同居している事実があっても配偶者としては認められないこと、また30年民法第1053条に基づき2年間で離婚請求権が消滅するために実際のところ重婚罪の増加につながっていることを示している。こうした問題に関しては、施毓貞「修改刑法声中之一点貢献」(『婦女共鳴』1-7＝8：1932年）は、娶妾行為については明文で禁止する必要性を訴えた上で、刑法に娶妾者を重婚者と同等に論ずる規定を設ける、或いは別に専条を立てて処罰することは、女子の人格を高める上で必要となる旨を説いている。こうした納妾を刑法典での重婚罪と見做すことについては婦女団体でも求めており、女権運動同盟会が刑法に「納妾以重婚罪論」（納妾は重婚罪を以て論じる。）の条文を

加える提議をしたことが記されている（蔣曉光「中国婦女運動之史的関係」（『婦女共鳴』民国 19-30：1930 年）、銭一葦「中国二十三年来婦女運動的検討」（『女子月刊』2-8：1934 年））[94]。

　妾に関する刑法上の問題は、重婚罪の他に姦通罪についてもその修正意見が示されており、崒犖「女界亟宜注意修正刑法問題」（『婦女共鳴』1-7＝8：1932 年）では、重婚罪の解釈によると娶妾は重婚には該当しないこと、姦通罪は「有婦之夫」には対象が及ばず、完全に片務的な規定となっていることを指摘する。廃妾法草案を掲げている金石音は姦通罪の条項の修正も訴えている（「対於修改刑法的管見」（『婦女共鳴』2-4：1933 年））[95]。金は有夫の婦の場合と同様に有婦の夫についても姦通行為を犯罪として成立させることが当然の論理であるとし、そのために「有婦之夫或有夫之婦、与人通姦者、処二年以下有期徒刑、其和姦者、亦同。」或いは「有配偶而与人通姦者、処二年以下有期徒刑、其和姦者亦同。」へと条文の文言を修正するよう示す。さらに、納妾に対する直接的な処罰規定を設けるために、新たに「有妻而納妾者、処二年以上五年以下有期徒刑。納妾至二人以上者、処三年以上七年以下有期徒刑。」（妻を有し妾を納めた者は、2 年以上 5 年以下の有期徒刑に処する。妾を 2 人以上納めた者は、3 年以上 7 年以下の有期徒刑に処する。）との罪名を加えることを提議する。京市婦女界も納妾を刑法上の罪として条文に盛り込むことを検討していた様子が伝えられている（「京市婦女　請修改刑法」『申報』1933.8.15）。

　各婦女団体は 35 年刑法の姦通罪の改正をめぐり、雑誌や新聞にもその主

---

(94)　女権運動同盟会の宣言については、談社英編著『中国婦女運動通史』（民国叢書第 2 編）上海書店、1990 年（婦女共鳴社 1936 年版影印）、121 頁以下に掲載されている。同書においては、「蓄妾者以重婚罪論」と表現がやや異なっている。

(95)　「本社呈立法院并修改刑法意見書」（『婦女共鳴』2-7：1933 年）にも同様の文章が掲載されている。但し、納妾罪を附加するのに際し、「有妻而納妾者依重婚罪処三年以上七年以下有期徒刑幷褫奪公権。但于本法未施行前納妾者不適用之。」（妻を有し妾を納めた者は、重婚罪により 3 年以上 7 年以下の有期徒刑に処し、また公権が剝奪される。但し、本法が施行される前の納妾者にはこれを適用しない。）と文言が異なっている。

　同意見書は、前掲（第 2 章・註 94）談編著『中国婦女運動通史』271-274 頁に転載されている。

張を訴えかけている。その際、1924年1月に中国国民党第一次全国代表大会で宣言された対内政策第12項の「於法律上・経済上・教育上・社会上・確認男女平等之原則、助進女権之発展。」[96]（法律上・経済上・教育上・社会上男女平等の原則を確認し、女権の発展を進める。）に違背することを根拠に、例えば立法院委員の王孝英女士は、姦通罪の条文は民国初期の旧法規に依拠し社会に合致しないことを指摘、草案の審議中より男女平等に姦通罪を適用すべきことを強調していた（「法律平等之争戦」（『女子月刊』2-12：1934年））。さらに、男女間相互の貞操の平等性から姦通罪を夫婦平等に改めるべきことを主張する論稿もある。男子も貞操を守るべきと主張するものは、呉覚農「近代的貞操観」（『婦女雑誌』8-12：1922年）、陸順齋「中国男女貞操問題的商榷」（『学生文藝叢刊』1-1：1924年）にも見られるが、改めて男女平等の処罰問題として取り上げられることとなった。『中華日報』の社論（1934.11.2.）や『南京朝報』に掲載された「貞操的新估價」（1934.11.3.）では、現行法では姦通の義務について片務的な規定となっており、婦女のみに貞操義務が課されていることに対する批判が寄せられた[97]。

　その一方で、姦通罪を刑事上の問題とすべきでないことを説く論者もいた。例えば、「通姦罪処罰問題　王寵恵博士談片」（『婦女共鳴』3-11：1934年）や「夫或婦姦問題　王寵恵談科罪範囲　取法各国法律規定於民法内」（『申報』1934.11.12）の記事によると、法学者の王寵恵は姦通罪の規定が男女平等に違背することを指摘しつつも、「但此次京滬各地婦女団体要求対於有婦之夫与人通姦者亦科以同等之罪、在事実上、亦難以実行、蓋因此項法律実行之後、娶妾者固皆刑事犯也、我国娶妾者達百分之三十以上、是則以全国之監獄、盡禁此有婦之夫与人通姦罪者、尚嫌不足矣、本人以為有夫之婦或有婦之夫犯通姦者、可規定於民法範囲之内、不必視為刑事犯、」（但し、首都や各地の婦女団体が求めているように、有婦の夫と人との姦通も同等の罪を科すことは、事実上実行し難い。というのも、仮にその規定の法律が実行されたならば、娶妾者は刑事犯ということになる。我が国の娶妾者は3割以上に及び、全国の監

---

(96)　胡漢民編『総理全集　上』（民国叢書　第2編）上海書店、1990年（民智書局1930年版影印）、850頁。
(97)　両記事は「法律平等之争戦」（『女子月刊』2-12：1934年）に転載されている。

獄は有婦の夫と人との姦通罪に違反した者だけで不足するきらいがある。有夫の婦或いは有婦の夫が姦通を犯した場合には、民法の範囲内で規定すべきで、刑事犯とする必要は必ずしもない。）と述べ、姦通罪は男子に適用すべきでないことを表明する。俞承修は「和姦罪之立法問題」（『法令周刊』242：1935 年）にて、夫婦の犯姦は婚約の解約や離婚の原因となり、その際相手方が賠償を受けることで民事上の制裁を受けることとなり、更に刑罰を加えるのは実益にならないこと、未だに納妾の風が衰えておらず、娼妓も禁止され絶やされていないため、もし男女同罪とすると事実上混乱をきたすこと、また姦通の結果については民法で既に規定されているために完全に放置されていないこと、等を理由として挙げ、慎重な意見を述べている。虹「新刑法第二三九条」（『津匯月刊』民国 23−2：1934 年）でも、男女平等の原則に照らすのであるならば民法上の解決に止め、刑法上の罰則規定を設ける必要は無く、もし中国の風俗習慣に鑑みるならば有夫の婦のみの処罰規定とすることが実現可能である旨を訴える。

　こうした男子へ刑罰を適用させることについての慎重論は他にも見受けられる。悟「修正刑法与通姦罪」（「法律平等之争戦」（『女子月刊』2−12：1934 年））は、男女平等を実現するためには姦通罪の処罰規定を廃止するか、若しくは男女同等に処罰する規定を設けることとなるが、何れも難しいとする。前者の立場を採る場合は人との姦通行為を黙認し社会道徳の堕落を促進させることとなり、仮に後者の規定を置くと納妾を禁止することとなるが現実社会に則していない点を指摘する。夢蕉「対於新刑法二三九条修正之我見」（「法律平等之争戦」（『女子月刊』2−12：1934 年））でも、立法院委員の見解としては男女双方を均しく罰せず刑事責任の問題とはせずに、僅かに民法中の規定に依拠し双方が離婚の訴えを提起できるようにするもので足りるとの見解と、配偶者を一律に処罰する見解があるが、前者の方が賛同を得やすいことを述べる。その理由として、監獄に入ると最早感情の回復は無いこと、そして夫に刑事責任を加重させるのは実質上必ずしも家庭の幸福を斡旋するものではなく、不測の事態に発展する可能性もあるため、単に民事上の違約の問題と認め、一方が離婚の訴えを提起することを可能とするのが有益であることを挙げる。立法院委員も男子にも姦通罪を適用することについて

は、積極的に評価している訳では無かったような記事が散見される。焦易堂は従前の姦通罪の規定でも相姦者も同様に処罰するよう規定していることから、既に男女平等となっている点を指摘しており(「焦易堂談　男女通奸刑律平等」(『申報』1934.11.18))、立法院委員の馬超俊も姦通は元来私人の道徳問題であるとの立場を表明している(「馬超俊　談刑法通姦罪　中政会已決定原則交復議　通姦完全為私人道徳問題」(『申報』1934.11.18))。多くの立法院委員が有夫の婦、或いは有婦の夫が姦通を犯した場合には均しく罪を科すべきではない、との見解を示していた旨が報道されていることからも、男女を平等に処罰しない方向で議論がされていた様子が窺える(「複議中　新刑法通姦罪将来結果不出両途」(ママ)(『申報』1934.11.19))。

また、35年刑法が公布された後にも、現実に当該規定を実行することの難しさを説いているものがある。蔭萱「写在新刑法施行時」(『女子月刊』3-8：1935年)では、経済関係に鑑みると大多数の婦女は夫から離脱することができず、夫の犯罪行為を敢えて告発することは無いこと、女子が夫の犯罪行為を告訴すると自己の名誉に影響する可能性を考慮すること、さらに民法の規定により夫婦の一方が人と姦通した場合に他方は法院に対して離婚を請求できるものの、現在の習慣では妻が夫と人との姦通を理由に離婚を請求した上で他人と結婚することは大逆無道とされていること、等の諸点が指摘されている。

以上のように、中国のメディアの論説では妾を有することによる弊害が指摘され、納妾を改善するための提言、例えば妾を廃するための直接的な規定の設置や廃妾法草案が編まれ、民事上及び刑事上の問題を改善するための方法が各誌で検討されている。しかしその一方で、法学者の意見としては妾を納めている夫に対し刑事罰を適用することについては消極的な意見が表明されていたことが分かる。

第4節　小括

近代中国の妾は、時代を下るに従いその法的或いは社会的立場が狭まっていったように見受けられる。廃妾のための方向性が各メディア内の論稿にお

いて、具体的に提言がなされているという特徴があると言えよう。

　今一度法律の条文の内容から見るならば一夫一婦制を採用していることとなっており、これは民法における重婚の禁止規定や刑法での重婚罪規定がそれぞれの草案より設けられていたことからも確認できる。姦通を理由とする離婚事由は当初の草案では夫婦間の差が設けられ、夫の納妾に対する妻の離婚請求権は認められてはいなかったが、徐々に夫婦間の差別が是正されてゆき、30年民法では離婚請求権は夫婦間で全く平等となっていた。また、刑法の姦通罪をめぐる規定は、刑律草案の段階より様々な点から議論がなされ、立法院において賛否両論の意見がなされているが、結局 35 年刑法では夫にも姦通罪の処罰規定が適用されることに決した。これにより、法律上は夫の納妾行為は民事及び刑事双方の問題として扱われ得ることとなった。

　判例でも妾をめぐる環境の変遷が示されている。民国初期では、妾との関係が認められるための判断基準、即ち家長の家に永遠に同居するための意思及び家長との合意を示し、妾の存在を肯定する。しかしながら、民法典が施行される時期の前後より妾に対して出された判決内容から徐々にその姿勢の変化が表れて来るようになる。妾を納めることは男女平等に違反し、且つ一夫一婦制の原則にも反する行為として見做されるようになり、姦通行為に該当するものとしての見解が説かれ、妻の離婚請求権が徐々に容認されてゆくようになった。

　妾制に対する厳しい批判は当時のメディアの論稿でも見られるものである。妾は法文上登場することは無くなり、その存立条件についても原則として規定されることは無かったが、依然として社会一般に広く見られたものであった。その一方で、廃妾のために法的手段のみならず、女性教育等の普及による社会的な方法を取ることや妾を納めている者に対する党員資格の剥奪といった政治的制裁を加えることも検討されている。こうした廃妾論の背景として様々な点が指摘されていたが、まずは妾がいることによる家庭内の不和の状況が示されていた。妻は妾よりも優位には立っていたが、依然として妻と妾との対立による害悪が発生することが危惧されていた。また、金銭的な負担となり、浪費の要因ともなることから、妾に対する反対意見が述べら

れていた。さらに、妾の出身の大半が妓女であり、そのために妾を有することは家の名声が貶められることになるとの意見も示されていたように、妾に対する社会的地位の低さということが挙げられよう。妾制度の廃止を訴える論稿、雪菲の「納妾制度之廃止」(『申報』1934.5.17)でも、「「妾」事実上是等於一只猫一只狗。」(「妾」は事実上猫や犬と同等である。)と表現されていることからも、妾に対するイメージが推察される。加えて、夫婦間及び男女間の平等が強く意識されていたことが挙げられる。これは、国民党の政綱において男女間の平等が明記されたことに起因するものと考えられるが、当該規定を根拠として妾を有することは女権の発展に反することが強調されることとなった。こうした社会における納妾に対する議論と相俟って、法文の規定や判例では妾を公には認めない姿勢が広まりつつあったと考えられる。

しかし、「現行法律、雖無妾之地位、但刑法対於納妾、並無処罰明文。」(現行の法律では、妾の地位は無いと雖も、刑法では納妾について明文での処罰規定は無い。)との見解が示されていること(「納妾棄妻」『玲瓏』3-17:1933年)や、依然として妾を暗に承認するような規定が設けられていたことから見ても、妾を完全に排除することは想定されていなかったような節がある。ここで北洋政府の司法部が公布した納妾限制条例について見てみよう。条例には、「原配至四十歳無出者、方准納妾。」(配偶者が40歳となっても子どもが生まれなかった場合は、妾を納めることができる。)、「須経父母允許、元配同意。」(父母の許可と配偶者の同意を経なければならない。)、「納妾須在警察所注冊、貼印花四十元。」(妾を納める場合には警察へ登録し、40元の印花税を払わなければならない。)、「如違上項手続者、処二千元之罰金。」(以上の手続きに違背した者は、2千元の罰金に処せられる。)、「年老而私納少妾者、処二年之有期徒刑、或六千元以下之罰金。」(老人が若い妾を密かに納めた時には、2年の有期徒刑或いは6千元以下の罰金に処せられる。)といった規定が盛り込まれていた[98]。当該条例は施行されることはなかったが、こうした動きからも妾を禁止するのでは無く、専ら制限することが目的であったことが示される。

---

[98] 嵩山薛「「納妾限制」」(『現代婦女』31:1923年)。程郁『納妾 死而不僵的陋习』上海古籍出版社、2007年、116頁。

また、廃妾へ消極的であった根拠となる条文の一つとして指摘できるのが、30年民法第1123条第3項の家属の範囲を定めている規定である。当該規定では、永久に共同生活をする目的で同じ家に同居する者は家属と見做されるため、妾も家属の一員として容認されることとなる。無論、妾を納める行為は夫が妾と姦通を犯していることとなるため、そのことを理由として妻には離婚請求権は法文上認められるが、依然として夫が妾を有し得る状況となることには変わりなかった。さらに、その離婚請求権の提訴期間は男女双方が相手方に対して姦通を事由とする離婚を請求できるよう規定が改められるのに伴い、その期間が短く設定され、後に離婚を提訴する時効が成立する起算点を柔軟に解する判断が判例で示されたものの、妻への制約は大きいままであった。また、妾との関係は法的には婚姻を結んでいるものではなかったので、重婚、即ち結婚を重ねている状態とは見做されず、判例でもその立場が示されていることが確認される。対する雑誌や新聞で寄稿されている論説では、納妾と重婚との間には実質的には差は無く、これを重婚として捉えることが説かれ、また刑法上の重婚罪を構成するものとして見る意見も示されていた[99]。重婚罪の適用を男女平等に認める意見のみならず、夫の納妾に対する処罰条項を設けることも積極的に説かれており、さらに姦通罪の規定をめぐる立法院の攻防がメディアを通じて明らかになるにつれ、特に婦女団体が夫への姦通罪の適用を認める主張を明らかにしている。しかしながら、立法院委員を中心に姦通罪を刑事上の問題とせず、民事上の問題に止めるべきとの立場を示し、有夫の婦のみに刑罰を科すこと、或いは男女平等に刑罰を科さない方向での議論がなされ、男子への処罰適用には慎重な意見が説かれている。35年刑法では姦通罪を男女平等に規定することとなったが、刑法施行法では例外規定が委員の大多数の賛成を得た上で用意され、刑法が施行される以前に既に関係が成立していた夫と妾は罪に問われることは無かっ

---

[99] 1950年の中華人民共和国婚姻法の第2条には、「禁止重婚、納妾。」（重婚、納妾は禁止する。）との文言が盛り込まれ、重婚及び納妾を禁止することが法文上明記されたが、王廼聰は重婚と納妾の違いについて、「重婚与納妾在事実上都是重婚。」（重婚と納妾は事実上何れも重婚である。）と記していることからも、実質的な差はあまり認識されていなかった様子が窺える。王廼聰『婚姻法問題解答彙編』文化供應社、1951年、27頁。

た。また、28年刑法と35年刑法を比べると、その姦通罪の消滅時効の期間が大幅に短縮されており、夫に対する刑事罰を可能な限り回避させようとする姿勢が垣間見える。

第 3 章

近代タイにおける妾

第3章では、タイの近代法典編纂に伴って生じた妾をめぐる諸問題を概観する。タイでは一夫一婦制導入が議論されると共に妾に関しても併せて議題として取り上げられ、メディア媒体を通じて様々な観点から意見が交わされている。ここには、日本や中国と同様の問題意識が含まれていると同時に、近代タイの置かれていた特殊な立場の下で議論された形跡がある。

第1節　法文の変遷

(1)　民商法典―重婚の禁止規定・夫婦の離婚事由規定―

　法律上の一夫一婦制をめぐる問題は近代法典の編纂期から関心の高い事柄であった[1]。まず、民商法典家族法での関連する規定を、法典の編纂過程と併せて確認しておく。

　1913年6月1日にワチラーウット王（ラーマ6世）が一夫一婦制の婚姻法草案を支持したPrince Svasti Sobhon（スワスティ王子）に対して覚書を記したが[2]、国王は、タイの婚姻法の原理として一夫一婦制を採用することに慎重な意見を示した上で、その理由として一夫一婦制の原理が確立されているヨーロッパ諸国とは異なり、タイでは国民の間で長年一夫多妻の制度に馴染んできたこと、仮にタイが一夫多妻制を堅持するとヨーロッパ諸国よりも道徳の水準が低いことを示すとの指摘があるが、ヨーロッパでは宗教上一夫一婦制が定められているのに対し、タイでは宗教上一夫多妻制は禁止されておらず、これを不道徳なものとして非難されていないことから当該指摘は的を射ていないこと、等を理由として挙げる[3]。一方で、王子は一夫多妻制を法

---

(1)　1905年には、裁判の中で一夫多妻婚をめぐる事柄が争点として取り扱われている。Prince Ratburi（ラートブリー王子）も加わり、タイの一夫多妻制がヨーロッパの観念から認められるか否か、という問題が討議された旨が記されている。"Marriage in Siam", (*The Bangkok Times*, 1905.2.7).

(2)　Adul Wichiencharoen and Luang Chamroon Netisastra, "Some Main Features of Modernization of Ancient Family Law in Thailand", in *Family Law and Customary Law in Asia: A Contemporary Legal Perspective*, David C. Buxbaum (ed.) , The Hague: Martinus Nijhoff, 1968, pp. 89-106. に覚書の内容が記されている。当該論文の邦訳として、井上靖雄「タイ国に於ける旧家族法の近代化に関する若干の主たる特徴」『比較法政』2、1973年、87-114頁がある。

文の中に明記することは、タイの法律がヨーロッパの法律と同等の水準に達していないことを理由として、タイの道徳を批難する手段となり、不名誉をもたらすことにつながりかねないことの危機感を表明した[4]。

近代期に諸外国から招聘されていたお雇い外国人たちも婚姻体制をめぐる議論で異なる見解を示していた。パドゥーが1913年5月9日に国王に宛てた書簡では、家族法分野における法制度改革について以下のように言及している。

"I was - and I am still - strongly of opinion that the initiative of fundamental reforms in questions of marriage, divorce, parentage, inheritance, must lie only with the Siamese Statesman and legal men. Europeans, however long they may have lived in this country never know sufficiently the Siamese customs and the Siamese life to be in a position to make authoritative suggestions on the matter. The Siamese Government alone can know what Siam may require and how far the old rules of the Siamese Family Law may be altered.... I say that not because we are afraid to take responsibilities, but because this is a matter on which I feel we are not qualified to submit proposals to the Government.... We would have been of course quite prepared to substitute monogamy for polygamy in the draft, if instructed by the Government to do so. But it would have been more presumption on our part even to simply raise the point. It seems very difficult for a man who has been born and brought up in one of the systems to form an

---

(3) 国王自身は一夫多妻婚が文明国として相応しい制度では無いことに理解を示し、女性の地位向上のための書簡を執筆していたが、婚姻法規は実社会を反映していなければならず、一夫多妻制は未だに存在している以上はこれを認めざるを得ないとの認識にあった。Walter F. Vella, *Chaiyo! King Vajiravudh and the Development of Thai Nationalism*, Honolulu: Uiversity Press of Hawaii, 1978, pp.155-157.

(4) スワスティ王子は、1891年には既に一夫多妻制は社会において害悪を齎しかねないものとして国王に進言していた。"The Late Prince Svasti, His Life in Three Reigns" (*The Bangkok Times*, 1935.12.12).

independent opinion as to whether monogamy is superior to polygamy or not." [5]

　家族法分野、特に婚姻・離婚・相続等に関する事項については、タイの慣習を重視しタイ人編纂委員の手により起草されるべきことが主張されている[6]。その後、Riviere（リヴィエール）、René Guyon（ギヨン）、Moncharville（モンシャルヴィーユ）のフランス人立法者が起草した法案は、「有夫の女は重ねて婚姻することを得ず」、「数人の妻の夫たるものは、各妻をして別居せしむることを得、此の場合に於て夫は各妻と順次同棲することを得」、「数人の妻ある場合には、最初妻として登記を経たる者を正妻とし、其の他の者を副妻とす」と、一夫多妻制を前提とした条項が盛り込まれた[7]。これに対して、政尾藤吉は次のように反論した。

　「斯くの如き恥ずべきことを麗々しく法典の上に書くにも及ばない。最初登記を経たものを正妻とし、その他を副妻とする必要は何処にある、最初の一人だけを登記し、後の者は登記しないでいい、さうすれば所謂副妻なる者は妾と同様となり、必ずしも民法の条章に書き立てるにも及ばない。（略）尤も暹羅国は昔から一夫多妻が行はれた国であるから、一朝一夕にこの弊習を廃するのは不可能である。然し一夫多妻主義を事実として認め之に蓋を被せ置くのと之を法律上の制度として認め、法律の条文に麗々しく書き立てるのとは雲泥の差がある。現に日本に於ても、昔より妾といふものがあり、又昔の法律にては他人の妾を姦する者は、他人の妻を姦するものの幾分に相当する刑に処せられた例もあった。だが今日日本の

---

(5) 前掲（第3章・註2）Adul Wichiencharoen and Luang Chamroon Netisastra, "Some Main Features of Modernization of Ancient Family Law in Thailand", p.97.
(6) パドゥーは、中国での親属法編纂に際して、「旧制度既深入全国国民心坎、則廃除此制度或突然易以新着之能否実行、亦一大疑義也。」（旧制度は全国の人々の心に深く根ざしており、その制度の廃除或いは突然新しいものを実行できるか否かは大いに疑問である。）と、慎重な意見を述べている。宝道原稿、張毓昆訳「中国親属法之改造」『法学季刊』1-1、1930年、124頁。
(7) 三木栄「暹羅の法典編纂と政尾博士」『台湾時報』昭和10-1、1935年、99-100頁。

刑及民法にては妾なる者は更に認めてはいない。では刑法及民法を制定した当時妾なるものはいなかったと云ふに、この制定に関係した人々の中にさへ古来の風習に因り本妻も妾も又夫々の子も一家内として同居せしめていた人が少くなかった。今日でさへ蓄妾制度を絶滅し得たとはいへない。異なるところは、昔日は法律上蓄妾の制度を認めたが今日は法律上之を認めないに存る。さればこそ、今日日本は一夫一婦の国として世界に知られているのである。それに今日総ての点に於て可及的日本を模倣せんとしつつある暹羅国が、民法の正文に於て堂々と蓄妾制度を公認するのみならず『数人の妻の夫たるものは云々』とか『此の場合に於て夫は順次各妻と同棲することを得』云々の如き条文を麗々しく書き立てるに於ては、単に各国に対して面目を失し、条約改正を困難ならしむるのみでなく、最も憂ふべきは暹羅国民をして益々惰落せしむるものである。」[8]

1913年7月には婚姻形態をめぐる議論を一旦保留とし、実際に婚姻の登録時の婚姻形式を見極めてから決定することとなった[9]。その後、プラチャーティポック王（ラーマ7世）の統治となり、1927年には婚姻や離婚の際には登録しなければならないことを盛り込んだ家族登録法草案が起草された。草案の審議では、全ての婚姻は登録しなければならないことと併せて、男性が登録できる妾は複数でも可能であるが妻は1人に限って登録できることが決定された。その後も議論が重ねられ、1928年10月には内閣にて投票により、8対6で数婦を娶ることが可能となるように決せられた[10]。その後、1931年に夫婦法改正法が公布されたが、婚姻形態について女性側は他の男性の妻であってはならないことが規定されたが、反対に男性側に対する規制はなかった。また、夫が登録できる妻は1人であり、その他の女性を妻とし

---

(8) 同上、100頁。
(9) この時期の意見対立に言及したものとしては、杉山直治郎「暹羅法の進歩と故政尾博士の功績（下）」『中央法律新報』1-20、1921年、5-6頁や、『南洋叢書第4巻　シャム篇』東亜経済調査局、1938年、529頁以下、さらには三木栄「泰国法律顧問　政尾藤吉博士伝」『新亜細亜』1-11、1939年、146-154頁や、宮原義登「タイ国の婦人生活」『新亜細亜』3-7、1941年、75-85頁がある。この内、杉山論稿は、政尾隆二郎編『政尾藤吉追悼録』出版社不明、1922年に再録されている。

て登録してもその効力が認められないことが規定されていたために、単に妻を複数登録することが禁じられているに過ぎず、妾を有することは法律上問題視されていなかった(11)。同法は1932年4月より施行される予定であったが、登録の際の費用が多大であることを理由に施行されることは無かった(12)。夫が複数の女性を妻として登録することの可能性は何度か検討されたものの(13)、最終的には1934年1月の裁決で77対19の票により妻を1人のみ登録するよう決定がなされた(14)。

その後、タイの民商法典第5編の家族法は1935年に公布され、夫婦の成立要件やその離婚事由について下記の条文が設けられた。

มาตรา ๑๔๔๕
（第1445条）
การสมรสจะทำได้ต่อเมื่อ
（結婚は以下の時に行うことができる。）
(๑) ชายมีอายุสิบเจ็ดปีบริบูรณ์ และหญิงมีอายุสิบห้าปีบริบูรณ์แล้ว
（（1）男が満17歳を迎え、女が満15歳を迎えていること。）
(๒) ชายหญิงมิได้เป็นญาติสืบสาโลหิตโดยตรงขึ้นไปหรือลงมา

---

(10) 当時の法規の内容は、日本で次のように紹介されている。「婚姻、離婚は総て登記を必要条件とし、男子は其希望に依り数婦を娶ることが出来るが正妻は必ず一人を限り、且つ其旨戸籍に登記することが必要である。婚姻の消滅は当事者の死亡又は離婚の場合のみに限り、正妻の離婚は当事者間の合意又は裁判の判決に依ること条を件(ママ)とする。正妻としての登記の手続を経ざる婦（単に妻として登記したる場合を云ふ）は、口頭又は文書を以て戸籍吏に意思表示を為す時は夫の同意を経ずして離婚することが出来る。正妻と否とに拘らず婚姻登記の手続を経たる妻の出生子を嫡子とし且つ家督の相続権を認める。」「暹羅の新戸籍法」『台湾時報』昭和3-3、1928年、34-35頁。

(11) "The Law of Husband and Wife, Amendment Act Gazetted"（*The Bangkok Times*, 1931.2.24）.

(12) "Law of Husband and Wife"（*The Bangkok Times*, 1931.11.23）.

(13) "The Assembly, Some Draft Acts"（*The Bangkok Times*, 1933.10.7）の記事によると、家族法分野の起草で夫が登録できる妻の人数の問題に関する議論は一旦先送りとなったことが記されている。

(14) "The Assembly, The Wife Again"（*The Bangkok Times*, 1934.1.23）, "Marriage"（*The Bangkok Times*, 1935.12.14）.

หรือเป็นพี่น้องร่วมบิดามารดา หรือร่วมแต่บิดาหรือมารดา
((２)　男女が直系尊属又は卑属、若しくは兄弟姉妹又は異父母の兄弟姉妹の血縁関係がないこと。)

(๓) ชายหรือหญิงมิได้เป็นคู่สมรสของบุคคลอื่นอยู่
((３)　男又は女が他人の配偶者となっていないこと。)

(๔) ชายหญิงยินยอมเป็นสามีภรรยากัน
((４)　男女がお互いに夫婦となることを承諾すること。)

(๕) ชายหรือหญิงไม่เป็นคนวิกลจริต
((５)　男女が精神の錯乱している者でないこと。)

หญิงม่ายจะสมรสใหม่ได้เมื่อการสมรสครั้งก่อนสิ้นไปแล้วไม่น้อยกว่าสามร้อยสิบวัน แต่ความข้อนี้ให้ใช้บังคับเมื่อ
(配偶者を失った女性が新しく結婚するには、先の結婚が失われてから310日を経過しなければならない。しかし、以下の時には期間内に結婚することができる。)

(ก) มีบุตรเกิดในระหว่างนั้น
((a)　その期間内で子が生まれたとき。)

(ข) สมรสกับคู่หย่าเดิน หรือ
((b)　離婚した者同士が再婚するとき、若しくは)

(ค) มีคำสั่งของศาลให้สมรสได้
((c)　裁判所の命令により結婚するとき。)

มาตรา ๑๔๔๙
(第1449条)

การสมรสตามประมวลกฎหมายนี้จะสมบูรณ์ต่อเมื่อได้จดทะเบียนแล้ว
(この法典での婚姻は、登録によりその要件を満たす。)

มาตรา ๑๔๕๑
(第1451条)

บุคคลใดจดทะเบียนสมรสแล้ว จะจดทะเบียนอีกไม่ได้ เว้นแต่จะพิสูจน์ได้ว่าการสมรสครั้งก่อนได้หมดไปแล้วเพราะตาย หย่า หรือศาลเพิกถอน
(既に結婚の登録をした者は、死亡、離婚、或いは裁判所による取消を理由として先の結婚関係が無くなったと証明する以外には別に他の登録をすることはで

きない。)

มาตรา ๑๔๘๘

(第 1488 条)

บุคคลใดจะอ้างว่า การสมรสเป็นโมฆะหรือโมฆียะไม่ได้นอกจากศาลพิพากษาว่าเป็นเช่นนั้น

(如何なる人も裁判所による審判を除いては婚姻関係が無効又は無効になり得るものである、と言い立てることはできない。)

มาตรา ๑๔๙๐

(第 1490 条)

การสมรสผิดบทบัญญัติแห่งมาตรา๑๔๔๕ (๒) (๓) หรือ (๕) ให้ถือว่าเป็นโมฆะ

(第 1445 条第 2 項・第 3 項又は第 5 項の規定に反する婚姻は無効と見做す。)

มาตรา ๑๕๐๐

(第 1500 条)

คดีฟ้องหย่านั้น ถ้า

(離婚事由は以下の通りである。)

(๑) ภริยามีชู้ สามีฟ้องหย่าได้

((1) 妻が姦通を犯した時、夫は離婚することができる。)

(๒) สามีหรือภริยาประพฤติชั่วอย่างร้ายแรงหรือทำร้ายร่างกายอีกฝ่ายหนึ่ง หรือบุพพการีของอีกฝ่ายหนึ่งถึงบาดเจ็บ หรือหมิ่นประมาทอีกฝ่ายหนึ่ง หรือบุพพการีของอีกฝ่ายหนึ่ง ซึ่งเป็นการร้ายแรง อีกฝ่ายหนึ่งฟ้องหย่าได้

((2) 夫又は妻に重大な非行があり、他方又は他方の尊属の身体に傷を与え、若しくは他方又は他方の尊属を侮辱、蔑視し、もしその程度が重大であるならば、他方は離婚の訴えを提起できる。)

(๓) สามีหรือภริยาจงใจละทิ้งร้างอีกฝ่ายหนึ่งไปเกินกว่าหนึ่งปี หรือไม่ให้ความช่วยเหลืออุปการะเลี้ยงดูตามสมควร หรือทำการเป็นปฏิปักษ์ต่อการที่เป็นสามีภริยากันอย่างร้ายแรง จนอีกฝ่ายหนึ่งไม่อาจจะอยู่กินเป็นสามีภริยาต่อไป อีกฝ่ายหนึ่งฟ้องหย่าได้

((3) 夫又は妻が故意に他方を 1 年以上遺棄し、又は適度に扶助、生活を保障せず、若しくは夫や妻に対する重大な違反行為により、一方が以後夫婦として共同生活できなくなるまでに至った時には、他方は離婚の訴えを提起できる。)

(๔) สามีหรือภริยาต้องคำพิพากษาถึงที่สุดให้จำคุก ฐานลักทรัพย์ วิ่งราวชิงทรัพย์ ปล้นทรัพย์ โจรสลัด หรือปลอมแปลงเงินตรา หรือต้องคำพิพากษาถึงที่สุดให้จำคุกในความผิดอย่างอื่นเกินกว่าสามปี อีกฝ่ายหนึ่งฟ้องหย่าได้

((4) 夫又は妻が最終判決により窃盗、強奪、海賊行為又は通貨偽造により投獄され、若しくは最終判決によりその他の罪で3年間以上投獄された時、他方は離婚の訴えを提起できる。)

(๕) สามีหรือภริยาที่ถูกศาลสั่งว่าเป็นคนสาบศูนย์และศาลยังไม่เพิกถอนคำสั่งนั้น อีกฝ่ายหนึ่งฟ้องหย่าได้

((5) 夫又は妻が裁判所より消息不明と宣告され、裁判所がその宣告を取消していない時、他方は離婚の訴えを提起できる。)

(๖) สามีหรือภริยาที่ถูกศาลสั่งให้เป็นคนไร้ความสามารถเพราะเหตุวิกลจริตตลอดมาเกินกว่าสามปีนับแต่วันศาลสั่งและความวิกลจริตนั้นไม่มีทางที่จะหายได้ ทั้งถึงขีดที่จะอยู่กินเป็นสามีภริยากันต่อไปอีกไม่ได้แล้ว อีกฝ่ายหนึ่งฟ้องหย่าได้

((6) 夫又は妻が裁判所により精神異常を理由として無能力者と宣告され、その宣告日より3年間以上経過し、治癒の見込みがなく、以後夫婦として共同生活ができなくなるまでに至った時には、他方は離婚の訴えを提起できる。)

(๗) สามีหรือภริยาผิดทัณฑ์บนที่ทำให้ไว้เป็นหนังสือในเรื่องความประพฤติ อีกฝ่ายหนึ่งฟ้องหย่าได้

((7) 夫又は妻が行った行為で誓約に違反した時、他方は離婚の訴えを提起できる。)

(๘) สามีหรือภริยาเป็นโรคติดต่ออย่างร้ายแรง อันอาจเป็นภัยแก่อีกฝ่ายหนึ่งและโรคนั้นไม่มีทางที่จะหายได้ อีกฝ่ายหนึ่งฟ้องหย่าได้

((8) 夫又は妻が重い伝染病に罹り、他方に対して危険があり、治癒の方法がない時、他方は離婚の訴えを提起できる。)

(๙) สามีหรือภริยามีอวัยวะส่วนสืบพันธุ์ไม่สมบูรณ์จนมิสามารถจะอยู่ด้วยกันฉันท์สามีภริยาได้ตลอดกาล อีกฝ่ายหนึ่งฟ้องหย่าได้

((9) 夫又は妻が生殖器に欠陥があり、恒久的に夫婦として生活を共にすることができなくなった時、他方は離婚の訴えを提起できる。)

婚姻をするための要件として配偶者を有していないこと、結婚の登録に際しては一度登録をした者は死亡や離婚、裁判所による婚姻関係の取消という事由以外には新たな登録をしてはならないこと、が定められており、法典の体裁としては一夫一婦制が定められていることが分かる[15]。さらに、1935年に施行された家族登録法でも次のような規定が設けられた。

มาตรา ๑๓
(第13条)
ห้ามมิให้นายทะเบียนจดทะเบียนสมรสเมื่อปรากฏต่อนายทะเบียนว่าการมิได้เป็นไปตามเงื่อนไขแห่งมาตรา ๑๔๔๕ มาตรา ๑๔๔๖ และ มาตรา ๑๔๔๗ แห่งประมวลกฎหมายแห่งและพาณิชย์
(登記官は、結婚を登録するのに際し、民商法典第1445条、第1446条及び第1447条の条件に従っていないことが明白となった時は、その結婚を登録することを禁ずる。)

こうした点に鑑み、従来タイで公認されていた蓄妾制度から妻は1人に限って登録できることとなっており一夫一婦制への転換として見ているものがある[16]。

但し、一夫一婦制を明文化しつつも、他方で離婚事由の規定が夫婦間で区別され、男性が妻以外の女性と関係を有することが暗に認められ得るようになっていたことには留意しなければならない。つまり、姦通を事由とする離婚請求権は夫のみに認められ、妻については認められていない点である。このことについて、**พระยาสารึกพงศ์ธรรมพิลาส มนูภาษยุกดิสภาปดี** [Phraya Sarikaphongthamphilat Manuuphaatyuktisaphaapdii] は、妻の姦通行為は伝統的に下劣な行為と見做され、名誉を失する行為であることを指摘する。夫の姦通は法律上述べられていないために、複数の妻を有することが認めら

---

[15] 家族法は1935年10月1日より施行されたが、婚姻の登録用の正式な書式は印刷が間に合わず、当初は仮の書式が用意される予定であった。"The Civil Code, And Family Registration"(*The Bangkok Times*, 1935.9.26)。

[16] 「新戸籍法及共産主義法改正法」『南支那及南洋情報』5-21、1935年、19頁。

れており、男性が結婚した後に妻以外の女性と婚姻関係を結んだ場合の扱いが明確ではなく[17]、重婚が離婚事由と規定されておらず、既に婚姻関係を結んでいる妻の離婚事由とは認められないこととなっていた。また、Sanya Dharmasakti は離婚事由の規定方法が男女平等に違反するとの意見があることを指摘しつつも、離婚事由については男女平等の観点にのみ捉われるべきではなく、姦通を事由とする離婚を妻に認めることにより夫婦の婚姻関係が改善するものではないこと、さらに離婚率が高まる危険性があることを指摘し、規定に修正を加えることには消極的な意見を示し、妻は他の要因を根拠として夫に対し離婚を請求できることを指摘する[18]。

しかし、姦通を理由とする夫婦の離婚事由について夫のみに離婚請求権が与えられていることへの対処方法として、場合によっては第1500条第3項の規定を適用することが考慮されるようになっていた[19]。本来当該条項での妻側からの離婚請求権が認められる場合とは、夫が娼婦を管理し、妻に娼婦のように売春を強制させた際に、これを夫の重大な違反行為として捉え、夫婦が共同生活を行うことができない事例等を想定していた[20]。これに対し、例えば夫に妾がおり、度々妻を面と向かって冷やかす行為を繰り返していた場合に、当該行為が違反行為に該当するか否かは慎重にディカー裁判所で考慮斟酌されることになる、として、柔軟な解釈が示されるようになったことが窺われる[21]。先の Sanya Dharmasakti も、夫が妾を有することは妻に対する重大な侮辱として離婚事由を認めるよう修正を加えることには前向きなこ

---

(17) พระยาสาริกพงศ์ธรรมพิลาส มนูภาษย์ยุกดิสภาปดี [Phraya Sarikaphongthamphilat Manuuphaatyuktisaphaapdii], คำบรรยาย กฎหมายครอบครัว [講述　家族法], กรุงเทพฯ : คุรุสภา, 1967, p.85.

(18) Sanya Dharmasakti, *A Working Paper for United Nations Seminar on The Status of Women in Family Law*, Tokyo Japan, May 8-21, 1962, pp.17-18.

(19) ［ディカー裁判所：203/1948］では、妻がありながら別の女性と結婚した夫に対し、当該行為は妻の遺棄であることを認め、民商法典第1500条第3項に基づく妻の離婚請求権を認めた。

(20) 東京大学東洋文化研究所図書室所蔵の、กฎหมายแพ่งและพาณิชย์ว่าด้วยครอบครัว［民商法典家族法について］（著者、出版年不明）p.78. による。

(21) 前掲（第3章・註17）พระยาสาริกพงศ์ธรรมพิลาส มนูภาษย์ยุกดิสภาปดี [Phraya Sarikaphongthamphilat Manuuphaatyuktisaphaapdii], คำบรรยาย กฎหมายครอบครัว [講述　家族法], pp.87-88.

とを表明する[22]。

　他方で、夫が単に妾を有する行為では妻側の離婚事由としては認められ得ず、それが悪質な場合に限って妻の離婚請求権を認めるに過ぎなかったことは問題視されていた。Adul Wichiencharoen は夫には妻の姦通による離婚請求権が認められるのに対し、妻にはそのような権利が認められない現状は一夫一婦制の阻害となり得るために、夫の姦通を事由とする妻の離婚請求権についての条項を加えるべきことを主張、夫が他の女性を妻として扶養する場合に妻は離婚を請求し得るように文言を設けるよう提案されていた点を指摘する[23]。Wimolsiri Jamnarnwej は、政府に対して 1970 年 1 月に家族法の改正点を提示、その中で第 1488 条を削除し複数の婚姻関係を結んだ場合は、最初の結婚契約は有効とし後の婚姻関係は自動的に無効と見做す条文を定めること、さらに離婚事由の夫婦平等化を図り、夫が他の女性と同居している場合には妻が離婚を訴える事由を有するようにすべきことを訴えた[24]。

　その後、家族法の改正に伴っていくつかの修正が施されることとなった。まず、1976 年には、離婚事由規定の第 1 項について以下のように規定され、夫が別の女性と関係を有した場合に、一定の要件で妻側に離婚の訴えを提起する権利を認めた。

（๑）สามีอุปการะเลี้ยงดูหรือยกย่องหญิงอื่นฉันภริยาหรือภริยามีชู้ อีกฝ่ายหนึ่งฟ้องหย่าได้
((1) 夫が他の女を妻の如く扶助、生活を保障、又は礼遇し、若しくは妻が姦通を犯した時、他方は離婚の訴えを提起できる。)

---

[22]　前掲（第 3 章・註 18）Sanya Dharmasakti, *A Working Paper for United Nations Seminar on The Status of Women in Family Law*, pp.18-19.

[23]　Adul Wichiencharoen, "The Marriage and Divorce Laws of Thailand", in *A Comparison of Laws Relating to Marriage and Divorce V South-East Asia (1)*, Kojiro Miyazaki (ed.), Keiso-Shobo, 1965, pp. 515-516, 529. 尚、邦訳版として、水田義男訳「タイ国婚姻・離婚法」が同書の宮崎孝治郎編『新比較婚姻法Ｖ　東南アジア(1)』勁草書房、1965 年に掲げられている。

[24]　Wimolsiri Jamnarnwej, *A Working Paper for The XVI Convention of The International Federation of Women Lawyers on The Status of Women in Civil Law*, Santiago Chile, November 14-23, 1971, pp.38-40.

この改正により、夫が妻以外の女性と関係を有した際に、従来は基本的には妻側の離婚請求は認められなかったが、場合により妻側の離婚請求として一部認められることとなった。
　また、1990年には婚姻関係の無効規定が修正され、より細かい規定が置かれることとなった。

การสมรสที่ฝ่าฝืนมาตรา ๑๔๔๙ มาตรา ๑๔๕๐ มาตรา ๑๔๕๒ และ มาตรา ๑๔๕๘ เป็นโมฆะ
（第1449条、第1450条、第1452条、第1458条に違背する婚姻は無効である。）[25]

　当該条項により一夫一婦制の原則を破壊する行為、例えば既に配偶者のいる者の婚姻、或いは登記を経ない婚姻関係は無効となる規定が盛り込まれた。
　しかしながら、1976年の改正により夫側の帰責事由によって妻が離婚請求をし得るように修正はされたものの[26]、依然として夫婦間の区別は設けられたままであった。วีระดา สมสวัสดิ์［Virada Somswasdi］は、夫婦間の離婚事由の文言を次のように解説する[27]。まず、「夫が他の女を妻の如く扶助、生活を保障すること」の「扶助、生活を保障する」とは、仮に夫の支援が間をおいて１度又は２度、或いは数回でもその支援のための金額が僅かであり、生計を立てるのに充分でない時には、法律でいうところの「扶助、生活の保障」という意味に該当しない。もし、その支援が１度のみ又は２度に過ぎなくとも、その金額が非常に多い場合に扶助、生活の保障と言えるか否か、は別途考慮される問題となる。次に、「夫が他の女を妻の如く礼遇すること」であるが、この法文の意味は、その女性を妻と同等に扱うということである。例えば、妻以外の女性と儀式や礼式へ参加すること、各種の宴会へ参加すること、同居すること、そして他人にその女性を妻と紹介すること、同居している旨を他者に告げること等が該当する。但し、相手方がその女性を妻として理解していなければ、夫がその女性を礼遇したこととはならない。他方、もし仮に男性が他の女性と姦通行為を有し、性行為を行う段階に

至ったとしても、妻の如く扶助、生活を保障、若しくは妻のように礼遇したということとはならない。あくまでも他の女を妻の如く扱うことが要件であるので[28]、仮令性的関係がなくとも、他の女性を妻の如く扶助、生活を保障し、或いは妻のように礼遇した場合には、妻側は当該条項に従い離婚の請求をする事由となる。「妻が姦通を犯したこと」での姦通行為とは共に寝床に入ることを意味し、単に食事をする、映画を観る、踊る、別の場所へ旅行す

---

(25) 婚姻が無効とされる場合の第1449条、第1450条、第1452条、第1458条の規定は次の通りである。

มาตรา ๑๔๔๙
(第1449条)
การสมรสจะกระทำมิได้ถ้าชายหรือหญิงเป็นบุคคลวิกลจริต หรือเป็นบุคคลซึ่งศาลสั่งให้เป็นคนไร้ความสามารถ
(婚姻はもし男又は女が精神の錯乱、若しくは裁判所により無能力者と宣告された場合は、結婚することができない。)

มาตรา ๑๔๕๐
(第1450条)
ชายหญิงซึ่งญาติสืบสาโลหิตโดยตรงขึ้นไปหรือลงมาก็ดี เป็นพี่น้องร่วมบิดามารดาหรือร่วมแต่บิดาหรือมารดาก็ดี จะทำการสมรสกันไม่ได้ ความเป็นญาติดังกล่าวมานี้ให้ถือตามสาโลหิตโดยไม่คำนึงว่าจะเป็นญาติโดยชอบด้วยกฎหมายหรือไม่
(男女が直系の尊属又は卑属により血族でつながっている場合、同じ両親若しくは異父又は異母の兄弟姉妹の場合は、結婚することはできない。当該血族は血縁関係により見做されることとなり、法的に血族か否か、は問われない。)

มาตรา ๑๔๕๒
(第1452条)
ชายหรือหญิงจะทำการสมรสในขณะที่ตนมีคู่สมรสอยู่ไม่ได้
(男又は女が結婚しようとする際には、自身に配偶者がいる時には結婚することができない。)

มาตรา ๑๔๕๘
(第1458条)
การสมรสจะทำได้ต่อเมื่อชายหญิงยินยอมเป็นสามีภรรยากัน และต้องแสดงการยินยอมนั้นให้ปรากฏโดยเปิดเผยต่อหน้านายทะเบียนและให้นายทะเบียนบันทึกความยินยอมนั้นไว้ด้วย
(結婚するに際して、男及び女はそれぞれ夫婦となることを承諾し、登記官によって記録されるために、登記官の前で明白にその承諾を表明しなければならない。)

(26) 1976年10月に行われた離婚事由規定の改正の模様について指摘したものとして、Wimolsiri Jamnarnwej, "Family Law of Thailand" in *Chulalongkorn Law Review*, Vol.7, 1999, pp.30-42. がある。

(27) วิระดา สมสวัสดิ์ [Virada Somswasdi], *กฎหมายครอบครัว พิมพ์ครั้งที่ ๒* [家族法 [第2版]], กรุงเทพฯ : คบไฟ, 2003, pp.170-174.

るといった行為があったとしても姦通行為とは認められない。この条項の離婚事由はただ妻が他の男性と性行為を行った事実又は証拠さえあればよく、妻側の離婚請求事由で夫が他の女を妻の如く扶助、生活を保障、又は礼遇した際のものと規定されているように、妻が他の男性を扶助、生活を保障、又は礼遇した事実を考慮することは要しない。このような離婚事由は夫婦間で平等ではなく、法文上は夫又は妻が姦通を犯しても相手方の離婚事由として認められておらず、よって妻が夫を離婚するための規定は夫が妻と離婚することよりも要件の上からも難しい。法律の上では夫が他の女性と性交を行うことについては、妻が当然に離婚できるものに相当するほどの劣悪なものとはなっておらず、夫が他の女性を妻の如く扶助、生活を保障、或いは礼遇することにより妻の離婚請求権が生ずることとなる。1935年家族法においては、単にもし妻が姦通を犯した時に夫は離婚できると規定されていたもので、当該条項は修正されたが夫婦間における平等性の方向の観点からは未だに発展していない。憲法上でも夫と妻の平等権が明文化されており、このため家族法典の離婚事由の規定も平等な規定として修正されなければならない。結婚の最も基本的な姿勢は他方に対して信用、忠誠、信頼を示すことであり、姦通行為はそれを破壊するものである。姦通行為に及ぶことは、その当事者が故意にその良好な関係を破壊し、信頼を破壊するものであり、また忠誠も尽くしていないため、妻も夫と共に離婚できる事由として見做されるべきことを説く。

　こうした氏の解釈に依るならば、即ち夫が単純に他の女性との性的関係を持ち、また妾を有していたとしても、その妾を妻として扱っていない限り

---

(28) 他の概説書においても、妻の如く扱うことを要する旨が指摘されており、妻以外の立場、例えば養子や実子に類似する関係は含まれないこととなる。ชาติชาย อัครวิบูลย์ [Chatchai Akharawibun], สมบูรณ์ ชัยเดชสุริยะ [Sombun Chaidetchasuriya], คำอธิบาย ประมวลกฎหมายแพ่งและพาณิชย์ บรรพ ๕ ว่าด้วย ครอบครัว (ที่ได้ตรวจชำระใหม่ พ.ศ.๒๕๑๙) [概説 民商法典第5編家族 [仏暦2519年 (1976年) 新改訂版]], กรุงเทพฯ : มหาวิทยาลัยธรรมศาสตร์, 1978, p.245. ประสพสุข บุญเดช [Prasopsuk Bundet], คำอธิบาย ประมวลกฎหมายแพ่งและพาณิชย์ บรรพ ๕ ว่าด้วย ครอบครัว (พิมพ์ครั้งที่ ๑๐) [概説 民商法典第5編家族 [第10版]], กรุงเทพฯ : นิติบรรณการ, 1996, p.347.

は、妻は夫との離婚を求めることができないことを意味する。この点から未だに男女平等が成し遂げられていないとの意見に代表されるように、離婚事由の不平等規定は批難され、夫婦平等に修正すべきことが意見として提示されることとなった。離婚事由の規定は2007年に次のように是正された。

มาตรา ๑๕๑๖
(第1516条)
เหตุฟ้องหย่ามีดังต่อไปนี้
(離婚訴訟の提起事由は以下の通りである。)

(๑) สามีหรือภริยาอุปการะเลี้ยงดูหรือยกย่องผู้อื่นฉันภริยาหรือ สามีเป็นชู้หรือมีชู้ หรือร่วมประเวณีกับผู้อื่นเป็นอาจิณ อีกฝ่ายหนึ่งฟ้องหย่าได้

((1) 夫又は妻が他人を妻又は夫の如く扶助、生活を保障又は礼遇し、姦通を犯し、若しくは他人と習慣的に性交した時、他方は離婚の訴えを提起できる。)

(๒) สามีหรือภริยาประพฤติชั่ว ไม่ว่าความประพฤติชั่วนั้นจะเป็นความผิดอาญาหรือไม่ ถ้าเป็นเหตุให้อีกฝ่ายหนึ่ง

((2) 夫又は妻に重大な非行があり、その非行行為が刑事上の罪となるか否かを問わず、もし他方に対し以下の行為があれば)

(ก) ได้รับความอับอายขายหน้าอย่างร้ายแรง

((a) 恥ずべき行為を受け、面目を失うこと。)

(ข) ได้รับความดูถูกเกลียดชังเพราะเหตุที่คงเป็นสามีหรือภริยาของฝ่ายที่ประพฤติชั่วอยู่ต่อไป หรือ

((b) 重大な非行のある一方の夫又は妻となっていることで軽蔑、嫌悪を受けること。若しくは)

(ค) ได้รับความเสียหายหรือเดือดร้อนเกินควร ในเมื่อเอาสภาพ ฐานะและความเป็นอยู่ร่วมกันฉันสามีภริยามาคำนึงประกอบ อีกฝ่ายหนึ่งนั้นฟ้องหย่าได้

((c) 夫又は妻としての状況、地位、共同生活を考慮しても、損害、又は過度な迷惑を被る時、他方は離婚の訴えを提起できる。)

(๓) สามีหรือภริยาทำร้าย หรือทรมานร่างกายหรือจิตใจ หรือหมิ่นประมาทหรือเหยียดหยามอีกฝ่ายหนึ่งหรือบุพการีของอีกฝ่ายหนึ่ง ทั้งนี้ ถ้าเป็นการร้ายแรง

อีกฝ่ายหนึ่งนั้นฟ้องหย่าได้

((3) 夫又は妻が凶暴な行為を及ぼし、身体又は精神に危害を加え、若しくは他方又は他方の尊属を侮辱、蔑視し、もしその程度が重大であるならば、他方は離婚の訴えを提起できる。)

(๔) สามีหรือภริยาจงใจละทิ้งร้างอีกฝ่ายหนึ่งไปเกินหนึ่งปี อีกฝ่ายหนึ่งนั้นฟ้องหย่าได้

((4) 夫又は妻が故意に他方を1年以上遺棄した時、他方は離婚の訴えを提起できる。)

(๔/๑) สามีหรือภริยาต้องคำพิพากษาถึงที่สุดให้จำคุก และได้ถูกจำคุกเกินหนึ่งปีในความผิดที่อีกฝ่ายหนึ่งมิได้มีส่วนก่อให้เกิดการกระทำความผิดหรือยินยอมหรือรู้เห็นเป็นใจในการกระทำความผิดนั้นด้วย และการเป็นสามีภริยากันต่อไปจะเป็นเหตุให้อีกฝ่ายหนึ่งได้รับความเสียหายหรือเดือดร้อนเกินควร อีกฝ่ายหนึ่งนั้นฟ้องหย่าได้

((4/1) 夫又は妻が最終判決によって1年間以上投獄され、その罪に他方が部分的に関与、同意、又は黙認しておらず、そして夫婦として生活することで他方が損害、又は過度な迷惑を被る時、他方は離婚の訴えを提起できる。)

(๔/๒) สามีและภริยาสมัครใจแยกกันอยู่เพราะเหตุที่ไม่อาจอยู่ร่วมกันฉันสามีภริยาได้โดยปกติสุขตลอดมาเกินสามปี หรือแยกกันอยู่ตามคำสั่งของศาลเป็นเวลาเกินสามปี ฝ่ายใดฝ่ายหนึ่งฟ้องหย่าได้

((4/2) 夫婦が夫婦として幸福に共同生活を送ることが難しいことを理由として同意の上3年間以上別居し、或いは裁判所の命令に従い3年間以上別居している時、他方は離婚の訴えを提起できる。)

(๕) สามีหรือภริยาถูกศาลสั่งให้เป็นคนสาบสูญ หรือไปจากภูมิลำเนาหรือถิ่นที่อยู่เป็นเวลาเกินสามปีโดยไม่มีใครทราบแน่ว่าเป็นตายร้ายดีอย่างไร อีกฝ่ายหนึ่งฟ้องหย่าได้

((5) 夫又は妻が裁判所より消息不明と宣告され、住所又は居住地が3年以上誰にも不明で生死が定かでない時、他方は離婚の訴えを提起できる。)

(๖) สามีหรือภริยาไม่ให้ความช่วยเหลืออุปการะเลี้ยงดูอีกฝ่ายหนึ่งตามสมควร หรือทำการเป็นปฏิปักษ์ต่อการที่เป็นสามีหรือภริยากันอย่างร้ายแรง ทั้งนี้ ถ้าการกระทำนั้นถึงขนาดที่อีกฝ่ายหนึ่งเดือดร้อนเกินควรในเมื่อเอาสภาพ ฐานะ

180

และความเป็นอยู่ร่วมกันฉันสามีภริยามาค้ำนึงประกอบอีกฝ่ายหนึ่งนั้นฟ้องหย่าได้

((6) 夫又は妻が他方を適切に扶助や生活を保障せず、若しくは夫又は妻に対する重大な背反行為により、夫又は妻としての状況、地位、共同生活を考慮しても、損害、又は過度な迷惑を被る時、他方は離婚の訴えを提起できる。)

(๗) สามีหรือภริยาวิกลจริตตลอดมาเกินสามปี และความวิกลจริตนั้นมีลักษณะยากจะหายได้ กับทั้งความวิกลจริตถึงขนาดที่จะทนอยู่ร่วมกันฉันสามีภริยาต่อไปไม่ได้ อีกฝ่ายหนึ่งฟ้องหย่าได้

((7) 夫又は妻が精神異常の状態が3年続き、その精神異常の状態が重く、以後夫婦として共同生活に耐え得ない時、他方は離婚の訴えを提起できる。)

(๘) สามีหรือภริยาผิดทัณฑ์บนที่ทำให้ไว้เป็นหนังสือในเรื่องความประพฤติ อีกฝ่ายหนึ่งฟ้องหย่าได้

((8) 夫又は妻が行った行為で誓約に違反した時、他方は離婚の訴えを提起できる。)

(๙) สามีหรือภริยาเป็นโรคติดต่ออย่างร้ายแรงอันอาจเป็นภัยแก่อีกฝ่ายหนึ่งและโรคมีลักษณะเรื้อรัง ไม่มีทางที่จะหายได้ อีกฝ่ายหนึ่งนั้นฟ้องหย่าได้

((9) 夫又は妻が重い伝染病に罹り、他方に対して危険があり、そして慢性の病気で治癒の方法がない時、他方は離婚の訴えを提起できる。)

(๑๐) สามีหรือภริยามีสภาพแห่งกาย ทำให้สามีหรือภริยานั้นไม่อาจร่วมประเวณีได้ตลอดกาล อีกฝ่ายหนึ่งฟ้องหย่าได้

((10) 夫又は妻の身体の状態により、夫又は妻として恒久的に性交を行うことができない時、他方は離婚の訴えを提起できる。)

ここに初めて姦通を事由とする夫婦間の離婚請求権が平等なものとして規定されることとなった。こうした現状について、ไพโรจน์ กัมพูสิริ [Phairot Kamphusiri] は、特に第1項について次のように概説する[29]。「扶助し、生活を保障する」の文言は、配偶者が他者の生活を維持するのにとって必要不可欠な出費(住居の購入や賃借り、電気代・水道代の支給等)の責任を負うこ

---

(29) ไพโรจน์ กัมพูสิริ [Phairot Kamphusiri], คำอธิบายประมวลกฎหมายแพ่งและพาณิชย์ บรรพ ๕ ครอบครัว ฉบับพิมพ์ครั้งที่ ๗ แก้ไขเพิ่มเติม [概説 民商法典第5編家族[第7版増補]] กรุงเทพฯ : สำนักพิมพ์มหาวิทยาลัยธรรมศาสตร์, 2010, pp.201-203.

とを示す。「礼遇」というのは、夫婦として表現するということで、人前で連れを自身の夫又は妻と紹介すること、或いは自身の両親に挨拶することも含まれるが、配偶者として登録するほどのものは必要とされていない。他者を「礼遇する」とは、「扶助、生活を保障する」事由から区分され、仮令夫がある女性を扶助、生活を保障していなくとも、仮にその女性を妻と類似するように礼遇する行為があった時には、離婚訴訟の事由となる。夫がお金を使うことは必ずしも求められる訳ではなく、隠れて内々で女性を妾として扱い生活を保障する形式でよく、この規定により配偶者は相互に忠実でなければならず、自身の合法的な夫又は妻以外の人を扶助、生活を保障又は礼遇することはできない。「姦通」について、妻が姦通を犯すというのは別の男性との性交を自ら願い出ることを意味する。仮に妻が自ら願い出ず、強姦された時には姦通とは言えない。別の男性と性交した妻は当然に姦通と見做され、離婚訴訟の事由となる。「他人と習慣的に性交した時」とは、夫又は妻が自身の配偶者ではない異性と性交することである。習慣的なもの、或いは複数回に及ぶもので、一時的な臨時のものではない。

　このように、民商法典家族法での妾に関連する規定の変遷を今一度整理すると、次のようになる。草案の段階では、夫が娶ることのできる妻は1人としながらも、妾を娶りそれを登録することも可能となっていた。公布施行された家族法では、配偶者がいる者との婚姻を禁じ、また婚姻は原則として1度のみ登録でき、且つ妻も1人のみ登録可能ということとなり、相手方が死亡、離婚、或いは裁判所の決定によりその登録が取り消された場合には新たに婚姻の登録ができるように規定され、形式上の一夫一婦制の法典が整えられた。しかしその反面、離婚事由には重婚の規定が設けられておらず、仮に夫が別の女性と重ねて婚姻関係を結んだ状態であっても、裁判所の裁定を受けない限りは曖昧な状態に置かれることとなった。さらに、姦通を理由とする離婚事由の規定も夫のみに妻に対する離婚請求権が認められており、例外的に夫婦の間で重大な違反行為があった場合には離婚事由として考慮される解釈もなされたが、法文上は夫が妾を有していたとしても妻は泣き寝入りするしかなかった。こうした条項は徐々に修正が加えられてゆくことになり、まず1976年に改正されたのが離婚事由の規定である。この改正により妾を

有する夫に対して妻が離婚請求を行う機会が与えられることとなり、夫と妻以外の女性との関係も場合によっては妻側からの離婚事由として認められたが、依然として夫婦間の差別規定は完全に是正された訳ではなかった。即ち、仮に妻が他の男性と性交した時には、それが一度のみの行為であったとしても夫は離婚を請求することができるのに対し、夫は仮令他の女性を妾として関係を有していたとしても、その女性を妻の如く扶助、生活を保障又は礼遇していなければ、妻の離婚請求権は認められなかった。続いて1990年の改正により、婚姻関係の無効条項に修正が加えられた。この条項により一夫一婦制に反し、他の女性と更に婚姻関係を結んだ場合や婚姻を登録しなかった場合には、当該関係は無効と判断されることとなった。さらに2007年の改正により、夫婦間の離婚事由の平等化が実現され、夫婦双方が相手方の姦通行為を理由とする離婚請求権を得ることとなり、法文上夫が妾を有した場合には妻が夫との離婚を訴え出ることが可能となったのである。

(2) **刑法典―親族・姦通罪・重婚罪―**

　タイの現行刑法典では、姦通罪及び重婚罪に対する刑罰は定められていない。そのため、夫が妾を有していたとしても、そのことで以て直ちに刑事罰が科されることはタイ刑法典では想定されていない。但し、次の公務員に対する虚偽の申告をした罪には問われ得る。

　　มาตรา ๑๓๗

　　（第137条）

　　ผู้ใดแจ้งข้อความอันเป็นเท็จแก่เจ้าพนักงาน ซึ่งอาจทำให้ผู้อื่นหรือประชาชนเสียหาย ต้องระวางโทษจำคุกไม่เกินหกเดือนหรือปรับไม่เกินหนึ่งพันบาทหรือทั้งจำทั้งปรับ

　　（公務員に対して虚偽の報告をした者で、他人又は公衆に損害を与えかねない場合には、6ヵ月以下の懲役又は1000バーツ以下の罰金、又は懲役及び罰金を科す。）

　婚姻の際は民商法典に定められているように登録の届出をしなければならず、その届出に際して虚偽の申し立てを行ったことにより、本規定の処罰対

象となる。当該規定は1907年修正刑法草案の段階より下記のように既に盛り込まれていた。

Section 116
Whoever gives to any official any information which he knows to be false, and likely to cause injury to any person or to the public, shall be punished with imprisonment not exceeding 6 months, or fine not exceeding 500 ticals, or both.

本条文は、翌年編纂された1908年の最終草案でも第118条に同じ文言が設けられ、これが1908年に施行された1908年刑法へと受け継がれている。

มาตรา ๑๑๘
(第118条)
ผู้ใดเอาความอย่างใดใด ที่มันรู้อยู่ว่าเป็นความเท็จและอาจจะทำให้ผู้อื่นหรือสาธารณชนเสียหายได้นั้น มาแจ้งแก่เจ้าพนักงาน ท่านว่ามันมีความผิดต้องรวางโทษานุโทษเป็นสามสฐาน คือ สฐานหนึ่งให้จำคุกไม่เกินกว่าหกเดือน สฐานหนึ่งให้ปรับไม่เกินกว่าห้าร้อยบาท สฐานหนึ่งให้ลงโทษทั้งจำทั้งปรับเช่นว่ามาแล้วด้วยกัน
(何らかの事情を知り、それが虚偽であり、他人又は公衆に損害を与えかねないことを公務員に対し申告をした者に対しては、次の3つの方法の処分を下されなければならない。即ち、1つは6ヵ月以下の禁獄、1つは500チカル以下の罰金、1つは両方を科す処分である。)

このように、公務員に対する虚偽の報告により刑事罰が問われる法文は草案の段階から存在するが、他方で現存する刑法典草案では姦通罪及び重婚罪の規定は確認されていない。しかし、刑法典の起草に携わった政尾藤吉が記した論稿から、1906年刑法草案には姦通罪の処罰規定が盛り込まれていた可能性があると考えられる。政尾によると同草案の第2編「罪」の第7章に「風紀ニ対スル罪」が設けられており、その内第1節が「風俗ヲ害スル罪」、

第2節が「強姦猥褻姦通ノ罪」となっているためである[30]。刑法草案の章立てを比較してみるならば、1907年修正刑法草案では、第2編第6章 "Offences against Morals" には "Offences against Public Morals" 及び "Rape and Indecent Assault" が設けられているが、姦通罪に関する条文も、またその章立ての文言にも含まれていない。1906年刑法草案以前の草案（1898年の第一草案、及び1901年の第二草案）も現存していないため、姦通罪の規定の有無や、どのように規定されていたのかは詳細なことは不明である。1901年に編纂された第二次刑法草案の章立ての記録は残されているが、それによると "Offences against Public Morals" には "Indecency, Rape, etc." 及び "Unnatural Offences" の罪が規定されていたことが示されているが[31]、同草案に姦通罪の規定が盛り込まれていたかについては判然としない。

仮に1906年刑法草案に姦通罪の条文が盛り込まれていたとするならば、何故同草案で姦通罪が設けられたのだろうか。政尾やパドゥーの書き記した論稿では両者ともに、姦通罪の規定の有無やその議論について詳しく指摘していないためはっきりとしたことは分からないが、1906年刑法草案の編纂過程では、フランス刑法典、インド刑法典、ベルギー刑法典、オランダ刑法典、イタリア刑法典、日本刑法改正案、エジプト刑法典、さらにはドイツ、デンマーク、ハンガリーの刑法典等、各国の刑法典を参照しながら作業を行っていたことと何らかの関係があったものと思われる[32]。諸外国で多くの法典では姦通罪の条項が設けられており[33]、且つ当該草案の起草者の中心的人物だった政尾及びパドゥーはどちらも刑法典に姦通罪を規定する国の出身者だったこととも関係し、そうした影響を受けタイ刑法典にも規定が設けられ

---

(30) 政尾藤吉「暹羅国刑法草案」『法学協会雑誌』25-5、1907年、735-736頁。

(31) 「各国刑法関係雑件」（外務省外交史料館所蔵：第4門―第1類―第1項―第35号）。

(32) Tokichi Masao, "The New Penal Code of Siam" in *The Journal of the Siam Society*, Vol. 5, Part. 2, 1908, pp. 1-14.; Tokichi Masao, "The New Penal Code of Siam" in *The Yale Law Journal*, Vol. 18, No. 2, 1908, pp. 85-100.; Georges Padoux, *Report on the Proposed Penal Code for The Kingdom of Siam, Submitted to His Royal Highness Prince Rajburi Direckrit Minister of Justice* (1906.) : Reprinted in *Laws of South-East Asia, vol. 2, European Laws in South-East Asia*, M. B. Hooker (ed.), Singapore: Butterworth and co., 1988, pp. 583-584.

ることが想定されていたのではないだろうか、とも考えられる。

ところが、1907年修正刑法草案、1908年の刑法最終草案、及び1908年に施行された刑法典、即ち現存している刑法草案及び刑法典には、姦通罪・重婚罪の何れの規定も置かれていない[34]。これらの条文が設けられなかった明確な事由は明らかとなっていないが、チュラーロンコーン王（ラーマ5世）が1894年1月に出した法律改革に関する勅令での記述の一部が、その要因を間接的にではあるが示唆していると思われる。国王の勅令では、改革を行うにあたり異なる習慣や伝統を盲目的に模倣することに警鐘が鳴らされており[35]、法典を整備する際にはタイの社会に適合すべきか否か、特に家族分野に関する法分野において常に考慮されることとなった。その結果、一夫一婦制の導入が示され、婚姻関係が登録されることとなったものの、重婚罪の規定は社会で未だに受容するまでには至っていない、と判断されたことにより、刑法上の規定が設けられることは無く、あくまでも公務員に対する虚偽の申し立てをしたことによる刑事上の罰則規定が設けられることとなった[36]。

さらに、親族の規定についても見ておこう。タイ刑法典には日本や中国における刑法典と異なり、親族の範囲を明記する規定は設けられなかったものの、1908年刑法第54条に尊属や卑属といった文言が盛り込まれていた。

มาตรา ๕๔

---

[33] 姦通罪について、イタリア刑法では第353条に、フランス刑法は第337条に規定していた。日本では草案の段階より一貫して姦通罪の規定があった。ベルギー刑法では第387条に規定が設けられていた。1904年のエジプト刑法典の規定は定かではないが、国立国会図書館に所蔵されている『埃及法律書　刑法　完』では第243条に姦通罪の規定を置いている。当時のインド刑法の規定については現段階では不明である。

[34] この点につき、立法に携わったパドゥーも著作の中で指摘している。Georges Padoux, *Code Pénal du Royaume de Siam, Promulgué le 1er Juin 1908, Entré en Vigueur le 22 Septembre 1908, Version Française, Avec une Introduction et des Notes*, Paris: Imprimerie Nationale, 1909, p.59.

[35] แสวง บุญเฉลิมวิภาส [Swaeng Boonchalermwipas], *ประวัติศาสตร์ กฎหมายไทย พิมพ์ครั้งที่ ๑๐* [タイ法制史　第10版], กรุงเทพฯ : วิญญูชน, 2011, p.256.

[36] Ibid., pp.256-257.

(第 54 条)

ผู้ใดกระทำความผิด ฐานประทุษฐร้ายต่อทรัพย์สมบัติตามที่กล่าวไว้ตั้งแต่มาตรา ๒๘๘ จนถึงมาตรา ๒๙๖ ก็ดี ตั้งแต่มาตรา ๓๐๔ จนถึงมาตรา ๓๒๑ ก็ดี ตั้งแต่มาตรา ๓๒๔ จนถึงมาตรา ๓๒๙ ก็ดี แลในมาตรา ๓๔๐ นั้นก็ดี ถ้ากระทำแก่ทรัพย์ ญาติที่สืบสายโลหิตนับโดยตรงขึ้นไป คือ พ่อ, แม่, ปู่, ย่า, ตา, ยาย, ทวด ของมันเองก็ดี นับโดยตรงลงมาคือลูก, หลาน, เหลน, ลื่อ ของมันเองก็ดี ท่านว่ามันควรรับอาญาที่กฎหมายบัญญัติไว้สำหรับความผิดเช่นนั้นแต่กึ่งหนึ่ง

(第 288 条乃至第 296 条、第 304 条乃至第 321 条、第 324 条乃至第 329 条及び第 340 条に規定する財産に対する罪を犯した者で、直系の尊属、即ち自身の父、母、父方の祖父、父方の祖母、母方の祖父、母方の祖母、曽祖父母、及び直系卑属、即ち自身の子女、孫、曾孫、玄孫による直系血族に損害を加えた者は、その罪につき定めている刑の半分に減刑する。)

ถ้าแลความผิดเช่นว่ามานี้ เป็นความผิดที่สามีกระทำต่อภรรยาหรือภรรยากระทำต่อสามี ท่านว่าไม่มีโทษ

(もし、当該罪を夫が妻に対して、又は妻が夫に対して犯した場合は、これを罰しない。)

当該条文は 1907 年修正刑法草案には既に盛り込まれていた。本条で規定されている罪には窃盗罪が含まれていた。例えば、第 288 条では次のように定められていた。

มาตรา ๒๘๘
(第 288 条)

ผู้ใดบังอาจเอาทรัพย์ของผู้อื่นไปโดยการทุจริต ทรัพย์นั้นจะเปนของๆ ผู้หนึ่งผู้ใดทั้งนั้นก็ตาม หรือผู้หนึ่งผู้ใดเปนเจ้าของทรัพย์นั้นแม้แต่ส่วนหนึ่งก็ตาม ถ้าแลมันบังอาจเอาไปโดยเจ้าของเขามิได้อนุญาตไซ้ ท่านว่ามันคือโจรลักทรัพย์ มีความผิดต้องรวางโทษจำคุกไม่เกินกว่าสามปี แลให้ปรับไม่เกินกว่าห้าร้อยบาท ด้วยอีกโสดหนึ่ง

(不正に他人の財産の全て又は財産の一部を、仮にその人の許可なく窃取した者

は、それは即ち窃盗の罪となり、3年以下の禁獄、そして500チカル以下の罰金を科す。)

　このように窃盗罪を適用するのに際して親族に対して刑が減刑される点では、日本や中国の親属相盗に類似する法的効果が与えられていた。但し、当該規定では尊属や卑属は列挙されていたものの、その範囲について全体を規定する条項は設けられていなかった。これについて政尾は、「暹羅では昔から親族の間の盗罪といふものは罰せぬことになって居る、それで暹羅の新刑法の第五十四条には配偶者間及び直系の尊属又は直系の卑属間の盗罪は之を罰せずといふことになって居る、別に日本にあるやうな親族例といふものはございませぬ、それで配偶者とか直系尊属とか直系卑属といふやうなことの定義は刑法の中には与へてなくて、是は全く習慣法に譲ってある。」[37]と言及しており、妾が親族に含まれるか否かについての直接的な議論はなされることはなかったと思われる。名尾玄乗の著作においても、「然ルヲ況ンヤ姦淫罪ヲ認メサルニ於テヲヤ。固ヨリ熱帯国民早熟ノ結果トシテ、猥褻罪ニ対スル男女ノ年齢ヲ十二歳以下ト為シタルハ理由ナキニ非スト雖モ、猥褻強姦罪トシテ姦通及重婚ニ関スル規定ナキハ一方民法ナク（目下草案中）、他方戸籍法ナク（目下調査中）、従テ夫タリ妻タルノ法律上ノ身分不確実ナル結果トシテ、姦通及ヒ重婚罪ノ成立ヲ認ム可キ理由ナキニ外ナラスト雖モ、元来教育乏シク道徳ノ標準低キ暹羅国民ノ状態トシテ父母、夫婦、兄弟、姉妹タル上下一般ノ親族関係曖昧ニシテ乱倫ヲ極メ、姦通離婚滔々トシテ社会組織ノ根底ヲ残賊スルト共ニ相続関係亦頗ル曖昧ニ没却セラル、カ如キハ、実ニ社会組織ノ精髄ヲ蹂躙スルモノニシテ暹羅国文明ノ前途遼遠ナリト謂フヘシ。若シ夫レ国家組織ノ基礎トシテ家族組織ノ堅実ヲ計ラントセハ須ラク根本的社会政策ノ必要上民法ノ如キ私法制定ノ緊急要務ナルヲ認ム。」[38]と言及がされている。

　以上のようにタイ刑法典では、日本や中国とは異なり親族の範囲に関する

---

(37)　政尾藤吉「暹羅の新刑法に就て」『法学協会雑誌』25−11、1907年、1645頁。
(38)　名尾玄乗編『暹羅王国之瞥見』水公社、1912年、77頁。

規定や姦通罪、重婚罪の処罰規定は現存する草案内には盛り込まれていない。姦通罪に関してはその規定が置かれた形跡はあるように思われるが、起草段階で修正が加えられたのではないか、と見られる。こうした規定は、日本・中国においては妾をめぐる問題として取り上げられていた点については先に見た通りであるが、タイにおいてはそもそも条文が設けられていなかったためか、近代期において法文をめぐる問題としては大きくは意識されていなかったようである。

第2節　判例の状況

では実際の裁判の中で、夫と妻以外の女性との関係は如何に扱われたのだろうか。近代期の裁判例を中心にその具体的事案に着目する。

民商法典の施行前に男と女が婚姻していると認められるためには、儀式を挙げること、若しくは周囲にその婚姻関係を公にすることが要件となっていたことが示されている。[ディカー裁判所：995/1919.11.25] では、男性が結婚に際して金銭を女性側の家族に支払ったものの、当該男性は刑事訴追を受けていたために実際に結婚の儀式は行われず、女性側が婚礼の儀式を挙行すること、及び金銭の返還を拒否したため、後に男性がその金銭の返還を求めた事案であるが、ディカー裁判所は正式な結婚関係にあることが認められるためには婚礼の儀式が必要不可欠であるとして、男性が支払った金銭の返還請求を認めた[39]。[ディカー裁判所：131/1922.6.26] も夫婦の要件を示した判決として注目される。当該事案では、男性が女性を女性宅から連れ去った後に自宅に同居させたが、この男女の関係を夫婦と認めるか、が争われた。アユッタヤーでの第一審は女性を法律上の妻と見做したが、控訴審では法律上の夫婦関係ではなく、単なる愛人と妾の同居関係に過ぎないと判示した。ディカー裁判所では男女は同居していたとは言え婚姻関係には無く、女性を妻として迎え入れたものではないとの判決を下し、単なる同居は夫婦として扱わなかった。[ディカー裁判所：311/1923.9.22] においても、男性が女性を女性の母親の承諾無しに家から連れ出し同居していた場合に、男性が当該女性とは夫婦関係にあると主張したのに対し、裁判所は法律上の夫婦関係を否

定した。さらに、［ディカー裁判所：1006/1931.3.30］でも儀式を挙げたことで夫婦が結婚していることを認めている。その他にも、儀式によって妻となった場合にはその旨が表示される等（例えば、［ディカー裁判所：213/1921.7.26］、［ディカー裁判所：1229/1930.3.24］）、夫婦関係が認められるためには婚姻儀式の有無が判断材料の一つとなっていた様子が窺える。

その一方で、［ディカー裁判所：1060/1930.1.10］では、公に同居していた男女の関係を法的な夫婦として処理していることから、男女が同居していることが周知されている場合には、夫婦として扱われていたようである。［ディカー裁判所：921/1931.3.26］では、婚姻の儀式を経ずして長年連れ添った夫婦が当事者として登場しているが、裁判所の判断では当該夫婦関係を有効なものとし、夫婦と認めている。ここでは婚姻の儀式を挙げなくとも、公に夫婦として生活している場合には婚姻関係があるものとして扱われている。

家族法施行後には、夫婦の要件を従来よりも厳格に見ている。［ディカー裁判所：137/1938.6.7］は、夫婦が結婚するに当たり金銭の授受があり、さ

---

(39) 結婚に際して、夫となる男性が妻となる女性に支払うのが ของหมั้น（Khongman）であり、妻となる女性の保護者に婚約時に支払うのが สินสอด（Sinsod）である。このことについては1935年民商法典家族法にて下記の規定が置かれていた。

มาตรา ๑๔๓๖
（第1436条）
ของหมั้น คือทรัพย์สินซึ่งฝ่ายชายให้ไว้แก่ฝ่ายหญิง เพื่อเป็นหลักฐานและประกันว่าจะสมรสกับหญิงนั้น
（"Khongman" とは、男性側が女性に対してその女性との結婚が行われることの証拠及び保証するものとして授受される財産である。）
เมื่อคู่หมั้นได้สมรสแล้ว ของหมั้นย่อมตกเป็นสิทธิแก่หญิง
（婚約した者同士が結婚したときには、"Khongman" は当然に女性のものとなる。）
สินสอด คือทรัพย์สินซึ่งฝ่ายชายให้แก่บิดามารดาหรือผู้ปกครองฝ่ายหญิง เพื่อตอบแทนการที่หญิงยอมสมรส ถ้าไม่มีการสมรส ชายเรียกคืนได้
（"Sinsod" とは、女性の結婚を承諾した際の返礼のために、男性側が女性側の両親又は保護者に対して渡す財産である。もし結婚が行われなかった場合は、男性は返還を要求することができる。）

当該規定により ของหมั้น（Khongman）は結婚後には女性の所有となること、婚姻が行われなかった際には男性側の สินสอด（Sinsod）の返還請求が認められているため、離婚の事例では婚姻関係の有効性を争うと同時に、しばしばこうした金銭の返還請求が見られる。

らに婚姻の儀式も挙行されたが、妻が婚姻の登録をすることを拒否したため、夫が妻に対し婚姻の登録を求め、仮に登録を拒否する場合には支払ったお金を返還するよう求めた案件である。妻側は結婚の登録に合意したことはないと反論したが、下級審の判決では婚姻の儀式を挙げているものの、婚姻の登録がなされていないために民商法典第1449条に従い夫婦としての効力は認められないこと、従ってもし婚姻の登録を希望しない場合は受け取った金銭を返還しなければならない、と判示した。ディカー裁判所も、婚約がなされたのが1936年で民商法典の家族法が適用される範囲にあることが確認された後、婚姻の儀式を挙げその後も同居して生活をしていることは単に夫婦生活を送っているかのような印象を与えるが、登録をしない限り法律上の有効性が与えられるものではなく、法的には夫婦と見做し得ないとの判決が下された。従来、婚姻の儀式の挙行、或いは長年公に同居している事実で以って夫婦と見ていたが、本件により正式な登録手続きを経ることで初めて法律上の夫婦の要件を満たすことが示された[40]。[ディカー裁判所：496/1940.10.8]も、婚姻の儀式を挙行し、同居していたにもかかわらず登録手続きを行っていなかった男女が当事者となっている事案であるが、第一審では男女を夫婦として認めたものの、控訴審では第1449条の規定に従い結婚する際には登録をしなければならないこと、本件では婚姻の儀式を挙行しているが婚姻の登録がなされていないことを理由として法的には夫婦とは言えない旨を明らかにし、ディカー裁判所も仮令双方が同居したとしても法律上夫婦の要件を満たしていないことを理由に夫婦としては認めず、よって男性が結婚時に支払った金銭の返還請求権は認められることとなった。

但し、民商法典施行前に既に事実上の婚姻関係を結んでいる男女が当事者であった場合には、民商法典施行条例により、新法の適用範囲外にあった。

มาตรา ๔

(第4条)

---

[40] 本事例について、1935年10月1日の民商法典家族法の施行により、一夫一婦制の婚姻規定を有している国として海外からも関心を持たれている旨が記されている (*The Bangkok Times*, 1939.4.1)。

บทบัญญัติแห่งบรรพนี้ไม่กะทบกระเทือนถึง
(本法典の規定は以下の場合には影響を及ぼさない。)

(๑) การสมรส ซึ่งได้มีอยู่ก่อนวันใช้ประมวลกฎหมายบรรพนี้และทั้งสัมพันธ์ในครอบครัว อันเกิดแต่การสมรสนั้นๆ
((1) 本法典が施行される以前に婚姻し、その婚姻によって生じるところの家族関係。)

(๒) การใช้อำนาจปกครอง ความปกครอง การอนุบาลการรับบุตรบุญธรรม ซึ่งมีอยู่ก่อนวันใช้ประมวลกฎหมายบรรพนี้ หรือสิทธิและหนี้อันเกิดแต่การนั้นๆ
((2) 本法典が施行される以前の子どもの保護権、監督権、養子縁組、若しくはそれによって生じるところの権利義務関係。)

［ディカー裁判所：1293/1936.1.1］、［ディカー裁判所：1253/1936.12.26］、［ディカー裁判所：246/1937.7.8］等の判例からも新法の適用を受けない事例があった旨が確認される。やや特殊な事案としては、儀式を挙げずに17年間の夫婦生活を送った妻が、夫による暴力を理由として離婚の請求を訴えた事案［ディカー裁判所：589/1939.9.9］がある。ディカー裁判所は、民商法典の施行以前から当事者が夫婦関係を有していたため儀式を挙行せずとも夫婦と見做したが、特徴的なのは新法に基づく離婚事由を認めたことである。従来の判決では家族法が施行される以前の夫婦間においては、新法の効力が及ばない旨の判決が下されたが、本件では夫が妻を棒で殴打するような暴力行為は民商法典第1500条に規定する離婚事由に該当するものとして離婚が認められた。

タイ近代期の裁判事例を通じて、夫が妻以外に妾を有している様子が散見される。例えば、［ディカー裁判所：24/1925.5.26］では、夫には妻の借金に対する法的責任があることを認めた判決であるが、まず女性が"เมียหลวง"（mia luang）即ち妻の立場にあることを確認し、夫の"เมีย น้อย"（mia nooi）つまり妾に対する借金の法的責任とは異なることが判決として下されている。同様の妻或いは妾の借金に対する夫側の法的責任に関する案件では、女性が妻の身分にあったか否か、ということが重要な要素を持っていたと見られ、［ディカー裁判所：856/1926.3.14］や［ディカー裁判所：

444/1928.10.13］でも、妻の借金に対する夫の法的責任を肯定した。他にも、女性が男性と別離することを訴えた事件で、女性は"ไม่ใช่เป็นเมียที่แต่งงาน"（結婚による妻ではない者）の立場にあり、男性により習慣上の方法により扶養されていたが、別離の訴えを取り下げる代わりに妻としての地位を認めることを求めていた事案も報告されている[41]。こうした妻と妾を区別している旨を示した案件として、［ディカー裁判所：614/1932.11.30］がある。当該事例は、夫には既に妻がいたが長年妾と同居する生活を送り、夫と妾との間に子どもが生まれたが、夫は公務のために海外へと移転、後に帰国したが妾のもとへは戻らず、妾が離別の手続きを取るために裁判所へ訴え出たという事実関係である。その際、下級審もディカー裁判所も裁判へ訴え出た原告は妾であり、法的な妻ではないことには争いがない、との判断を示している。

　では、夫が妾と関係を有している場合には妻側からの離婚事由として認められたのだろうか。注目すべき2つの事案を紹介する。まず、［ディカー裁判所：420/1928.10.5］の事案は、妻が夫から4度に亘る暴行を受けたため離婚を請求したもので、対する夫は暴行を加えたことは認めたが、それは妻が暴言を吐いたためであったこと、そして妻への暴行は深刻な傷ではなく離婚に相当するものではないと反論した案件である。ペッチャブリー裁判所は、夫から妻に加えられた暴行が深刻な傷ではなく離婚に至る程の事由ではないとしたが、控訴審では事案をより詳細に調査、夫が妾と同居することとなったが、妻に対し夫が3回殴打したものの一旦は夫婦関係が修復、しかしその後に夫が妻に痣を作る程の暴行を加え、妻に対し殺害を仄めかす脅迫をしていた事実関係により、両者が同居して生活をすることはできないとして離婚の請求を認めた。ディカー裁判所は、夫が妻を適正に扱っていないこと、さらに何度も暴行を加えていることを重く見た上で、控訴審の判決と同様に妻側の離婚請求を認めた。

　［ディカー裁判所：344/1936.7.30］も同様に、妾を有している夫に対し妻が離婚の請求を訴え出た事案である。妻側の主張は、夫と公式に夫婦となっ

---

(41) "The Divorce Case"（*The Bangkok Times*, 1923.9.26, 1923.10.4）.

第3章　近代タイにおける妾　193

ており、さらに夫は将来的には他の妻を娶らず現在の妾と別れることを妻に約束したものの、夫はその約束を破り、従来通り妾と共に住み妻を適正に扱っていない、というものであった。対する夫は当該約束を交わしたことは認めたが、妾とは最早関係を有しておらず、妻を適正に扱っていない云々については、妻の行為が悪かったために折檻したに過ぎない、と反論した。本件に対するディカー裁判所の裁定は、(1)夫による約束は法的に効力があるのか、(2)夫が妾と別れることについての法的効力は無いのか、(3)約束は守られなかったのか、の諸点を勘案した上で、夫が妻に対して行った約束は有効であり、夫が依然として妾の元を訪れ続けていたことから妻が請求した離婚を認容した。当該事案では、夫と妾との関係が問題視されており、夫が妾と別れることを妻に約束していたにもかかわらず、その約束を履行しないことを理由として妻が離婚を訴え、その主張が認められたものとして重要な位置付けを有している。

　両案件について見ると、何れも妾と関係を有している夫に対し妻の離婚請求権が認められた事例であるが、夫が妾と関係している事実のみは離婚事由として取り上げられてはいない。それぞれ、夫の妻に対する処遇を原因として妻側からの離婚の訴えが認められているという背景がある。

　ここで、妻からの離婚請求権が認められるその判断基準についての概略を見るために、別の案件を示してみたい。[ディカー裁判所：240/1921.8.2]は妻が離婚を訴え出た事例である。妻側は夫が結婚後2ヵ月で妻に暴行を加え、実家へ帰省していたにもかかわらず強制的に連れ去ったと主張、対する夫側は病気の療養のために帰省していたが、回復の後に自宅へ招いたところこれを拒否し自分を罵倒したため、妻の背中を剣の平らな部分で3度程殴打したが深刻な傷を与えた訳ではないと反論し、離婚に至る程の事由は無い、とした。チャングワッドの第一審は、当該行為は離婚に至る程の事由ではないことを理由に妻の離婚請求を認めなかった。控訴審では、夫は妻が姦通行為に及んでいるとの虚偽の事実に基づき妻を批難していることは重大な侮辱に該当すること、また夫が妻に剣を用いて殴打したことは不道徳であること、を考慮し重大な離婚事由として判断した。しかし、ディカー裁判所は夫が妻に対し剣で殴打して青痣を作ったのに過ぎないのであり、法律上離婚を

認めるに至る迄の重大な事由とは認められないとして、妻側の離婚の訴えを離婚の成立事由として承認しなかった。

　妻の離婚が認められる基準について見ると、当初は暴力を伴う行為であっても離婚が認められる程のものではないとする状況であったことが示されているが、先の［ディカー裁判所：420/1928.10.5］や［ディカー裁判所：589/1939.9.9］の例でも見られるように、次第に夫の暴行行為を離婚の事由として認めるようになっている。こうした妻からの離婚を柔軟に判断し認容している過程については次の判決からも確認できる。［ディカー裁判所：350/1931.10.2］は、夫が妻を猥褻目的で拉致して結婚した事案で妻が夫に対して離婚を請求したものである。下級審では夫が妻を適正に扱っていないことの証拠が無いこと等を理由として離婚請求の訴えを認めなかったが、ディカー裁判所では夫が妻を拉致していることについては有罪判決が下されていること、それにより夫は犯罪者と見做され妻にも影響を及ぼしていること、仮に今後も夫婦生活を続けるのであるならば妻は周囲の恥晒しになりかねないこと、等の諸事情を指摘し、今後夫婦として生活できない程の屈辱的な恥を相手に与えた場合は当事者が離婚を請求することができるとして、下級審判決を覆した。［ディカー裁判所：241/1933.8.14］も夫婦の離婚の事案である。事実の概要は、夫が妻に対し残酷な扱いをしていること、例えば妻を家から放り出し、妻の殺害を仄めかしたり、扶養する意思も最早無いことを告げたりした、というものであった。第一審では離婚を認める程のものではない、として妻の訴えを認めなかったが、控訴審及びディカー裁判所は夫が妻を扶養するための意思を有していないことは明白であるとして、当該事由は離婚を認めるに足るものと判示した。こうした夫の行為により妻が離婚の請求をした同様の事案として、［ディカー裁判所：206/1940.7.22］がある。当該事案では、夫の有罪判決が下されたことに対して、妻が民商法第1500条で定められているところの侮辱を根拠とする離婚の請求を行ったものである。本件では夫の有罪判決により妻が侮辱されたことを認め、妻は離婚請求をし得るものとの判断を示した[42]。

　このように、タイの近代期における判例を見てきたが、当初の事案では夫が複数の女性と関係を有することが認められ、裁判例の中でも夫に妻及び妾

が何人かいることを窺わせる記録が残されている。その一方で、男女の婚姻関係を肯定するためには儀式の挙行、或いは公的に夫婦関係を周囲に知らしめることが求められていたこと、さらに女性が妻か妾なのか、についての判断が求められる事案もあり、裁判所では法的に夫婦の要件を満たす基準に照らして判断していたことも示される。民商法典家族法が施行されて以降は、夫婦の要件を法律に照らしより厳格に見ており、仮令婚姻の儀式や長年に亘る夫婦としての同居生活といった旧法の夫婦の要件を満たしていたとしても、原則として登録がなされていない限りは法的な夫婦として扱われないこととなった。夫婦の離婚事由については、時代と共に次第に妻側の離婚請求を柔軟に認めるようになってきたことが示されている。初期の頃の判例では、仮令夫による暴力があったとしても離婚に至るまでの行為ではない、として妻の離婚請求は否定されたが、暴力行為は勿論、夫の有罪を以て妻に対する侮辱と見做し、その離婚請求を認容している。夫の蓄妾行為については、それ自体は法文上も、そして判例上も離婚事由とは認められていない

---

(42) 夫の有罪判決は妻側の離婚事由として認められ得る判断が示されたが、第一審、控訴審、ディカー裁判所では、離婚を提起するための時効期間により、妻の離婚請求権を認容するか否かの判断が異なった。離婚提起の時効期間は、民商法第1509条第1項で以下のように規定されていた。

มาตรา ๑๕๐๙
(第1509条)
สิทธิฟ้องร้องโดยอาศัยเหตุในอนุมาตรา (๑) (๒) (๓) (๔) และ (๗) แห่งมาตรา ๑๕๐๐ หรือมาตรา ๑๕๐๕ ย่อมระงับไป เมื่อพ้นกำหนดสามเดือนนับแต่วันผู้กล่าวอ้างรู้หรือควรรู้ความจริงซึ่งตนอาจยกขึ้นกล่าวอ้าง อย่างไรก็ตาม ห้ามมิให้ฟ้องเมื่อพ้นกำหนดสองปีนับแต่วันเกิดเหตุนั้น
(第1500条の(1)(2)(3)(4)及び(7)、又は第1505条に基づく訴訟の権利は、訴訟を申し立てる人が申し立てる事実を知る、若しくは知るべきであった日から3ヵ月を過ぎた場合に消滅する。如何なる場合もその事由が発生して2年を経過すると訴えることはできない。)

第一審では3ヵ月間の時効は既に消滅しているとして、離婚請求が認められなかった。控訴審は時効期間の起算点を夫の刑事事件による有罪判決が結審した日とはしなかったため、未だに時効は消滅していないとして、一転して妻の離婚請求を認容する判決を下したが、ディカー裁判所は妻が夫により侮辱されたことを知り得た日から3ヵ月以内に訴えを提起しなければならないが、実際に提起されたのはそれ以降であるとして、控訴審判決を破棄した。

が、妾を有している夫の妻に対する接し方が適正なものではないとの理由で以って離婚成立を認めていることは、近代タイの妻や妾の法的立場を考察する上では意義深い。

第3節　メディアの状況

近代期のタイでもメディア媒体が発達する中で[43]、一夫一婦制の問題が議題に上っている様子が窺える。ここでは"The Bangkok Times"を中心としながら、日本で発行された雑誌記事や、Scot Barmé氏の業績[44]にも依拠しながら見てゆく。

(1) 一夫多妻制の状況とその批判

タイにおける一夫多妻制の状況は、当時の雑誌記事や著作からも明らかである。John Gordon Drummond Campbellが記した *Siam in the Twentieth Century : Being the Experiences and Impressions of a British Official* (London, E. Arnold, 1902.) では、一夫一婦制を希求する動きがあるとする一方で、富のある男性が妻以外にも妾を娶ることが普通に見られる旨を記述する[45]。南鴎「暹羅婦人の風俗」(『南洋協会雑誌』5-5：1919年)では、「暹羅は一夫多妻の国であって一家に多数の妻が同居して居ると云ふ風で妻は奴隷の様に夫に服従して居る」と記され、豊原太郎の「暹羅事情(一)」(『南洋協

---

[43] 当時の論説によると、タイ字紙、英字紙、漢字紙の新聞が発行されていた。三谷盤谷「タイの新聞界」(『新亜細亜』1-11：1939年)、安井太郎「タイ国の新聞雑誌」(『日本タイ協会会報』32・33：1943年)、今井泰三「泰国新聞界の現状と其の発達経路―五月十七日同国第二回新聞日に因んで―」(『日本タイ協会会報』40：1944年)等の論稿にて示されている。

[44] Scot Barmé, "Proto-Feminist Discorces in Early Twentieth-Centry Siam", in Peter A. Jackson & Nerida M. Cook (ed.), *Genders & Sexualities in Modern Thailand*, Silkworm Books, 1999.; Scot Barmé, *Woman, Man, Bangkok: Love, Sex, and Popular Culture in Thailand*, Silkworm Books, 2002.

[45] John Gordon Drummond Campbell, *Siam in the Twentieth Century : Being the Experiences and Impressions of a British Official*, London, E. Arnold, 1902, pp.113-114.

会雑誌』5-7：1919年）でも一般の家庭について「一夫多妻の者亦た少からずといふ。」との言及がある。W.A. Graham, *Siam : A Handbook of Practical, Commercial, and Political Information*（London: A. Moring,［2nd Edition］, 1912.）も亦、男子が経済的に負担でなければ婦人を多く娶ることが可能となる旨を指摘している。その際、儀式によって娶った最初の妻のみが他の妾に対する統制権を有すること、時には夫が他所で女を求めるのを防ぐ目的で家族の数を増加し、さらに家庭における自己の地位を高めるために妻が夫に他の女性を家庭に入れることを薦める場合があることも示している[46]。Karl Döhring が 1923 年に執筆した著書の中でも、タイが近年まで一夫多妻婚の習慣であったことが記されている[47]。

タイ人の書き残した記録からも一夫多妻の状況が示されている。1914年に裁判官の息子として生まれた Kumut Chandruang が、1940 年に出版した自叙伝 *My Boyhood in Siam*[48] にて自身の家庭の状況を書き記しているが、著者の周囲は一夫多妻が普通のこととして描かれている。著者の父親が妻以外の妾を受け入れ、金銭的に裕福であれば妻以外の女性を迎え入れることには違和感を持たれていなかったこと、また最初の妻が家政の全権を掌握し、他の妾を勝手に処罰する権利を有していた様子も窺える。

民商法典で一夫一婦制が規定されたものの、依然として仮に夫が妻以外に妾を有していたとしても処罰されることはなかった。そのためか、民商法典を施行後にも厳格な一夫一婦制が実施されていた訳ではなく、依然として一夫多妻の社会にあることを述べている論稿が散見される。例えば、磯部美和「亜細亜の肢脚タイ国」（『新亜細亜』創刊号：1939年）、磯部美和「暹羅の婢

---

(46) W.A. Graham, *Siam : A Handbook of Practical, Commercial, and Political Information* (London: A. Moring, [2nd Edition], 1912, p.153. 同書の邦訳本として、グレーム著、南洋協会台湾支部訳『暹羅研究　第一編』（南支那及南洋調査第132輯）台湾総督官房調査課、1927年がある。

(47) Karl Döhring, *The Contry and People of Siam*, Walter. E. J. Tips (tra.), White Lotus Press, 1999, (Originally Published as *Siam. Band 1: Land und Volk*, 1923, Folkwang Verlag G. M. B. H., Darmstadt.), p.21.

(48) 同書の邦訳に、クミュー・チャンドラン著、蕗澤忠枝訳『我が泰国の日』モダン日本社、1941年がある。

史野乗」(『暹羅協会会報』15：1939 年)や、戸波新平「タイ国街頭風景」(『新亜細亜』1-11：1939 年)がある。特に戸波は、「今では経済的に段々細君の数が減って来た様ですし、又法律によって一夫一婦と定められていますが、それでも数人の細君のいる家庭は珍しくありません。」と述べている。民商法典が施行された後でも、福中又次『泰国・仏印と日本人』(婦女界社、1941年)や、台湾総督府外事部編『友邦泰国の現況　泰国要説』(南方資料館、1942 年)には、経済的に余裕がある範囲で妻や妾を有し同棲する旨が記述されており[49]、Phra Sarasas, *My Country Thailand; Its History, Geography and Civilisation*, ([2nd. Edition], 1950.)でも、タイは未だに一夫一婦制を希求する一夫多妻国家である旨が述べられている[50]。

　こうした一夫多妻の要因として、ベルギー人お雇い外国人のÉmile Jottrandは自身の日記において、タイの一夫多妻制は西洋人が認識する娯楽という要素は無く、むしろ男系の血族を存続ならしめるために行われていること指摘する[51]。当時、仏教の教義から一夫多妻制を擁護する考えも説かれており、1867 年には เจ้าพระยาทิพากรวงษ์มหาโกษาธิบดี (ขำ บุนนาค) [Chao Phraya Thiphakorawong (Kham Bunnag)] により หนังสือแสดงกิจจานุกิจ [諸事纂集概説書]が出版された[52]。同書は質問とそれに対する応答を繰り返す問答形式で執筆されているが、一夫多妻制の是非を問うのに際し、何故一夫多妻制があるのか、それは受容できるものなのか、という問題意識を設定し、さらにその答えを得るための検討課題として、男女の本質は同じものか或いは異なるのか、タイの仏教観に基づく婚姻の慣習は他のイスラム教やキリスト教の文化と比較でき得るものなのか、仏陀は一夫多妻についてどのよ

---

(49)　福中又次『泰国・仏印と日本人』婦女界社、1941 年、126-127 頁。台湾総督府外事部編『友邦泰国の現況　泰国要説』南方資料館、1942 年、142 頁。

(50)　Phra Sarasas, *My Country Thailand; Its History, Geography and Civilisation*, [2nd. Edition], 1950, p.169.

(51)　Mr. and Mrs. Émile Jottrand, translation and introduction by Walter E. J. Tips, *In Siam: The Diary of a Legal Adviser of King Chulalongkorn's Government*, White Lotus, 1996, p.71.

(52)　当該著作につき、Henry Alabaster, *The Wheel of the Law : Buddhism : Illustrated from Siamese Sources by the Modern Buddhist, A Life of Buddha, and an Account of the Phrabat*, London: Trübner, 1871. にて紹介及び内容が検討されている。

うに説いたのか、という問いかけをする。著者は、男女の本性の違いを見るにあたり女性は受動的で服従的であることを指摘、女性が複数の男性を夫とした場合には自分が愛していない男子を平気で殺そうとしたり、或いは国王の命を受けた場合には男性と異なり女性は簡単に自身の配偶者を殺害する等、嫉妬深く冷酷であり、こうした男女の本性を考慮し、女性に複数の夫を持たせることを許していない、とする。さらに仏教の観点に従い、仏陀の教えに基づくならば一夫多妻は賞讃するものではないものの、男性が複数の女性を妻とすることを厳禁としてはいないことを明らかにし、一夫多妻制の慣習は道徳に反するものではなく、タイ社会に根付いており、完全に容認可能なものであるとの立場を示した[53]。

法的側面から一夫一婦制へと転換することに対しては、否定的な考えを示す論調が見られる。例えば、*Sayam rat* 紙に掲載された Krasai による "*khu somrot*"["*Marriage Partners*"]（1926.4.11）では、妻が夫と同等の教育水準を得られれば夫は妻が1人であっても満足できることとなると説き、法による一夫一婦制の実行には消極的な意見を寄せたが、これに同調する人の見解も同時に掲載された[54]。より強固に一夫多妻制の堅持を表明した論稿も発表されており、同紙に寄せられた King kaew による "*khuan mi phanraya ki*

---

[53] เจ้าพระยาทิพากรวงษ์มหาโกษาธิบดี (ขำ บุนนาค) [Chao Phraya Thiphakorawong (Kham Bunnag)],หนังสือแสดงกิจจานุกิจ [諸事纂集概説書], กรุงเทพฯ :องค์การค้าของคุรุสภา, 1971, pp.220-226.
　尚、同書の内容やその著作が出た時代背景、著者の経歴については、Craig J. Reynolds, "A Nineteenth Centry Thai Buddhist Defense of Polygamy and Some Remarks on the Social History of Women in Thailand" in สารบรรยาย "การประชุมนานาชาติ" ครั้งที่๗ของ, สมาคมนักประวัติศาสตร์แห่งเอเชีย, กรุงเทพมหานคร, ๒๒-๒๖ สิงหาคม ๒๕๒๐, *Proceedings, Seventh IAHA Conference, 22-26 August 1977, Bangkok*, Chulalongkorn University Press, 1977, pp.927-970. に詳しい。
　田澤丈夫は、その著作にてベトナムを中心とした地域における多妻主義の模様に言及し、蓄妾が盛んな様子は地獄に落ちた死者の霊を子孫が何代にも亘り祭ることが求められており、そのために多くの子孫を残さなければならない状況にあるとして、独特の仏教観に基づく考えを示している。田澤丈夫『白象　趣味の研究』元々書房、1941年、309-311頁。この仏教観がタイにも該当していたものなのか、は別途検討されなければならない課題であろう。

[54] 前掲（第3章・註44）Scot Barmé, *Woman, Man, Bangkok: Love, Sex, and Popular Culture in Thailand*, p.167.

khon" ["*How Many Wives Should One Have?*"]（1926.5.16）は、一夫多妻制の害悪に理解を示しつつも、国の発展のためには人口の増加が先決であり、タイでは国土の割には人口が少ないために一夫多妻制を採ることで解決を図ることを訴えている[55]。

しかし、一夫多妻制への批判から一夫一婦制を希求する記事も発表されている。早い時期の論稿としては、Thianwan（T. W. S. Wannapho）が1905年6月に *Tulawiphak phochanakit* 紙に主に経済上の観点から一夫多妻制に反対する記事を載せた他に[56]、Anrachun の筆名で *Satri sap* 紙に掲載された "*Saphap satri thai*" ["*The Condition of Thai Women*"]（1922.9.19）があった。同稿では、男女が同等に同じ権利を享受する段階となっているにもかかわらず、女性は1人の夫しか有し得ないものの法的に男性には複数の女性と関係を有し得ることとなっていることに疑問を呈し、政府に対し一夫多妻を禁ずる法の施行及び夫が一夫一婦に反した場合は罰するようにすべきことを求めている[57]。

次第に一夫一婦制へと緩やかに変遷している過程を見ているものもあり、宮原義登「タイ国の婦人生活」（『新亜細亜』3-7：1941年）では、一般社会においても蓄妾制度があり、妾を恥辱とする社会にはなかったが、世界的な不況や婚姻法の改正、さらには近代的な思潮により一夫一婦制が導入されていること、選挙法で男女平等の規定が盛り込まれ[58]、女性の社会進出も著しい中で多妻の慣習は今もって打破されたとは言い難いものの重大な打撃が与えられていることを論述している。宮原武雄編著の『躍進泰国の全貌』（愛国新聞社出版部、1941年）でも、一夫一婦制へと改められている要因として、法の整備及び世界不況の波を受けて金銭を要する一夫多妻制が見直されることとなったことを記述する[59]。

新聞でも、一夫多妻制に対する批判的な論稿が掲載されている。Hermit

---

[55] Ibid., pp.167-168.

[56] Ibid., pp.24-26.; 前掲（第3章・註44）Scot Barmé, "Proto-Feminist Discorces in Early Twentieth-Centry Siam", pp.138-140.

[57] 前掲（第3章・註44）Scot Barmé, *Woman, Man, Bangkok: Love, Sex, and Popular Culture in Thailand*, pp.165-166.

(58) タイの選挙法は1932年に施行され、1936年に改正された。選挙権及び被選挙権は次のように規定されていた。

มาตรา ๑๓
ผู้มีสิทธิเลือกตั้งผู้แทนราษฎรต้องมิใช่เป็นผู้ต้องคุมขังอยู่โดยหมายของศาลในวันเลือกตั้ง ทั้งต้องมีคุณสมบัติตามมาตรา ๑๔ และไม่ขาดคุณสมบัติตามมาตรา ๑๕

มาตรา ๑๔
คุณสมบัติของผู้มีสิทธิเลือกตั้ง คือ
(๑) สัญชาติเป็นไทยตามกฎหมาย แต่ผู้มีสัญชาติเป็นไทยคนใด
(ก) ถ้าบิดาเป็นคนต่างประเทศซึ่งได้สมรสกับมารดาโดยชอบด้วยกฎหมายหรือไม่ก็ตาม ต้องเป็นผู้ที่ได้เรียนภาษาไทยจนได้รับประกาศนียบัตรไม่ต่ำกว่าชั้นมัธยมปีที่สามตามหลักสูตรของกระทรวงธรรมการ หรือได้รับราชการประจำการตามกฎหมายลักษณะเกณฑ์ทหาร หรือเป็นข้าราชการพนักงานเทศบาล พนักงานสุขาภิบาล หรือครูโรงเรียนประชาบาล โดยมีเงินเดือนประจำมาแล้วไม่น้อยกว่าห้าปี
(ข) ถ้าเป็นบุคคลแปลงชาติเป็นไทย ต้องมีคุณสมบัติอย่างใดอย่างหนึ่ง อันกำหนดไว้ใน(ก) หรือได้มีภูมิลำเนาในราชอาณาจักรติดต่อกันนับแต่เมื่อแปลงชาติมาแล้วไม่น้อยกว่าสิบปี
(๒) อายุไม่ต่ำกว่ายี่สิบปีบริบูรณ์ ในวันแรกแห่งระยะเวลาซึ่งกำหนดให้มีการเลือกตั้งในพระราชกฤษฎีกา

มาตรา ๑๕
ผู้ขาดคุณสมบัติของผู้มีสิทธิเลือกตั้ง คือ
(๑) บุคคลวิกลจริต หรือจิตต์ฟั่นเฟือนไม่สมประกอบ
(๒) บุคคลหูหนวกและเป็นใบ้ซึ่งไม่สามารถอ่านและเขียนหนังสือได้
(๓) ภิกษุ สามเณร นักพรต หรือนักบวช
(๔) ผู้อยู่ในระหว่างถูกศาลพิพากษาให้เพิกถอนสิทธิเลือกตั้ง

มาตรา ๑๖
ผู้มีสิทธิสมัครรับเลือกตั้ง ต้องเป็นผู้มีสิทธิเป็นผู้เลือกตั้งตามมาตรา ๑๓ ไม่ขาดคุณสมบัติตามมาตรา ๑๗ และต้องเป็นผู้ไม่เคยต้องคำพิพากษาให้จำคุกตั้งแต่สองปีขึ้นไปโดยได้พ้นโทษมายังไม่ถึงห้าปีในวันเลือกตั้งเว้นแต่ความผิดส่วนตัว หรือฐานประมาทกันทั้งต้องมีคุณสมบัติเพิ่มเติมดั่งต่อไปนี้ด้วย คือ
(๑) อายุไม่ต่ำกว่ายี่สิบสามปีบริบูรณ์ ในวันแรกแห่งระยะเวลาซึ่งกำหนดให้มีการเลือกตั้งในพระราชกฤษฎีกา
(๒) มีความรู้ไม่ต่ำกว่าประถมศึกษาสามัญตามหลักสูตรของกระทรวงธรรมการ หรือมีความรู้ซึ่งกระทรวงธรรมการรับรองว่าเทียบได้ไม่ต่ำกว่านั้น

มาตรา ๑๗
ผู้ขาดคุณสมบัติของผู้สมัครรับเลือกตั้ง คือ
(๑) ผู้อยู่ในฐานะเหนือการเมืองตามรัฐธรรมนูญมาตรา ๑๑
(๒) บุคคลหูหนวก หรือเป็นใบ้ หรือตาบอดทั้งสองข้าง
(๓) ผู้ติดยาเสพติดให้โทษ
(๔) บุคคลผู้มละลายซึ่งศาลยังไม่สั่งให้พ้นจากคดี

第13条　選挙権所有者トハ選挙当日裁判所ニ拘留中ノモノニアラザル者ニシテ第十四条規定ノ資格ヲ有シ第十五条規定ニヨル無資格者ニアラザル者ヲ謂フ

なる人が寄稿した"Our Home Life and Marriage Law"(*The Bangkok Times,* 1923.8.4) は、三印法典は現状に合致しているものではないため、新しい婚姻法が必要となっていることを説いている論稿であるが、全ての文明国は一夫一婦制を採用していること、一夫一婦制の下では家庭生活は円満にいくものであり、相互を愛するものであること、それに対して一夫多妻制では家庭が上手くいかず、個人の尊厳を低下させるものであると批判し、一夫多妻制よりは一夫一婦制の方が道徳上より繁栄を齎すものであることを指摘する。

第14条　選挙権所有者ノ資格ハ
(一)　法律上タイノ国籍ヲ有スル者、但シタイノ国籍ヲ有スル者ニシテ
　(イ)　資格者ノ母ト法律上正式ニ結婚シタルト否トヲ問ハズ其ノ父ガ外国人タルトキハ、文部省指定ノ「マッタヨム」三年以上ノタイ語習得証書ヲ有スル者、又ハ五年以上官吏、公吏、吏員ニ奉職シタル者、又ハ徴兵令ニ基キ兵役ニ服従シタル者
　(ロ)　タイ国籍ニ帰化シタル者ニシテ(イ)ノ規定シタル資格ヲ有スル者、又ハ帰化後十年以上国内ニ居住セシ者
(二)　勅令ニテ決定セル選挙当日ニ於テ年齢満二十歳以上ニ達シタル者
第15条　左記ノ者ハ選挙権ヲ有セザルモノトス
(一)　精神ニ異状アル者
(二)　聾啞ニシテ文盲ナル者
(三)　僧侶、修行者、其ノ他ノ宗教家
(四)　裁判所ニ於テ選挙権褫奪ノ判決ヲ受ケタル者
第16条　被選挙権所有者ハ第十三条ノ規定ニヨリ選挙権ヲ有スル者ニシテ第十七条規定ニヨリ資格ヲ失セザル者並ニ民事又ハ過失ヨリ生ジタル以外ノ犯罪ニヨリテ二年以上ノ懲役ニ処セラレ選挙当日迄ニ執行終了後五ヶ年以上ヲ経ザル者等ニアラザル者トシ左記ノ資格ヲ所有スル者トス
(一)　勅令ニヨリ定メラレタル選挙当日ニ於テ年齢満二十三歳以上ニ達シタル者
(二)　文部省指定ノ尋常小学校卒業ノ知識ヲ有スル者又ハ文部省ガ之ト同等ト認定シタル知識ヲ有スル者
第17条　左記ノ者ハ被選挙権ヲ有セザルモノトス
(一)　憲法第十一条ノ規定ニヨリ参政権ヲ有セザル者
(二)　聾者、啞者又ハ盲者
(三)　阿片中毒者
(四)　破産者ニシテ裁判所ニヨリ復権サレザル者

　　邦訳は、江尻英太郎訳「資料　タイ選挙法（改正）」『新亜細亜』4–12、1942年、133-139頁に基づく。
(59)　宮原武雄編著『躍進泰国の全貌』（大東亜共栄圏叢書第2編）愛国新聞社出版部、1941年、277-278頁。

また、"Marriage in Siam"（*The Bangkok Times*, 1934.2.3）でも、上流階級の若者を中心として一夫一婦制が正しいものとの認識が広まっていることを示している。

(2) 妾の諸問題に関する法的考察

民商法典を起草するにあたり法典内に慣習をどのように規定するか、法典編纂委員の間でも一大問題として扱われていたことが示される（「暹羅民商法を読む」（『南洋協会雑誌』10 - 10：1924年）、山口武「暹羅政界名士の面影（四）」（『南洋協会雑誌』14 - 11：1928年））。実際、メディアでの法的議論としては、主に婚姻登録制及び離婚事由の問題、重婚罪の観点からの意見が寄せられていることが確認できる。

まずは、メディアの関心事として指摘できるのが、婚姻登録の制度を施行するにあたり、厳格に一夫一婦制度を施行すべきか否か、つまり妻として登録できる女性の人数を1人に限定するか否か、という問題である。

"The Laws of Siam"（*The Bangkok Times*, 1920.12.4）では、婚姻法のあり方についてXなる人物が西洋式の一夫一婦制の妥当性を検討している。妻を娶ることは婚礼の儀式を挙げることであるとの認識を示した上で、仮に西洋式の一夫一婦制を採用するならば、婚礼の儀式を挙行すること、及びその儀式を一人の妻のみに限ることで、妻の位置付けは高まることは認めつつも、公的な儀式を経ない女性に対する処罰や、その影響が罪のない子どもにまで及ぶことに言及し、そうした妾や妾の子どもの存在を無視して一夫一婦制に基づく婚姻形式を適用させることは、売春などの犯罪の増加につながることを危惧する。一夫多妻が認められているタイでは、法律で儀式の挙行が義務として定められておらず、何度婚姻しても刑罰が科せられないため、他の女性や子どもに対する社会的制裁が皆無であり、社会全体の利益につながっている旨を述べた上で、強制的に婚姻の登録制度が導入される場合には、子どもや妾に対する配慮を行うべきことを指摘する。

この意見に対し、*The Bangkok Times*紙としての応答も同日の記事に掲載されている。X氏による投稿に一定の評価をしつつも、タイでも男女平等の観点を導入しており、現在の若い世代の人たちは古い制度に従っておら

ず、西洋式の基準に従っていることに言及する。さらに、婚姻の登録システムが導入されることで、妻の位置付けをより明確にできることを指摘し、婚姻の登録制度に賛成する旨を表明する。

　家族登録法草案は審議の前後には、特に結婚や離婚の効力が登録により生ずることとなっていること、そしてそれに伴い登録できる妻の人数をめぐって意見が交わされている[60]。法案が審議される以前にも妻の登録数について提議している論稿もあった。一夫多妻制の弊害や夫婦平等の重要性を指摘しながら、婦人の教育レベルや人口の統計から法による一夫一婦制への転換は実現可能性が低いことを説いていた Their は、*Sayam rat* 紙に夫が娶ることのできる妻や妾の人数を制限すること無く、法の下で妻と妾を区別せず、平等に全ての妻を登録すべきことを訴えている[61]。また、登録法草案について "The Family Again"（*The Bangkok Times*, 1928.3.30）の記事では、男性が登録できる妻や妾の数は規制されず妻を１人のみとしていることは、慣習の存在を法律で承認し、明確に婚姻している状態を示すものとして歓迎する一方、パッターニー県を中心とした南部のムスリム圏の問題も考慮すべきことを示している。

　V. Mahidhara-Krairiksh が *Samaggi Sara* 誌（6-3）に寄稿した論稿では[62]、一夫一婦制と一夫多妻制を併用しながらも、順次一夫一婦制へ移行することを指摘している。その際に、一夫多妻制の是非をめぐる議論を次のように整理する。まず一夫多妻制を否定する立場では、現在の一夫多妻制は女性にとって不利益があり、男性は何人もの女性を娶ることが可能である一方で、女性側は夫を１人のみに制限され、男性にとって都合の良い法となっていることを見る。さらに、一夫多妻制は時代の遺物に過ぎず、経済的な観点

---

(60)　審議の模様は新聞でも報道されている。"The Law on Marriage"（*The Bangkok Times*, 1927.9.6), "Registration of Marriage"（*The Bangkok Times*, 1928.2.21), "Marriage in Siam"（*The Bangkok Times*, 1928.2.24), "The Family"（*The Bangkok Times*, 1928.3.24), "Family Registration"（*The Bangkok Times*, 1928.9.1).

(61)　前掲（第３章・註 44）Scot Barmé, *Woman, Man, Bangkok: Love, Sex, and Popular Culture in Thailand*, pp.168-169.

(62)　掲載日時は不明であるが、題目 "Marriage in Siam, A Youth Thinks"（*The Bangkok Times*, 1929.2.4) として転載されている。

から強く安定した国家を制定するためには国民の生活は質素でなければならず、一夫多妻制は正にこの考えと違反するものであること、つまり他の妻を養うために金銭が浪費されてしまうのであり、一夫多妻制は廃止されなければならないことを挙げる。また、一夫多妻制の継続は女性としての資質や道徳に欠ける行為につながりかねない旨を指摘する。対する一夫多妻制を容認する見解としては、西洋ほどには未だ女性の立場が前進しておらず、伝統を重視する点を述べる。さらに、一夫多妻制により女性は有害な影響を受けているように見受けられるが、実際には女性の保護につながっていること、即ち一度婚姻関係を結んだものは妻となりそれ以外は妾の扱いとなるが、こうした妾は夫の扶養を受け、夫の死後は相続をすることも可能であることから女性の権利保護につながっている点を重視する。著者は両者の利点を折衷させる立場にあり、一夫多妻制を非合法のものとはしないものの、限りなく一夫一婦制を施行するための方法論を説き、基本的には妻を1人のみ登録が可能としながら、夫が妾を有することをも認めている家族登録法草案に賛成する。但し、こうした措置を続けていくのは女性が男性よりも立場が弱いままとなるので好ましいものではなく、例えば女性教育の向上や妾の立場に関連して、妾としての権利や相続分を無効とする等して、より低いものへ位置付けるよう検討すべきことを訴えている。

その一方で、V. Mahidhara-Krairiksh の論稿に対しては、一夫多妻制を説く論者からは厳しく批難されている。Conservative なる人物によって執筆された "Marriage in Siam"（*The Bangkok Times*, 1929.2.22）では、"what is one man's meat may be another man's poison" との諺を引用し、一夫一婦制は或る国家では有効であったとしても他国では有効になるとは限らないとし、これまで通りの一夫多妻制を維持すべきことを訴える。筆者は、草案で夫が妾を有し得ることや、全ての妻や妾が登録されなければならない文言が盛り込まれていることには賛成するが、妻が1人に限定されること、及び妻と妾では離婚の事由が区分されていることに関し反対意見を表明、一夫多妻制をより強固に進めるための修正を加えるべきことを説く。まず、妻を1人のみに限っていることに関しては、現在妻を娶る際の人数制限は無く、これは公平かつ寛大な措置となっている点を述べる。タイでは妾から妻へと地位

を向上させることが可能となっているが、妻を1人に限ると妾から妻となるための機会を奪うことにもなり不公平となること、さらに妾が妾の立場に永遠に位置付けられるままであると忠実で有徳であることを心掛けないこととなることを指摘する。また、妻と異なり妾は理由を問わず夫と離婚することが可能となっているが、これにより簡単に離婚をすることとなり、現在のような良き妾というものが存在しなくなることを危惧する。仮に妻が病に倒れ妻としての職責を果たせない場合に、夫が妾を娶ったとしても責められないこと、また経済的な点から一夫多妻制を批難する声に対しては、全ての家庭で金銭が浪費される訳ではなく、一夫多妻制で成功している家庭の例を挙げた上で、むしろ質素な形態にあることを説明する。さらに、タイでは妾に対しても敬意を払っており、他国とは状況が異なる点にも言及する。また、タイでは人口が少ない点が長年の問題となっている事項であることから、愛国者ならば一夫多妻制を敢行することで人口の増加に務めなければならない、と指摘し、人口が増加し、強大な国家となったならば一夫一婦制の実施を検討する余地が生まれようが、少なくとも現在はそのような段階にはないことを主張する。法案では折衷的な見解となっていたが、妻の数を限定せず、子孫を残すためにも積極的に一夫多妻制を推し進めるべき方針を明らかにしている。

　両者の意見に対して、Vichitrabhorn Krairiksh は "Marriage in Siam" (*The Bangkok Times*, 1929.5.1) は、Conservative が多くの子供を生んだ者は愛国者である、と述べていることに対し不快感を示している。Conservative の意見に従うと、10人の子どもがいる家庭で複数の子どもが障害をかかえ、健常者が2人しかいなくとも、5人の健康体の子供がいる父親よりも愛国者ということになるが、人間はモルモットではなく、単に子供を産むものとして捉えるべきでないことを批判し、より優良な人物を輩出することこそが重要なことになってくることを改めて主張する。当該論稿の執筆者は家族登録草案の規定方法をめぐり最初に意見を述べた V. Mahidhara-Krairiksh とは別人物であったが、Conservative は同一人物と混同し、反駁する論稿 "Marriage in Siam" (*The Bangkok Times*, 1929.5.14) を寄せる。Conservative の意見としては、単に子どもを多く儲けた父親が愛国者であるとはしていな

いと反論する。あくまでも、人口増加の問題に取り組まない者は愛国者ではないことを強調しているに過ぎないこと、V. Krairiksh 氏が健常者ではない子どもが多くいる父親は、5人の健常者の父親よりも愛国者であると訴えたことに関しても抗議、1人の妻とならば健常者の子供を儲けられるが、複数の女性を娶ったならば子供たちは身体が異常な者が生まれることを指摘したいのか、と不快感を顕にする。また、自分はタイの母親たちの子どもの育て方を熟知しているが、イギリスに長くいる貴君にとってはタイの事情について疎いのだろう、とも皮肉っている。最初の論稿を書き記した Visuddhi Mahidhara Krairiksh は双方の意見対立を見た後に、"Marriage in Siam"(*The Bangkok Times*, 1929.5.24) において、Conservative の論評に謝意を示すと共に、自身は5月1日の *The Bangkok Times* 紙に寄稿した Vichitrabhorn Krairiksh とは異なることを示した上で[63]、自身のスタンスは論文を執筆することにより社会に問題事項についての関心を強めてもらうためのものであること、決して議論し合うためのものではないことを述べる。

　一夫一婦制へ移行するのか、それとも一夫多妻制を堅持するのか、という議論は、法典の起草委員会や議会でも熱心に討議されたことはメディアの記事からも窺い知ることができる。中でも、"The Assembly, That Big Family Problem"(*The Bangkok Times*, 1934.1.19) 及び "The Assembly, That Wife Again"(*The Bangkok Times*, 1934.1.23) は、当時の議論を詳細に伝えている。まず起草委員会で夫は1人の妻のみを有するよう決定された。その際、その根拠及び指針として示されたのが、(1)一夫多妻婚は東洋社会に広く見られ、決してタイ独自のものではないが、新法を公布した日本や中国では他の文明国家と同様に夫に1人の妻のみを認め、一夫多妻の慣習を改めたこと、(2)旧法では一夫多妻が認められていたにもかかわらず、金銭的な負担から一般的には一夫一婦制が採られていたことからもこれを改めるべきであること、(3)一夫一婦制により他国と同様に家族の地位を高めることとなり、その上で男女平等と一致すること、(4)紛争により夫婦の共有財産の分割や、妻の

---

(63) 3つの違いを示しており、自分は V. のイニシャルを "Mahidhara" の前に必ず付けること、Vichitrabhorn は今もイギリスに住んでいるが自分は8週間前にタイへ帰国したこと、意見の論述方法が根本的に異なること、を挙げている。

子か妾の子か、といった対立が発生せず、妻の数を制限することで夫婦や家族の関係を維持することができること、(5)新法が施行されると、その効力は施行後の法律関係に及び、現在の夫婦関係には効力は及ばず、数世代後には難なく新しい原則が定着し問題が無いこと、加えて新法の効果はムスリムの多い地域(パッターニー、ヤラー、ナラーティワート、サトゥーンの4県)には適用されないこと、(6)一夫一婦制にすることで正式な妻以外の関係による非嫡出子の増加が懸念されるが、こうした子どもについては嫡出子と見做し、嫡出子と同等の権利を享受させることで保護すること、(7)新法では夫婦と認められるためには登録を要し、仮令同居していても登録しなければ法的には夫婦とは認められず、公式に夫の妾となることの抑止につながり、一夫一婦制により良い結果が齎されること、の7点である。ここでは起草委員会の意見として、他国と同様に夫は妻を1人のみ登録できる規定を草案に盛り込むべきとの結論に達し、一夫一婦制への転換事由を述べている。本件は重要な案件であるために、議会に最終的な結論を付託することとなった。

議会では、Luang Nath Nitidhata 及び Nai Dong Indr Bhuribadhana は検討する時間を要することを理由に決議の延期を求めたが、Nai Monggol Ratana Vichitr は案件の付託は急であったものの、婚姻の形式をめぐる件は良く知られた議論であり、議長も緊急の課題であるとして決議を行うこととなった。議員の大多数の意見は、夫が1人の妻のみを登録できることに賛成していたが、一夫多妻制を維持すべきことを説く論調も根強く残っていた。西洋の基準を導入することの理由を質し、南部のムスリム圏を一夫多妻婚の例外地域として扱うのであれば、タイでも一夫多妻を採用すればよいのではないか、との意見を表明する者がいた。こうしたヨーロッパの制度を模倣することに警鐘を鳴らす見解は国王を初めとして新聞でも取り上げられ("Women in Siam" (The Bangkok Times, 1926.10.30) や "The Family" (The Bangkok Times, 1928.3.24))、議会でも改めてその点が指摘されたこととなる。また、人口を増加する必要性から夫に妻を2人娶らせることを認め、その際に妻か妾かを区別しないことを主張した者もいた。ナコーンサワン県の議員は、一夫多妻制の害悪、特に子どもに及ぼす影響を指摘しつつも、夫が一夫多妻を採用するその最も大きな要因は淫らな服装で男性を誘惑する女性

側にあり、代わりに女性側にそうした習慣を取らないように防ぐ法を置くべきことを主張する。さらにチョンブリー県の代表は一夫一婦制への変化は性急であると述べている。確かに世界の目から見ると夫が妻を1人のみ登録することは良いが、未だに妾を有することが認められている事実が世に知れることは良いことなのだろうか、と指摘する。

　他方で、一夫一婦制に改めるべきとの意見として、Phya Pramuan は不況による金銭的な状況や女性を奴隷のように扱う慣習を考慮し、一夫一婦制を採用すべきことに賛成する。Luang Vichitr は人口増加との関連から一夫多妻を説く論者に反駁し、日本が一夫一婦制へと転換した後にも人口が以前よりも増加したことを引き合いに、人口増加の手段として一夫多妻制を実施する認識は誤りであることを指摘する。サコンナコーン県の代表は、国内にいるムスリム教徒に一夫一婦制を適用させないとしながらも、一夫一婦制を厳しく実効性を持たせるために法による処罰規定を設けることを提議する。

　これらの意見の他にも、一夫一婦制への転換を示唆しつつも、妻が病気や精神を患った場合を考え例外を設け、一夫一婦制を厳格に適用しなくても良い、という妥協案を示す者もいた。ペッチャブーン県の代表は妻の疾病や不妊を想定し、2人の妻を娶る案を出している。さらに、Luang Ronasiddhi Bijaya は条件付きの一夫一婦制に賛成の立場を示しており、夫には妻が姦通を犯した罪を問うことが可能だが、夫には未だに妾を有することが認められている点を挙げている。様々な見解が出され、決議にあたっては議論の棚上げ[64]や棄権の旨を表明する者もいたが、結果的に一夫一婦制を採用することに決した。

　人民代表議会での審議を経て一夫一婦制を法文上採用することとなったが、その後も婚姻形式についての周知徹底という点では混乱が見られた。民商法典で新たに婚姻規定が設けられた以降にも法規内容を告知する記事が掲載されており、"The Gazette, Family Registration"（*The Bangkok Times*, 1935.10.24）にて、家族登録制を説明した上で婚姻が法的に有効と見做される

---

[64] ナコーンラーチャシーマー県の議員は、日本では国土も狭く、子どもの出生率を掌握しなければならなかったが、タイは土地も広く、今後10年間問題を棚上げしても大きな問題とはならない旨を述べる。

ためには登録を要することが記され、またさらに "Marriage and the Law, Another Notification"（*The Bangkok Times*, 1936.9.17）は、家族法が施行されほぼ1年後に執筆された論稿であるにもかかわらず、婚姻の登録について改めて説明している。後者の論説では、1935年10月1日より民商法典が施行された後は登録された婚姻関係のみが法的に有効と認められ、登録を怠った際の不利益、即ち男と女は法的に夫婦とは見做されないこと、配偶者の一方が死亡した際の相続は認められないことで不利益を被る可能性があり、自身や子どもの利益を鑑みて、婚姻の際には夫婦として登録をするべきことを説いている。この背景には婚姻の登録制に強制力が無く、登録を怠ったとしても罰則が科されることは無かったことにより、登録者数が殆ど増加していなかったことが挙げられる。*Tai Mai* 紙によると1935年10月及び11月の状況では、新法が遵守されていないことが示されている。若い世代の認識では友人や近隣の住人が彼等を夫婦と認識していればよく、法でも登録制について強制力を持たせている訳ではないこと、よって過去の古い慣習から離れる事由が無く、必要に迫られなければ登録することはないという考えがあるとする。バンコクで登録の必要性を感じない人が多ければ、地方ではその認識が顕著であることも指摘している[65]。また、*Nation* 紙（1937.4.10）の記事では、1935年10月から1936年11月に、人口5万8400人の町で婚姻を登録したものが僅か15例であり、登録制度が浸透していたかは甚だ疑問である旨が報道されている[66]。

こうした婚姻登録制について、特に登録の実行力の点に関しては1939年3月に修正案が審議される際に議題となっている[67]。婚姻登録に関する条項について、Nai Dong Indra Bhuribadhana より修正案が提起された。同氏は、婚姻の登録制に反対しているものではないが、現在の法律は現在の社会

---

[65] "A Modern Law"（*The Bangkok Times*, 1935.12.20）.
[66] Kenneth Perry Landon, *Siam in Transition: A Brief Survey of Cultural Trends in the Five Years Since the Revolution of 1932*, Westport, Conn. : Greenwood Press, 1968（reprint）, originally published Chicago: University of Chicago Press, 1939, p.158. 尚、同書は『タイ人生活譜』タイ室東京事務局、1942年の一部邦訳版がある。
[67] "The National Assembly, Discusses Marriage Law in Siam"（*The Bangkok Times*, 1939.3.13）.

状況と合致しているものではないことを理由に修正意見を述べている。即ち、民商法典によると登録された婚姻のみが法的に有効と認められるが、その一方で婚姻の登録がなされないままに結婚がなされる例が相次いで報告されており、人々に婚姻の登録が認識されていない現状、例えば新婚姻法が施行されて5年経つものの未だに1件も婚姻が登録されていない地域があること、その他の地域でも旧法に従って何百件も結婚が行われているにもかかわらず、年に1件ほどの登録しかなされていないことを指摘する。旧法では男女が婚姻を欲する時には隣人へ夫婦であることが周知されていれば良く、その慣習が依然として維持されていること、そして多くの人々の間で婚姻の登録制の必要性について正しく理解されておらず、まだ機が熟していないので、ある一定期間で男女が同居していることが近隣住民により結婚していると認識されている場合には、つまり旧法の基準に従い夫婦と認められる場合を考慮するように修正を訴えかける。この修正意見に Nai Dongmuan Atthakorn や Nai Nim Ruengkasetra は賛成する意思を表明している。特に、Nai Nim Ruengkasetra は交通網が今以て整備されておらず、登録の手続きだけのために数日かけて移動する人がいることは期待できず、古い慣習により隣人の理解を得た上で男女が同居している事例でも現行法上夫婦とは認められないが、修正案によってそうした問題が解決につながることを述べる。こうした見解は、当時でも婚姻の登録制が一般に広まっていた訳では無いことを示している。

　一方で、Luang Javeng Sakti Songgram は修正案については非常に難しい問題を包含していることを表明する。婚姻法が施行されたことで人々の間に婚姻の登録基準を明示しており、年々婚姻の登録の件数が増加していることを挙げる。例えば、1935 年には 3,153 件だったが、1936 年には 17,074 件までに増加、1937 年には 17,243 件、1938 年 12 月には 15,643 件、と次第に婚姻の登録の実態が人々に認識されつつあることを指摘する。政府は未登録の婚姻を含めた件数を把握しきれていないものの、総計 40,000 件 / 年と推定され、約 40％が登録されていることとなっており、民商法典が施行されて以降、人々の婚姻登録についての認知度が高まりつつあるので、登録制度を取りやめ旧慣習に戻るのは賢い選択ではないことを述べる。というのも、旧

法では男女が夫婦として暮らしていることを隣人が認識していればよかったものの、その土地を離れた場合、両者が夫婦であることを証明することは大変難しいためである。男性が1人以上の妻を有することを制限するには、登録制でも旧法でも解決できる問題ではなく、むしろ世論によるものである旨を示す。Nai Indra Singhanetra も、チエンマイ地域では新法が施行された当初は婚姻を登録する夫婦は殆どいなかったものの、現在は1日20組の夫婦が登録に訪れるまでになり、登録制が普及しつつあることを理由に修正案に反対する。Chao Voradat na Lampun は、妻の法的立場を確立するためにも婚姻の登録は必要に迫られるものであることを強調する意見を示し、修正案に反対する見解を表明した。

その後も政府が法律上の妻を登録する法律について、数人の妻の登録を可能とする修正が加えられる噂が流れていた模様で、その根拠を否定する報道もなされている[68]。

法典起草委員会や議会における婚姻の登録制度以外の論点としては、離婚事由の規定についても着目されていたことが挙げられる。一夫一婦制への転換について、賛否両論の観点から様々な意見が出されたが、注目されるのが夫婦間の離婚事由の区別が議員の発言から既に意識されていたことである。こうした姦通を事由とする夫婦間の離婚請求の差別は、新家族法の施行前後で報道されており、妻が姦通を犯せば夫は離婚をすることができるが、反対に夫に対して妻はこれを離婚事由として訴えることができないことの説明が附されている（"The Family"（*The Bangkok Times*, 1935.6.7）, "Marriage and Divorce"（*The Bangkok Times*, 1935.10.5））。

この夫婦間の離婚事由の差別化は、形式的には一夫一婦制を採用する一方で夫の蓄妾を認め一夫多妻制を容認する根拠ともなっていたが、それを問題視する記事も寄稿されている。His Better Half なる人物により執筆された"The Divorce Law"（*The Bangkok Times*, 1935.10.15）があるが、当該原稿は de F. が寄せた論稿に対する反論として掲載されている。この de F. の原稿は現時点では掲載誌や記事の具体的な記述内容について確認できないため詳

---

[68] "Marriage Registration, A Rumour Denied"（*The Bangkok Times*, 1941.6.27）.

細は不明であるが、His Better Half が記した当該記事によると、夫の姦通に対し妻は法的にも道徳的にも可能な限り忍耐強く、黙認することが求められていることを書き記したものとなっていた旨が記されている。この意見に対して、His Better Half は人道的な観点からの意見を述べている。即ち、婚姻のつながりは守らなければならないとの立場の下で、姦通行為は家族の絆を弱め、さらには社会的にも害を与える最たるものであることを指摘する。夫と妻との地位を相互に保持すべきことを強調している。この論稿に対して、de F. による "Husband vs. Wife"（*The Bangkok Times*, 1935.11.1）と題する記事が寄稿された。そこでは、妻のみに科されている夫の姦通行為の宥恕は夫の姦通の促進では無いこと、法が適用される結果によって齎されるものであり、夫婦間の離婚事由は不平等であるが、これは夫には妻を扶養する義務があるのに比して、妻には夫に対する同様の義務が無いためであろう、と述べている。

さらに、関連する問題として刑法典における重婚罪の規定方法やそのあり方についても、少数ながらも意見が交わされている。

L なる人物によって寄稿された "The Laws of Siam"（*The Bangkok Times*, 1920.12.1）では、西洋諸外国では重婚罪を刑事上の罰則として処罰されているが、タイ刑法典では処罰の対象となっておらず、これは治外法権の撤廃にあたり有利に働くことに言及する。つまり、治外法権が廃止されることで西洋諸国の人にもタイ刑法典が適用されることとなるが、重婚罪の規定が無いことで東洋の道徳に満足感が得られる可能性を指摘する。重婚罪が規定されていないことで西洋の価値観との差異により満足しない向きがあるかもしれないが、一方ではこれを歓迎する動きもあることに言及する。タイの刑法典での現状は西洋諸外国で認識されていないものの、世界各国の刑法でも唯一重婚罪を処罰しない国家であることに鑑み、重要な案件である西洋諸外国との治外法権廃止の際に積極的に訴えかけることで一部の人々には利益が齎されること、例えばアメリカとの治外法権が廃止されるとモルモン教徒は自身の信条に基づきタイで暮らし、さらに布教活動を行うことも可能であることを説いている。刑法典で重婚罪が規定されていないことを逆手に取り、治外法権の撤廃を説いていることは興味深い。

一方で、西洋式の一夫一婦制を導入し、道徳上の規準に従うとの観点から重婚罪による規制を肯定的に解しているものもある。寄稿記事 "Our Home Life and Marriage Law"（*The Bangkok Times*, 1923.8.4）は、一夫一婦制を導入すべきことを説いているが、西洋では道徳上の規準として、例えばヨーロッパやアメリカでは重婚罪に対して刑罰が科されており、文明国を主張するためには道徳上の一般的な観点に従わなければならないことを主張している。

　また、一夫一婦制の是非をめぐる議会での論議においても、一夫一婦制に実行力を持たせるために、一夫一婦制に違背する者には法により処罰が与えられるべきことを説いている議員がいたことからも（"The Assembly, That Wife Again"（*The Bangkok Times*, 1934.1.23））、刑事上の罰則ということが全く考慮されていなかった訳では無いと思われる。但し、刑法典で規定が設けられなかったため、姦通罪を婦女に適用するのか、或いは重婚罪は夫と妾との関係にも認められるのか否か、といった論点に関連して、メディア内の論稿では目立って議論がなされた形跡は無い。

　このように、近代タイの妾や一夫多妻制をめぐる意見を記した論稿の模様を見てきたが、タイでは夫が妻として登録できる人数が1人に限るのか否か、或いは妾を登録することを認めるか否か、という事項が活発に賛否両論の見解を含め議論されていた模様が窺える。

　メディアの論稿によると一夫多妻婚の維持を主張するものが多く見られ、そのために妻の登録に関する議論でも、一夫多妻制堅持や、登録できる妻の数は1人とする一夫一婦制に賛成しつつも、実質的には妾を有することを承認する、即ち一夫一婦制と一夫多妻制を折衷する意見が示されている。こうした見解は家族登録法草案の規定でも見られるし、民商法典の法案審議の際にも議会で言及されていることが確認できる。その一方で、厳格な一夫一婦制を導入することに賛成する意見も説かれており、当時大きく議論されている過程が示されている。その際、宗教の教義が議論に含まれていることが特徴の一つとして挙げられる。一夫一婦制を実行するにあたり、タイ南部のムスリム地域をどのように扱うのか、という問題が浮かび上がったと同時に、改めてタイの仏教の観点から一夫多妻婚が正当なものかどうか、ということ

も問い直されており、宗教的な意味合いも含みながら議論がなされている。

第4節　小括

　タイにおける妾をめぐる論議は、婚姻法の形式として旧来の伝統に従って一夫多妻制を維持するのか、それとも西洋諸国に倣って一夫一婦制を導入するのか、という問題と直結していた。1910年代のワチラーウット王とスワスティ王子とのやり取りの間で、両者が西洋諸国の尺度をタイの社会に当てはめることに関する意見が述べられている様子からその模様が窺える。試行錯誤の上で施行されることとなった1935年民商法典家族法の法文は、一見すると夫婦は互いに1人の配偶者を登録することしかできず、一夫一婦制を採用している法典となっていることが確認できる。新聞でも、婚姻、夫婦関係、婚姻の破綻等、全164条より構成される家族法が施行されたことを以て西洋社会の仲間入りをしている旨を述べているものもある（"Marriage and Divorce"（*The Bangkok Times*, 1935.10.5）、"A Modern Law"（*The Bangkok Times*, 1935.12.20））。判例について見ると、当初は婚礼の儀式を挙げ、或いは公に夫婦であることを周知させている場合に婚姻関係を結んでいるものとして判断していたが、家族法の施行に伴い、婚姻の登録をしている場合にのみ夫婦と見ていることからも、法文で定めている登録制の要件を重視していたことが分かる。

　但し、その他の規定から考察すると、必ずしも厳格な一夫一婦制へと転換した訳では無いことは明らかである。一つには、重婚の禁止が規定されていなかったことが挙げられる。日本や中国の民法典では離婚事由として重婚が規定されていたが、タイの民商法典では重婚が想定されていない。重婚の状態が形成された場合であっても、裁判所の宣告が無い限り婚姻関係を無効とすることは許されなかったため、婚姻関係が曖昧となる場合があった。さらに、離婚事由の規定では妻の姦通は夫の離婚事由となるが、反対に夫の姦通行為は妻の離婚事由としては認められておらず、夫の蓄妾行為を容認し得る規定となっていた。裁判の中で登場する妻と妾との関係を見ても、夫が妾を有している場合にも妻側の離婚事由として認められる事例があり、次第に妻

側の離婚事由をより寛容に判断する姿勢であったが、妾を有することのみでは離婚成立の要因としては見ていなかった。民商法典の審議段階よりこうした離婚事由の夫婦間の差は意識されており、一夫一婦制を採用しつつも夫は妾を有することが可能であるとの根拠にもなっていたが、これを問題視する意見も示されていた。

また刑法典の規定においても、重婚罪や姦通罪といった規定は設けられていなかった。仮に婚姻関係を複数有していた場合、日本や中国で言うところの重婚罪の構成要件に該当する場合には、公務員に対する虚偽申告の罪に問われる対象とはなっているが、正式な婚姻関係を結んでいない場合には処罰の対象とはならないために、これもまた妾を有することが可能となる要因となった。重婚罪の規定が明記されなかったのは、タイの社会では未だに重婚罪の処罰規定を受け入れることが難しいと考えられたことに起因すると思われる。こうした処罰規定が置かれていない法典を以て不平等条約を改正するための有利な条件と見る論稿もあったが、道徳上の規準から一夫一婦制に従うとの観点から罰則を設けることを説く立場の者もいたことが示されている。但し、何れにせよ妾を娶った夫に対しては刑法上犯罪として処罰されることは無く、新聞紙上では刑事法規に関連する議論も活発なものとはなっていなかった。

さらにタイの婚姻の登録に関して言うならば、仮令登録を怠ったとしても刑罰が科されることとはなっていなかった。登録を怠った際には夫婦とは扱われないために相続の問題等で不利益が発生する虞は度々指摘されていたが、登録を確実なものとするための強制力を伴った規定は準備されていなかった。そのため、家族法が施行された後にも、新たに婚姻した夫婦が登録する例は殆ど存在しなかった様子が確認される。このことにより、登録をせずともある男女が一定期間同居していることを周囲の人たちが認識している場合、即ち旧法の基準によって夫婦と見做される場合も婚姻関係を認めるように改正する修正意見が出されていたことからも、婚姻登録の実効性には疑問が呈されていたことが示される。

メディアの論稿では、金銭の浪費であること、女性を蔑視する古い慣習であること等を理由に挙げた上で一夫多妻制に反対し、文明国に倣い一夫一婦

制を採るべきと主張する論稿も見られた。法文の上からは家族法で一夫一婦制が定められ、対外的には西洋諸国と同様の法体系を有するようにはなったが、厳格な意味においての一夫一婦制は尚も実行されていたとは言い難く、依然として夫が妻以外の女性と関係を有し、実質的には妾を有することが認められ得る状態にあった。こうした一夫一婦制導入に対する消極的な態度は1910年代からの1935年に至るまでの家族法の施行までに見られる、国王や議員が表明している婚姻形式をめぐる論議を先送りする考えや、新聞に寄稿された論説での登録する妻の人数は1人としつつも妾の登録までは排せず、実質的には一夫多妻制と一夫一婦制を併用する意見が多く提示されていたことからも見て取れるであろう。

結

以上、第1章・第2章・第3章に亘り近代期を中心に日本・中国・タイの3ヵ国における妾をめぐる法文の変遷やその解釈、さらには妾の法的及び社会的議論にも目を配りつつ、論述してきた。最終章では、これまでの妾に関する法的諸問題を整理しながら、これらの国々を比較法史的に概観することで共通して見られる相似点、及び各国における特有の問題によって浮かび上がる相違点を分析することを試みる。

第1節　総括

　まずは、それぞれの各国における相似点に着目したい。一つには、立法面ではそれぞれ一夫一婦の原則を整えた法典が整備され、何れの国も形式上は夫と妻との関係のみを認めることとなった反面、夫が正式に娶った妻以外の女性との関係を有しても基本的に処罰することは想定しておらず、法文の解釈上夫が妾を有することを許容する規定が盛り込まれたと共に、これを維持するための道を消極的ながらも残そうとしていた形跡が見られたことである。即ち、社会的には妾に対する批判や廃妾について議論されてはいたものの、少なくとも近代において法文上では廃妾は達成されなかったのである。各国では、近代以前は夫が妻以外の女性と関係を有することが認められていた。妻と妾との地位には差があり、妻は妾よりも優位な立場にあったことからも妻と妾とは区別されていたことが分かる。近代期の法典編纂の過程では男女を夫婦と認めるための手続きが定められ、日本や中国では婚姻の手続き及び重婚の禁止規定が、タイでは婚姻の手続き規定及び夫が登録できる妻は1人のみと規定されたことで、法文の上では一夫一婦制を採用していることが示される。夫婦関係のみが法的に保護されることとなり、夫と妾との関係は法律では規定されず、公式には妾の法的基盤は失われた。他方、離婚事由の規定では夫婦間の差が見られた。日本やタイでは妻が姦通を犯した場合は夫側には離婚請求権が認められる一方で、日本では夫が姦通行為を行った場合には妻は夫が処刑されない限り離婚を請求することができず、タイでは夫の姦通行為を事由とする妻の離婚請求権が法文上認められていなかったことから、夫が妾を有することが可能となっていた。中国においては民法草案の

段階で夫婦間の離婚事由で区別されたものの、公布施行された法典では夫婦間で平等の規定となり、夫の納妾行為があった場合妻には離婚を提訴する権限は与えられることとなった。しかし、その中国でも妾が家属の一員として見做され得る規定が設けられたことから見ても、依然として妾の存在を暗に承認するものとなっていた。また、夫婦間の離婚事由が平等の規定となってからは姦通を理由とする離婚請求の期限が短縮されたことからも、夫に比べ妻に対する制約が加えられたと同時に、夫が妻以外の女性と関係を有することについて寛容であったという姿勢が窺えよう。さらに重婚の禁止規定で見ると、日本や中国では1人の夫に1人の妻という形式に則った夫婦関係のみを認めていたことからも一夫一婦制の原則が採られていたことが読み取れるが、妾は妻ではないので重婚とは見做されず、妾が妻となるような手続きや儀式を経ない限りは夫と妾は婚姻している状態ではなく、一夫一婦制と妾制は両立するものであった。タイでは民商法典の規定で重婚の概念が盛り込まれることは無く、重婚を理由とする離婚事由は規定されなかったため、仮に重ねて婚姻を行った場合に、その婚姻関係の有効性が曖昧となる結果を齎すこととなった。裁判の事例で見ると、夫と妻との関係は結婚の儀式や手続き、或いは夫婦の関係が公のものとなっているかということが判断されており、そうした手続きを経ていないものや、秘密裏に単に同居している例では夫婦とは見做さず、夫と妻との関係と夫と妾との関係では一線が画されていた。各国とも妾を有している夫に対する妻側の請求による離婚の成立を徐々に容認する方向へと移っていったが、あくまでも夫と妾との関係やそれに伴う夫の行為が妻に対する著しい侮辱行為と認められる場合に離婚の成立が認められるようになっていったに過ぎず、夫が妾を有することの関係そのものを妻側の離婚事由として認めるまでには至っておらず、依然として妻側に制約が課されていた。姦通を理由とする夫婦間の離婚事由について、当時多くの国の立法では夫婦平等主義に立脚しており、1810年オーストリア民法、1838年オランダ民法、1864年ルーマニア民法、1874年の戸籍及び婚姻に関するスイス国法、1884年フランス民法、1900年ドイツ民法、さらにはデンマーク、スウェーデン、ノルウェー、ロシア、アメリカ、セルビア等が採用していたことからも[1]、これら3ヵ国の立法の特色が浮かび上がる。

さらに、夫が妾を有していた場合であっても夫は処罰されることはなかった。日本や中国では夫と妾との関係は夫婦として認められるものではなかったため、仮に既に婚姻をしていた者が妻以外に妾を娶ったとしても重婚罪は成立しないこととなった。タイにおいては、仮に重ねて婚姻をした場合には公務員に対して虚偽の報告をしたことにより刑罰に問われ得るが、重婚罪はそもそも規定が置かれることは無く、よってこれらの3ヵ国では夫の蓄妾行為は重婚罪としての刑罰が科せられることはなかった。姦通罪についての条項は各国でその状況や規定の変遷をめぐって異なる部分がある。当時の姦通罪をめぐる西洋各国の規定は異なっており、姦通行為を男女平等に処罰する、若しくは処罰しない平等主義を採用する刑法、或いは夫婦間で差を設ける不平等主義を採る刑法の形式もあったが、姦通罪を婦人のみの問題として夫は不問に付す形で男女間の著しい不平等の形式を採っていたのは日本刑法や中国の28年刑法までの草案や法典の特徴であった[2]。日本では姦通罪の処罰対象は妻のみとなっていたのに対し、夫は姦通罪に問われることは無かった。条文の規定内容に対しては徐々に批判的な見解が寄せられたため修正

---

(1)「犯姦に対する民事上及び刑事上の制裁」『法学協会雑誌』26−1、1908年、126-127頁の指摘による。
　例えば、オランダ民法第264条では「離婚ノ原因ハ左ニ列記シタルカ如シ」として「姦通」が離婚原因となっており、デンマーク民法も第77条にて「離婚ノ訴訟ノ重大ナル原因ハ左ニ記列スルカ如シ」として、その一つに「姦通」が挙げられている。ロシア民法第45条では「婚姻ハ配偶一方ノ請願ニ因リ宗教裁判所ニ於テノミ破離スルヲ得可シ」とし、「第一　配偶一方ノ姦通ヲ証シタル場合並ニ他ノ配偶一方ノ婚交ニ適当セサル場合ニ於テハ然リトス」との文言が掲げられている（各国の法文はそれぞれ、アントワーヌ・ド・サンヂョゼフ著、福地家良訳『荷蘭国民法』司法省、1882年、アントワーヌ・ド・サンジョゼフ著、玉置良造訳『嗹馬民法　完』司法省、1882年及び、アニシモフ著、寺田実訳『魯西亜民法』司法省、1882年を参照した）。
　一方で、不平等主義に立脚していた国の法典として、1803年フランス民法、1865年イタリア民法、1867年ポルトガル民法、1889年スペイン民法が挙げられている。この内、フランス民法では、離婚事由について夫婦間で不平等主義が採られつつも、夫が妾と同棲している場合は妻側からの離婚事由が認められる旨が規定されていたことは先に見た。イタリア民法でも、第150条第2項にて「夫タル者ガ自家若クハ外宅ニ於テ公然ニ妾ヲ畜ヘ若クハ諸般ノ事件ノ湊合セルヲ以テ妻タル者ニ向ヒ已甚ナル醜辱ヲ与ヘタル看做ス可キ時会ニ当テノミ奸通ノ為メニ夫妻別居ヲ訴求スルノ理由ト為スコトヲ得可シ」と規定されていた（当該規定は、ヂョゼフ・ヲルシェ著、光妙寺三郎訳『伊太利王国民法　完』司法省、1882年に依拠した）。

されることとなるが、一度は男女平等に姦通を処罰する規定が設けられることとなったものの、最終案として示された仮案には夫にも姦通を事由とする処罰規定が設けられた点ではそれ以前とは異なる部分も見受けられたが、その文言では妻とは区別され、夫婦間で差別が設けられる状態は維持された。中国では 28 年刑法までは日本と同様に姦通罪は妻のみを処罰する規定となっていたが、35 年刑法では男女を平等に処罰するものへと改められることとなった。その改正作業の審議においては姦通罪を婦女のみの罪とする意見が優勢であったが、婦女団体を中心に反対意見を示し、各方面への働きかけを行った結果、夫にも処罰の対象が広がることとなった。但し、改正作業に

(2) 夫婦共に姦通を理由として平等に処罰される規定を有していた刑法典として、1872 年ドイツ刑法や 1878 年ハンガリー刑法がある。ドイツ刑法は第 172 条第 1 項にて「姦通ニ因リ離婚セラレタル配偶者及ヒ其相姦者ハ六月以下ノ禁錮ニ処ス」、ハンガリー刑法では第 246 条第 1 項にて「姦通罪ニ付テハ確定判決ヲ以テ夫婦ノ離婚又ハ別居ヲ言渡シタルトキニ於テ刑ノ最高点トシテ犯人ヲ三月ノ禁錮ニ処ス可シ」との規定が設けられていた（前者の法文は、法律日日社編『独伊対照日本新旧刑法』鍾美堂書店、1908 年を、後者はマルチネー、ダレスト共訳、植村彦八重訳『匈牙利刑法』司法省、1892 年を参照した）。ロシア刑法でも第 1585 条において姦通を夫婦平等に処罰していた（アニシモーフ著、寺田実訳『魯西亜刑法』司法省、1882 年）。
一方で、夫婦間で差が設けられていた国の法文としては、フランス刑法、イタリア刑法、ベルギー刑法等があった。フランス刑法では第 337 条第 1 項で「姦通ノ証アル婦ハ三月ヨリ少カラス二年ヨリ多カラサル時間禁錮ノ刑ニ処セラル可シ」、イタリア刑法では第 353 条で「姦通ヲ為シタル婦ハ三月以上三十月以下ノ禁獄ニ処ス」、ベルギー刑法では第 387 条第 1 項で「凡ソ姦婦罪ニ伏スル者ハ三月ヨリ二年マテノ獄ニ処ス可シ」、とそれぞれ規定され、基本的には婦女を処罰対象としていた。その反面、各国の法典では夫が妻以外に妾を蓄えた場合の処罰規定も盛り込まれていた。例えば、フランス刑法第 339 条は「夫ノ其家ニ娼婦ヲ蓄ヒ置キ其婦ノ訴訟ニ因テ其罪ノ証ノ発覚シタル時ハ其夫百「フランク」ヨリ少カラス二千「フランク」ヨリ多カラサル罰金ノ言渡ヲ受ク可シ」、イタリア刑法第 354 条第 1 項は「夫其婦ト共住スル家屋内又ハ顕ハニ他所ニ妾ヲ蓄フルトキハ三月以上三十月以下ノ禁獄ニ処シ且其処刑ノ結果トシテ夫権ヲ失ハシム」、ベルギー刑法第 389 条第 1 項は「凡ソ夫其家ニ外婦ヲ蓄フル罪ニ伏スル者ハ一月ヨリ一年マテノ獄ニ処ス可シ」、との規定が置かれていた（それぞれの法文は、『各国刑法類纂』司法省、1879 年や上記『独伊対照日本新旧刑法』、及び今村和郎訳『白耳義刑法 完』司法省、1882 年に依る）。
以上のように、姦通罪について夫婦を同等に扱う法文の刑法がある一方で、妻のみを処罰するものもあった。但し、男女を不平等とする刑法典であっても、夫が妾と関係を有した際にはそれを処罰する規定が置かれており、その点からも日本や中国の刑法典で当初想定されていた姦通罪の処罰規定の特異性が示される。

伴い他にもいくつか修正が加えられ、姦通罪の刑期が28年刑法よりも短くなったこと、さらに時効期間が大幅に短くなったこと、等の特徴が見られ、夫には厳重な処罰が加えられないように配慮されている。タイは法典編纂の過程で姦通罪が規定されていたとも思える節はあるが、現存する草案や完成した刑法典の中には重婚罪と同様に姦通罪についての処罰規定が置かれているものは見受けられない。

　このように各国の妾をめぐる諸規定を見るならば、妾を有する夫に対して刑事罰を回避させようとしていることが見られ、公式には一夫一婦制を採用しつつも、消極的ながらも妾を保持することを容認し、一種の一夫一婦容妾制の体裁となっていることとなっているところに特徴がある。各国で婦女団体や女性論者が厳格に一夫一婦制を採ることを希求し、その論説を積極的にメディアに掲載しているが、法学者の立場との温度差が見受けられる。というのも、法学者の記した論稿では民事法規での夫婦平等化には賛成する姿勢に次第に転じていったことは示されるものの、妾制を刑事罰で以って明文で廃止することには消極的であったためである。日本や中国では妾に関する法規の問題はあくまでも民事上のものに止め、刑事上の問題として構成するべきではない、との意見が寄せられていた。特に中国では納妾は実質的には重婚状態と見做されるべきとする意見が提示されていたにもかかわらず、実際の法律の解釈としては妾との関係において夫に対する重婚罪の成立が否定されていた。タイでも一夫一婦制を採用するか、一夫多妻制の形式を維持しながら近代法典を編纂するのか、という議論が1910年代より既に意識されていたにもかかわらず、その議論が長年に亘りまとまらず、議会でも度重なる棚上げ論が紛糾していることや、刑法との関連から議論されることは殆ど無かったことからも妾制に対して刑罰法規で以って完全に撤廃し打破することを企図していなかったことが窺える。こうした姿勢の背景には、各国で従来妾が認められており、妻と妾の名分が程度の差こそあれ区別されていたとは言え、夫が妾を有する行為が禁じられてこなかったことによるものが影響していると考えられる。姦通罪の処罰規定を夫側にも拡大する意見については、日本や中国では夫が姦通を犯した場合と妻が姦通を犯した場合とではその影響と結果が異なること、つまり妻が姦通を犯した場合には家の血統を乱

す虞があり、夫婦間での軽重を維持し、妻には重罰を科さなければならないことが説かれている。また、それぞれの国では妾制を廃止すると社会的混乱をまねくことを危惧することも挙げられ、これを積極的に処罰規定で以って是正することは難しいと判断されたこともその判断の要因となったと思われる。

対外的には夫婦以外の男女関係を公に認めないようにする姿勢を示すための方法を模索していたことも各国の廃妾に対する政策の共通点として指摘できよう。特に、官職に就いている人に対する制約は著しいものがあり、日本では妾を有する官員の記事が出され、中国でも省レベルでは党員資格を得るためには家庭状況の審査を受けた上で、もし妾を有していた場合には党員となる資格を認めず、党員となった後に蓄妾行為があった場合には党員資格を剥奪することの提案がなされている。また、タイでも1914年8月に特定の省庁の政府高官に対して、自身の家族構成（妻や子ども、夫婦の両親）及び居住地を登録することを求める法を制定、特定の身分にある女性、例えば娼婦、売春婦や愛人といった女性を妻として登録することを認めなかった[3]。こうした、対外的な観点から男女間の性道徳の規定やその実効性を保つための方法には厳しい視線が注がれていたことが示される。

こうした夫が妻以外の女性と関係を有することに対しては、批判的な意見が外国人によって指摘されたものもある。例えば、日本ではLouis Bridel（ルイ・ブリデル）が夫婦の貞操義務を考察し、日本は夫婦不平等の国となっていることは、「日本若し真に此列国共通の交際中に加入することを甘諾せは、此状況は短期限の中に改革せるへからす、列国交際は正当の道理を以て親切に希望する所なり」[4]と述べている。タイでもDr. Dan B. Bradley（ブラッドレー）が政府により一夫多妻制が犯罪とされる迄は道徳や繁栄がタイに齎されることは無い旨を指摘、一夫多妻制を批判している[5]。興味深いの

---

(3) 前掲（序・註31）Tamara Loos, *Subject Siam: Family, Law, and Colonial Modernity in Thailand*, pp.165-166.
(4) ルイ・ブリデル「比較犯姦法論」『明治法学』39、1902年、11頁。
(5) Abbot Low Moffat, *Mongkut, The King of Siam*, Ithaca: Cornell University Press, 1961, p.135.

は、何れの国でも夫婦の関係が文明開化の指標の一つとして見られていることである。文明国家では一夫一婦制が施行されていること、よって妻以外の女性と夫が関係を有することは野蛮な国という認識につながり、対外的に不利な状況に陥ることを危惧する意見が寄せられ、一応は一夫一婦制の法典を整えたことで文明国と並ぶ地位を得られることを指摘する。メディアの論調でも文明国として相応しい道徳を定めることが説かれており、そのことで妾や妾を有する男性に対する厳しい意見が寄せられている点も特徴として挙げられる。特に、日本や中国においては妾を蔑視の対象として見ていたことからも、その社会的な位置付けは顕著に低かったことが窺える。

　一方で、3ヵ国における妾をめぐる議論には若干の差があり、そうした点から各国の相違点が浮き彫りとなる。日本の廃妾論の動向について見るならば、明治の初期より妾や妾を有している男性を蔑視して報道しているものがあり、それまで妾の存在が容認されているにもかかわらず、妾を家庭内の不和の原因として害悪を齎すものとしての危険性を強調しているものが多い。これは日本の妾の位置付けに関する変遷と密接に関係するものと思われる。古代には妻の名称として「古奈美」と「宇波奈利」との名称が用いられていたが、階級的な差別は無かったとされる[6]。しかし、中世に至るにつれ妾の品格が徐々に低下していった。江戸時代における妾の位置付けについては、妻と同格には扱われなかったが、夫と妾との関係は当事者の準婚姻的意思により成立し、妾は法律上の配偶者と位置付けられたとする見解もあるが[7]、荻生徂徠が妾の必要性は認識しつつも、その地位については「妾ヲ妻トスル事、不宜事也。」[8]と述べ、妻と妾とは区別されるものであったこと、江戸時代には最早一種の傭人としてしか認められず、妾は商品化され娼妓稼業と変わるものではなく、下等なものと位置付けられ、甚だしい場合は「小便組」と呼ばれる給金を前借して直ちに寝小便を垂れる妾の実態もあり、非常に低

---

(6) 関根正直「婚姻に関する法規風俗」雄山閣版『風俗史講座』（6-26）、加藤穹蔵書、1929年。大間知篤三『婚姻の民俗学』（民俗民芸双書18）岩崎美術社、1967年、85頁。

(7) 高柳真三「徳川時代の妾」『法学』5-6、1936年、1-24頁。

(8) 今中寛司、奈良本辰也編『荻生徂徠全集　第6巻』河出書房新社、1973年、119頁。

い存在として見られていたことからも⁽⁹⁾、むしろ妾は奉公人として認識されていたのが実態に即した理解ではないかと考えられる⁽¹⁰⁾。

　その一方で、明治時代の新律綱領の五等親図において妾は二等親と定められ、妻と同等の権利が与えられることとなった。妻妾が二等親と位置付けられたその背景には、新律綱領が律令学者を中心に編纂事業が進められ、主に明律・清律や唐律・養老律等が参酌されたことと関連があったと思われる⁽¹¹⁾。特に、新律綱領の五等親図は『令集解』によって伝えられている養老令の五等親条の影響を受けているものと考えられる。というのも、中国の五服制においては妻と妾が明確に区分されているが、養老令五等親条では妻妾の区別が排されており、同じ二等親に含まれているためである⁽¹²⁾。妻と妾を同位置としていることについては、日中比較の中で日本の特徴として説かれ⁽¹³⁾、主に日本では中国と異なり古代では妻と妾との間の差が意識されてい

---

(9)　光禅寺五郎「妾の話」『犯罪科学』2-1、1931年、251-252頁。

(10)　大竹秀男「江戸時代の妾」大竹秀男・服部弘司編『高柳真三先生頌寿記念　幕藩国家の法と支配』有斐閣、1984年、507-534頁。

(11)　新律綱領の編纂にあたり、律を参照したものであることは、古くには播磨龍城（辰治郎）が「現行刑法の兇徒聚衆罪」（『法律新聞』327：1906年）や「再び兇徒聚衆罪に就て」（『法律新聞』346：1906年）等での指摘があるが（両論稿は、播磨龍城『龍城雑稿』新阿彌院、1924年に再録されている。）、新律綱領の編纂過程を特に律との関係から検討している研究として主に以下のものがある。会田範治「明律と新律綱領」『山岡博士教授二十五年記念論文集　1』日本大学出版部、1937年、79-106頁。小早川欣吾『明治法制史論　公法之部　下巻』巌松堂書店、1940年、978-999頁。利光三津夫、藤田弘道「明治初期における政府司法機関の律逸文採集事業について」『法学研究』51-5、1978年、111-138頁（同論稿は、利光三津夫編著『法史学の諸問題』慶應通信、1987年に再録されている）。中山勝「新律綱領の編纂の典拠について―新律綱領に与えた清律の影響を中心として―」手塚豊編著『近代日本史の新研究Ⅰ』北樹出版、1981年、191-218頁・同「新律綱領および改定律例に与えた清律例の影響」手塚豊編著『近代日本史の新研究　Ⅶ』北樹出版、1989年、183-204頁（両論稿は、中山勝『明治初期刑事法の研究』慶應通信、1990年に再録されている）。藤田弘道『新律綱領・改定律例編纂史』慶應義塾大学出版会、2001年（特に、第1章「新律綱領編纂考」）。Paul Heng-Chao Ch'en, *The Formation of the Early Meiji Legal Order: The Japanese Code of 1871 and its Chinese Foundation*, Oxford University Press, 1981, pp.11-18.

(12)　国書刊行会編『令集解　第二』巻28　儀制令、1913年、214-215頁。

(13)　牧野巽「日支親等制の比較」『民族』3-6、1928年、53頁（同論稿は、前掲（序・註26）牧野『支那家族研究』に再録されている）。

なかったことに基づくものと指摘されているが[14]、新律綱領にて改めて妾は妻と同様に二等親に置かれたこととなったのである[15]。但し、従来の社会的立場と比較して妾の地位が大きく変わったことに戸惑いが示された旨は当時の新聞報道や論説からも見て取れる。以前では「妾ハ法律上ニテ公認セラレタルニセヨ、婢僕ト地位ヲ同ウシ、婢妾或ハ側使ヒ召使ヒノ名称ヲ脱スルコト能ハズ。（略）故ニ此ノ妾ハ名実両ナガラ妾ヲ買ヒ或ハ妾ヲ傭フト云フ意味ニ適当」とするものであったにもかかわらず、「法律ノ改進ニ当リ妾ヲ二等親ト定メラレタルヨリ、旧法旧慣ハ俄然トシテ一変シ、妾ハ妻ト同等ノ義務ヲ荷フニ付キ同等ノ権利ヲ有スル事ト成リ、夫ノ先ニ婢妾ト並称セラレシモ、今ハ妻妾ト伍班シ、妾ヲ傭フニ非ズシテ妾ヲ娶ルノ理ヲ現シ、戸籍帳ニ公然ト家属ノ中ニ列シ、復タ原ノ傭人婢僕ノ類ニアラズ。」(『東京日日新聞』1876.7.11) と、妾の地位が格上に向上した点を見た上で、民法及び刑法上で妾を公認すべきではない、との論説が載せられている。妾を二等親とすることはやや行き過ぎであるとの見解も示され (『大阪朝日新聞』1880.6.24)、さらには妾を三等親に改正する話が報道されていたことからも (『大阪朝日新聞』1880.9.8)、妻と同格に置かれていたことには疑問の声が少なからず上がっていた模様である。小中村清矩の『妾ヲ二等親トスル説』(出版社、出版年不明) では、「維新ノ後、新律綱領ニ、妾ヲ二等親ト定メラレシヲ以、江湖上或ハ物議アル旨ヲ聞ケリ。」[16]と指摘、「下等ノ家ニテハ、婢ニ類セル妾モア

---

(14) 中田薫「日本古代親族考」『国家学会雑誌』43-1、1929年、7-8頁（同論稿は、中田薫『法制史論集　第三巻　債権法及雑著』岩波書店、1943年に再録されている）。

(15) 養老令の五等親条と新律綱領の五等親図を比較すると、妻と妾が同じ二等親と位置付けられたものの、細かい部分では妾をめぐる規定で相違する点もある。例えば、養老令では四等親に「兄弟妻妾」が、五等親には「妻妾父母」が含められているが、新律綱領ではそれぞれ「兄弟ノ妻」、「妻ノ父母」となっており、妾の文言が入っていない。二等親では妻妾を同じく位置付けながらも、他の等親では妾が含められていない理由は判然としないが、社会における妾の位置付けの低下が考慮された可能性は否定できない。鎌田浩「日本法史における親族の範囲」青山道夫他編『講座家族　6　家族・親族・同族』弘文堂、1974年、139-140頁。こうした違いについての検討は今後の課題としたい。

(16) 小中村清矩述『妾ヲ二等親トスル説』出版社、出版年不明、1頁（同論稿は、『学芸志林』5-29、1879年や、『陽春廬雑考』巻2、1897年にも所収されている）。

レハ、当今ニ至テハ二等親ニ置クハ、甚適セサルガ如クナレド、上文ニ論セル如クニシテ、儀制令ノ制ハ、上古ヨリノ風俗習慣ニ基カレシ者ナルガ、爾後数百年間時態ノ変遷ニヨリ、カク沿革シ来レル旨ヲ辨セハ、異トスルニ足ラサルヘキ歟」[17]と、儀制令の等親の条に妾を二等としていた旨を示し、武家の時代となって以降は妾の地位が甚だしく降り、下等の家では婢に類する妾が登場したことで現在の妾を置くことは適当でない風潮があるが、上古の風俗習慣に依るものであることを説く。当時のメディアで語られている妾は蔑視の対象と見られ、家庭にいる妾の様子、それによって齎される害悪の状況が報道されていることからも[18]、妾の社会的身分の低さは明らかである。多くの論説で妾の害悪が論説として掲載されており、廃妾論の背景として妾をめぐる位置付けが急変したことが日本における妾に対する疑問の声が上がったことにも関係すると思われる。

　中国では法文の規定の変遷やメディアでの報道が活発であったと言える。3ヵ国の中では唯一法律上の男女平等の実現を徹底的に実施しており、民法典では草案での離婚事由をめぐる夫婦間の差別規定を撤廃し、刑法典では姦通罪を男女平等のものとして処罰する規定が置かれることとなった。これには、中国での妾の位置付けは日本とは異なり、古代より妻と妾の名分が明確に区分されていたこと[19]、また従来より一夫一婦主義が貫徹されていたこと、等の影響もあり、法典編纂の過程で一夫一婦主義の明文化が比較的円滑に進められることとなったと考えられる。さらに、近代期における妾の身分の低さはメディアの論稿でも触れた通りであり、こうした社会で未だに存在する妾は廃止すべきとの声は当時より高く、当時の中国メディアは日本やタイと比較すると、納妾行為を確実に排斥するための手法として、民法や刑法典の規定を改正することや明文で廃妾を規定する旨を訴える論稿が数多く寄稿されていることが挙げられる。こうした動きは婦女運動とも直接関わって

---

(17)　同上、10頁。
(18)　『婦人世界』16-7（1921年）は「家庭悲劇号」の副題が附され、妾が入ったことにより崩壊した家庭の特集記事が掲載されている。
(19)　胡潔「古代日本の婚姻形態に関する一考察―中日両国における妻妾の呼称の相異を通じて―」『お茶の水女子大学人間文化研究年報』20、1996年、65-71頁。

いるが[20]、それ以外にもいくつかの要因があると言える。

まず挙げられるのが、国民党の政綱の対内政策として宣言された内容である。対内政策の第12条では、法律、経済、教育、社会の面で男女平等の原則を確認し、女権の発展を進めることが規定された。当該規定は、男女は共に人であり、地位の上で差異があってはならず平等でなければならないこと、そのために各方面での男女平等を宣言したものであるが、1926年の中国国民党第二次全国代表大会での婦女運動の決議では第9条にて、法律方面で実施することとして、「制定男女平等的法律」（男女平等の法律を制定すること。）、「根拠離婚結婚絶対自由原則、制定婚姻法。」（離婚結婚を完全に自由とする原則に基づき、婚姻法を制定すること。）等が指摘されていたことからも、これにより男女平等の意識の高まりがあったことが考えられる[21]。立法院の審議の結果、姦通罪の処罰規定が男女不平等となったことを受けて、各婦女団体が一斉に男女平等を規定する政綱と違背することを主張する根拠となったことからもその影響が窺え、また妾を刑法上の問題として規定を修正することに消極的であった立法院委員も旧来の姦通罪の規定内容が男女平等に違背することは認めている。もう一つには、日本での民法や刑法上の問題が中国に伝播していた可能性である。例えば、中国における民法の離婚事由につき平等化が図られたことを評価する中島玉吉の論稿は、中国語に翻訳された上で各種の著作物や雑誌内にて掲載されている。その他にも、竹中繁「日本民法及刑法的改正与女性権利的拡張」（『婦女雑誌』17-8：1931年）は日本における民法や刑法上の女性の位置付け及び改正の動きに言及し、刑法では姦通罪の規定について有妻の夫が姦通しても法律上の制限が無いことから明ら

---

(20) 当時、多くの婦女団体が結成されていたが、相当数の団体が男女平等や女子の権利、一夫一婦制の問題に関する宣言を表明している。例えば、全浙女界連合会では、法律上の男女平等、さらに廃妾を求める内容の宣言を出し、湖南女界連合会でも男女平等を実現するために、男子が一夫一妻制度を実行しなければならない、ということを求めている。1922年に成立した女権運動同盟会直隷支部では男女平等の婚姻法を制定し、刑法上納妾者を重婚罪とする規定を加えるよう求めている。同様に納妾を重婚として論ずべきとすることは、女権請願団の請願書や婦女同志会の宣言の中にも見られる。各婦女団体の具体的な組織や活動については、前掲（第2章・註94）談編著『中国婦女運動通史』94頁以下参照。

(21) 『中国国民党重要政綱之研究』出版社、出版年不明、132-135頁。

かに不平等な内容となっていること、民法でも離婚事由の夫婦不平等の規定が存在することを指摘している。同時期には、世界各国の法文を紹介する論稿も多く掲載されていることからもこうした法規定の分析が積極的になされ、こうした動向を受けて修正意見が寄せられたと思われる。

　タイでは厳格な一夫一婦制を採用するための議論が遅々として進められず、一夫一婦制導入には大きな障害が伴っていた様子が窺えるが、これには近代タイが抱える特有の事情があった。一つには、タイ南部地域のムスリムたちの存在である。特に、一夫一婦制を施行するのに慎重にならざるを得ない地域として挙げられていたのは、マレーシアとの国境に近いパッターニー、ヤラー、ナラーティワート、サトゥーンの4県である。新聞の記事においても、イスラム圏には一夫一婦制の婚姻法を適用すべきではないことが意見として示されていることからも、憂慮すべき問題として考えられていたことが分かる（"Marriage in Siam"（*The Bangkok Times*, 1934.2.3）[22]。これに加え、一夫多妻制を支持する論者の根拠として説かれていた人口論も[23]、タイでの特有の議論として挙げられよう。日本では、例えば福澤諭吉が人口の内訳で男女比を検討した上で一夫一婦制を主張する論拠となったことや、妾を有している者は愛国心を有していない者であるとする批判記事が掲載されたのとは対照的に、妾を保持することで人口を増加させる必要性や、人口増加に貢献する者こそが愛国者である旨が説かれている。シャム危機によってフランスに土地を割譲したことで領域が縮小し、国家が揺さぶられることとなった点からも、当時のタイにおいて人口増加は急務の課題だったと思われる。

　ただ何れにせよ、タイでは議論の末一夫一婦制を採用することとなった。

---

[22] ワチラーウット王も一夫一婦制の施行にあたっては、南部ムスリムたちを考慮すべき旨の意見を表明している。前掲（第3章・註3）Walter F. Vella, *Chaiyo! King Vajiravudh and the Development of Thai Nationalism*, p.156.

[23] 当時の人口の推移は、国勢調査によると1911年で827万人、1919年で921万人、1929年で1151万人、1937年では1446万人であった。「暹羅仏暦二八四〇年国勢調査人口」『南支那及南洋情報』7-19、1937年、21頁。「泰国の人口動態」『南洋』26-6、1940年、105頁。国際日本協会編『泰国統計書』（大東亜統計叢書第Ⅰ部Ⅴ）国際日本協会、1942年、8頁。

この点に関連して注目されるのは、1932年の立憲革命を契機として一夫一婦制へと転換したことを指摘する論説や記述があることである。例えば、日本タイ協会による『タイ国概観』(1940年)では、立憲革命前までは一夫多妻が公認されていたが、弊風は改善されつつあり、革命後には一夫多妻を法的に清算したことを述べており、立憲革命の前後での変化に着目している[24]。宮原武雄『新たなるタイ』(図書研究社、1942年)は、経済的に豊かな家庭では男子は多くの女性と自由に同棲できる一夫多妻制度が伝統としてあったが、1932年の革命政府の樹立により一夫一婦制及び自由結婚制が採られ、女性の地位向上につながっている旨を記述している[25]。この理由については尚も考察する余地が残されているが、特命全権公使を務めた矢田部保吉の論稿が興味深い点を暗示する。矢田部はタイの1932年憲法において王族の政治不関与の規定[26]が盛り込まれたことについて、「泰国では多妻制度が公認せられ来ったが為めに、王族の数は甚だ多く、而して革命直前迄の実情を観るに、是等の王族は概して最高の教育を受け、其の多くは欧米諸国に留学し、帰国後重要の地位に就くものが多数であって、殊に上級の王族は、国王の側近又は政府部内に於て最高重要の地位を占めるもの多く、自然其の政治的勢力は頗る強大にして、従って当時泰国の君主専制政治は、寧ろ之を王専制政治と称すべきであるとすら云はれる実状であった。革命勃発の原因も、国王に対するよりは是等上級王族に対する反感にあったと認むべき理由

---

(24) 日本タイ協会『タイ国概観』1940年、169頁。
(25) 宮原武雄『新たなるタイ』図書研究社、1942年、192-193頁。
(26) 第11条において、以下のように定められた。

มาตรา ๑๑
พระบรมวงศานุวงศ์ตั้งแต่ชั้นหม่อมเจ้าขึ้นไปโดยกำเนิดหรือโดยแต่งตั้งก็ตามย่อมดำรงอยู่ในฐานะเหนือการเมือง

　当該規定では「出生又は勅任によるモム・チャオ以上の皇族は、之を政治の圏外に置く。」と定められている。尚、「モム・チャオ」とは国王の子孫に対する称号である。「暹羅新憲法発布」『南支那及南洋情報』3-1、1933年、11頁。
　暹羅協会の邦訳版では、1932年憲法第11条は「モムチヤオ以上ノ階級ノ皇族ハ其ノ出生ニ由ルト若ハ選敍ニ由ルトヲ問ハス凡テ政治ニ関与スルコトヲ得ス」との訳が示されている。『確定暹羅国憲法』暹羅協会、1933年。

もある。されば王族を政治的地位から排斥することが、革命を遂行した人民党一派の重要目的の一つであったのである。」[27]と述べている。従来は政府の重要な役職が王族に独占されていた現状を改革すべく王族の政治関与を認めないこととなったが、それに伴い一夫多妻制への反発及び一夫一婦制が積極的に説かれる要因になったとも考えられ、立憲革命と一夫一婦制への転換との関連を検討する可能性の視座を与える[28]。また、1927年に人民党の結成大会が開催された際の、政治・経済・裁判権の対外的完全独立、人身の安全、全人民に職業保障・経済計画実施、全国民の平等、自由権付与、教育の普及促進、の6項目に基づく革命六原則が立憲革命の際に改めて人民党の宣言として発表されていることからも[29]、1931年の夫婦法改正法までの議論では一夫多妻制の原則が維持されていたにもかかわらず、1934年の議会の投票で一夫一婦制が採られたことの背景として考慮する必要がある課題であろう[30]。

　さらに注目されるのが、立憲革命後に行われたラッタニヨム運動とその後の文化運動である。ラッタニヨム（รัฐนิยม）とは、ピブーン（正式名称は、ピブーンソンクラーム）政権によって1939年6月から1942年1月にかけて公布された告示のことである[31]。この運動に関してピブーンは「タイ国の文化を他の文明国の水準に向上せしめ、立憲政治の安泰を計り、国民をして真に

---

(27)　矢田部保吉「泰国成文憲法の概念（二）」『南洋』26-4、1940年、9-10頁。
(28)　革命を機にタイの女性の地位が向上した旨を指摘するものもある。前掲（第3章・註53）田澤『白象　趣味の研究』262頁。
(29)　加藤和英『タイ現代政治史―国王を元首とする民主主義』弘文堂、1995年、91-92頁。村嶋英治『ピブーン―独立タイ王国の立憲革命』（現代アジアの肖像9）岩波書店、1996年、117頁及び147-149頁。
(30)　Suwadee T. Patana 氏の研究においても、1913年から1928年までの草案の動きでは、一夫多妻制を支持する伝統的な価値観に基づくものであったが、立憲革命期の人民党による男女平等の精神に依り、一夫多妻を法的に禁止するよう転換がなされた旨が指摘されている。Suwadee T. Patana, "Polygamy or Monogamy: The Debate on Gender Relations in Thai Society, 1913-1935" in *IAHA 13th Conference, Sophia University, Tokyo, Working Drafts Vol. VI*, September 5-9, 1994, p.19.
(31)　ラッタニヨム運動については、村嶋英治「軍部支配と政治統治―タイ一九三二年革命期における」矢野暢編『東南アジアの政治』（講座東南アジア学　第7巻）弘文堂、1992年、81-101頁に詳しい。

文明国の民たらんとするには、右目的達成に導く国家の核心となるにたるべき信条が必要である。」と述べ、国名変更や国家の尊重、タイ国製品の使用、タイ文字の使用、服装や生活習慣といった事柄に関する生活文化の近代化を提唱した[32]。この運動と相俟って文化運動が発展したことも見受けられ[33]、1943年3月にはタイ人の結婚式を国民文化に相応させるための布告が発せられ[34]、1944年1月には結婚推奨の政策により結婚者の登録数が多くなっている記事が掲載されており[35]、こうした文明国として相応しい国家の体制を確立させるための文化運動とも何らかの関連性があったことが推察される。

　こうした近代期における各国の妾の議論に関する相違点は、他国との相互比較によっても明確となる部分もある。

　日本と中国では何れも裁判で扱われている事例を考察すると、当初は夫の蓄妾行為は依然として認められていたが、妻側の離婚請求権の訴えを徐々に寛容に認めるようになった点は前述した通りである。但し、両国間では若干の差もある。日本においては、夫が妾を有してもそれを姦通行為として妻からの離婚請求としては法文上認められていなかった。にもかかわらず、夫の蓄妾行為を裁判離婚の事由として規定されていた侮辱行為に該当するものとして解釈し、妾と同居している行為や、そもそも妾を有している行為を妻側に対する侮辱行為に当たるものとし、次第に妻側の離婚請求権を認容している。一方で、中国においては、夫が妾と同居している行為を侮辱と見ている判例や論説は見受けられない。25年民法草案までは、裁判離婚の事由として相手方からの侮辱行為という文言が盛り込まれているにもかかわらず、同時期の判例では夫が妾と同居する行為を妻の侮辱に該当するか否かという議論はなされておらず、むしろ妾を家属の一員として認めるような判決が下されている。中国では30年民法で夫婦平等に姦通を事由とする裁判離婚が法

---

(32) 江尻英太郎「タイ国のラッタニヨム運動」『新亜細亜』5-8、1943年、17-28頁。
(33) 中川義邦「泰国文化運動の理念と実際」『日本タイ協会会報』35、1943年、24-31頁。
(34) 「結婚礼式準則」『日本タイ協会会報』35、1943年、77頁。
(35) 「結婚促進策成功」『日本タイ協会会報』40、1944年、40頁。

文の文言として規定される時期より、夫の納妾行為を姦通行為と見做し、妻の離婚請求権として認める判決が出されており、両国間で夫が妾を有していた場合の妻側の離婚請求をめぐる若干の差が浮かび上がる。妾と生活していることを侮辱と見做すか否かということで違いが見られる点については、両国での妾をめぐる居住形態とも関係すると思われる。一般的な生活実態に則して見るならば、日本では夫は妻以外に妾を有する際には自宅で同居することは無く、妾は別居して生活していたために、例えば夫が妻とは同居せずに妾と同棲するような行為については妻側からの侮辱行為として見做したのに対し、中国では妻と妾が同じ家にて同居する形態が一般的であったため、夫が妻以外に妾と同居していたとしても、そのことで以て妻への侮辱行為としては見られなかったと考えられる。

また、刑法中での親属の範囲をめぐり妾をめぐる法文の効果がやや異なっていたことにも着目したい。日本や中国では、共に民法典が完成する以前には、親属を規定する条項が刑法典内に設けられていた。両国では親属の中に妾の文言を加えることは無く、刑法典を施行する際には妾が親属として想定されてはいなかった節がある。しかし、中国の場合は暫行刑律補充条例が1914年に頒布され、当該条例で親属の範囲に妾も含められることとなり、刑律が施行された初期の頃には親属容隠や親属相盗といった親属に関する諸規定については妾にもその効力が及ぶこととなった。日本においては草案の段階で親属の中に妾を含むか否かということをめぐり議論となったが、妾は親属例から排除されたことで、その後の刑法で規定された親属容隠や親属相盗といった法文の効果は及ばなかったと考えられる。

中国とタイにおける相違点として挙げられるのが、妾論議の中でのイスラム教徒に対する態度である。タイにおいてはムスリムの一夫多妻制に配慮すべきとの立場が国王により示され、また妾をめぐる論議では度々南部のムスリムをめぐり意見が交わされている。一方で、中国においても20世紀初頭にはイスラム教徒が相当数存在していたことが記録に残されているが[36]、少なくともタイのように妾制を擁護する論拠としてムスリムの一夫多妻制が問題として指摘されるに至っていない。同じくイスラム教徒を有しながらも、一方では妾制をめぐりこうしたイスラム教徒たちの問題が大きく議論の的と

なっているのに対し、他方では妾制とムスリムの問題が意識すらされていないのは興味深い現象である。これはタイではタイ南部に隣接していたマレー半島のイギリス勢力拡大を危惧し、積極的にタイ国内にいるムスリムに関心を持ち、イスラム教徒に関し慎重な政策を採らざるを得ない必要性があったのに対し(37)、中国では近代期においてイスラム教徒による反乱が度々発生しており、イスラム教徒を擁護する必要性は生まれておらず、むしろムスリムに対し無関心な態度で接し続けていたことが背景としてあったと考えられる。また、中国では民国期にメディア内でイスラム教徒を侮辱する内容の論説が掲載されたことに端を発しムスリムの反発を招いた侮教事件が相次いだが、その中で注目されるのは、唐山における『工商日報』の記事（1933.12.30）である。そこには「回族人民有一女多夫風俗、在我們看来是不対的、而在回族看来是很対很対的……」（回族には一女多夫の風俗があるが、我々から見れば適合しないものの、回族から見れば甚だ適合するものである……）との記事が掲載されたが、それに対し同地におけるイスラム教徒の反発を招いた(38)。侮教事件の最中にイスラム教徒の婚姻形態を侮辱するような記事がメディアに登場していることからも、当時の中国でムスリムの婚姻慣習も含めてイスラム教徒に対する関心の低さが窺える。

　日本とタイにおける妾論議で特徴的なのは皇族と王族の議論への関わり方の違いである。日本においては、新聞の論説で皇統保持の観点から妾制を維持する立場の論者の論拠となった点は前述した通りであるが、そのことに対する天皇や皇族の態度は未だにはっきりとなっていない部分がある。むし

---

(36) 例えば、当時のイスラム教徒の推計としては最も信憑性のある統計を示したとされるMarshall Broomhallは、1910年の中国全土のイスラム教徒の推計を、最低でも472万7千人、最高では982万1千人との数値を示している。Marshall Broomhall, *Islam in China: A Neglected Problem*, London: Morgan & Scott, 1910, p.215.

　但し、当時のイスラム教徒の総人口数は、各統計により正確に推計することは困難であるとの指摘があるので注意を要する。中田吉信『回回民族の諸問題』（〔アジアを見る眼〕40）アジア経済研究所、1971年、33頁以下に詳しく検討されている。

(37) 前掲（序・註31）Tamara Loos, *Subject Siam: Family, Law, and Colonial Modernity in Thailand*, p.181.

(38) 傅統先『中国回教史』商務印書館、1940年、193頁。

　同書は、傅統先著、井東憲訳『支那回教史』岡倉書房、1942年の邦訳版がある。

ろ、日本の皇室において一夫一婦制を実施するか否かという点については、皇族の間ということよりも主に皇室典範の起草段階で起草者たちの間で大きく議論され、指摘されていた。例えば、皇室関係の条項について岩倉具視は一夫一婦制の有無を確認する建議を行っている(39)。公布施行された皇室典範では、第4条において「皇子孫ノ皇位ヲ継承スルハ嫡出ヲ先ニス、皇庶子孫ノ皇位ヲ継承スルハ皇嫡子孫皆在ラサルトキニ限ル」と嫡子と庶子の皇位継承を定める条文や、第42条で「皇族ハ養子ヲ為スコトヲ得ス」と養子の禁止規定が置かれていたことからも、正式な妻以外の女性の存在が暗に認められていたことが分かる(40)。このように法文上では皇族は正妻以外の女性と関係を結ぶことが許容されていたが、実際のところはどのようだったのだろうか。皇位は男系の男子がこれを継がなければならないことが規定されていたものの、明治天皇と皇后との間に子女が生まれなかったことに危機感を募らせた山縣有朋や松方正義は侍従長の徳大寺実則に対し皇統の必要性から御側女官の採用を謀り、徳大寺を通じて明治天皇に進言がなされたが、天皇は御側女官を召出すことを聞き入れなかったことが記録に残されている(41)。結局、その後も子女が生まれなかったため、明治天皇は御側女官を採用し、権典侍柳原愛子との間に生まれた皇子が後の大正天皇となったことで、皇統の継承という問題は解決されることとなった。一方、タイでの状況に目を転じると、タイにおいては国王や王子が婚姻法の起草段階より、一夫一婦制へと改めるべきか、それとも一夫多妻制を維持すべきか、ということについて積極的に意見を発信している。こうした背景には多くの王族が西洋へ留学した

---

(39) 島善高『近代皇室制度の形成　明治皇室典範のできるまで』(学際レクチャーシリーズ13)成文堂、1994年、5-8頁。

(40) 本研究では詳しく検討していないが、日本民法においても「妾」の文言を用いていないものの庶子の規定が設けられており、こうした庶子規定によっても妾の存在を承認していることとなっているのは、興味深い現象と言えよう。
　　因みにこうした皇室典範における庶子の規定を如何に適切に英訳すべきかということをめぐり、当時苦慮されていたことが示されている。井上毅伝記編纂委員会編『井上毅伝　史料篇第四』国学院大学図書館、1971年、285頁。また、皇室典範の英訳に関連する問題としては、前掲(結・註39)島『近代皇室制度の形成　明治皇室典範のできるまで』101-106頁に言及されている。

(41) 宮内庁『明治天皇紀　第九』吉川弘文館、1973年、61頁。

り、或いは幼少時より西洋のお雇い外国人の下で西洋に対する知識を身に付けていった影響もあると考えられる。皇族・王族の法典における一夫一婦制の是非に関する議論への対応や関与の仕方をめぐっては差異があり、メディアの議論でも日本では皇統の継続が話題となっているのに対し、タイではそうした問題が扱われていないという点でも各国での妾論議の特徴があると言えよう。

　以上のように、日本・中国・タイの妾をめぐる議論を大局的な観点から概観するならば、何れも各国の家族法の領域で一夫一婦制の原則を盛り込んだ法典を整えているが、他方で一夫一婦制の法文を盛り込みつつも、民法典の法文解釈では妾が容認され、刑法典では夫が妾を有した場合でも積極的に処罰を加えないような措置がなされていた点では相似点が見られる。つまり、一夫一婦制の法典の体裁を整える反面、妾の存在を暗に認める規定が残されたことで、一夫一婦容妾制とも言うべき形で消極的には妾制は維持される結果となり、妾には法的な地位が与えられなかったものの、現実の社会では妾が尚も存在し、それを許容する形となった。裁判の事例では妻側の離婚請求権が次第に拡大して認められることとなり、妾を有している夫との別離は容易なものとなるように徐々に変遷していったが、原則として夫の蓄妾行為のみを事由として妻の離婚請求が認められた訳では無く、或いはその別離に際しては妻側に制約があり、夫が妻よりも優位に立っていることには変わりは無かった。単純に一夫一婦制の規定が盛り込まれた法典が施行されたことを以て各国で妾制廃止へと転換したこととはなっておらず、法的にはあくまでも「妾」の文言が使用されていなかったに過ぎず、依然として夫が妾を有することを基本的には認容し、夫が妾を娶る行為を法文上は厳禁とすることに関しては消極的であった点には留意しなければならない。こうした点から独立国の妾をめぐる問題の背景として、文明国の地位を確立させること、そして妾が家庭内にいることで齎される害悪が社会的な問題として意識される一方で、旧来の法や慣習で認められていた妾制を廃止することによる社会の混乱を避けるための方法として立法者が勘案したものとして共通項を描き出せると言えよう。

さらに、こうした法律上の一夫一婦制の文言が盛り込まれた各国での議論を分析する際には、対外的な影響のみが主要な動機付けとなった訳では無く、他にも各国内の対内的な要因も絡んでいることに注意を払う必要がある。文明国としての印象を持たせるために一夫一婦制の確立を主張することも無論重視されてはいたが、対内的な要因として、日本では社会的な妾に対する低い地位とは対照的に法的には妻と同等の地位が与えられたことに対する疑問視や、中国では国民党の対内政策と妾制とが男女平等の原則において一致せず違背していたこと、タイでは法文の変遷と同時期に発生した立憲革命や文化運動、といった影響も見受けられ、各国では複合的な要因による妾廃止に関する社会的な議論の高まりも見られていたことが示される。

第2節　課題

　本書では、近代期で妾が置かれていた法的及び社会的状況を様々な点から考察していたが、課題も残された。

　最初の課題点として挙げられるのは、植民地国での同様の問題について、考察の対象とし得なかったことである。独立国と植民地国とに区分して比較法史を見る上では、同一の主題についての双方の状況を概観しなければならないが、本研究では独立国に限って妾をめぐる法的諸問題を検討してきた。これは、こうした独立国と植民地国との近代法継受史の比較考察がなされていない現状に鑑み、一先ず独立国での妾をめぐる法的議論を整理及び検討することを課題として設定したためであるが、個々の植民地支配を受けた国々における妾をめぐる模様や、その近代法史の比較については別途改めて考察してゆくこととしたい。その際には植民地国の状況を一括して検討することとなるのか、それとも M. B. Hooker 氏のように宗主国の法圏に区分した上で検討することとなるのか[42]、その研究手法について大局的な観点から検討を加えなければならないだろう。東アジア地域は、朝鮮半島や台湾、満

---

[42]　前掲（序・註2）M. B. Hooker, *A Concise Legal History of South-East Asia* を参照。

州では日本、インドシナ半島ではフランス、ミャンマーやマレー半島はイギリス、インドネシアはオランダ、フィリピンはアメリカ、というように広範囲に亘り様々な宗主国からの近代法の継受が行われた。こうした諸国においても妾に関する問題関心は重要であったと考えられ[43]、一部の国や地域における状況を対象とした研究がなされているが[44]、未だに近代期の妾制に関する横断的な研究は発表されていないため、当該問題のさらなる検討は今後の課題としたい。こうした植民地国の状況と本研究で対象とした諸国により、広義の東アジアにおける近代法史を比較検討するための新たな展望が生まれるであろう。

　独立を保った3ヵ国について述べるならば、メディアの媒体記録についてより詳細に調査を行う必要性があると考えている。本書ではメディア媒体の新聞を調査するにあたり、それぞれの国において原則として1紙に限りその論説を整理した。これは近代期を通じて可能な限り長い期間で以って妾をめぐる論説やその取り巻く環境を見るという趣旨で行ったものであるが、各種新聞ではそれぞれの立場により妾に対する意識や報道が異なっている可能性がある。また本書を執筆するにあたり可能な限り収集した雑誌、特に長期に亘り発行された雑誌を用いた上でその論説を整理したが、依然として他紙・他誌の論稿調査の作業は引き続き行いたいと考えている。

　本書は妾自身の置かれた状況に注目したものであるが、妾の存在を暗に認める条文の根拠として庶子の規定もあり、妾の子を取り巻く環境についても議論となっていることが確認される。妾が子どもを儲けた場合、妻との位置付けで変化が見られたのか、という点ではやや複雑な問題が発生したと思われる。こうした規定は相続法の問題との兼ね合いから、別途異なる観点から

---

[43] 例えば、満州で1945年7月に制定公布された親属継承法においても、妾の問題をめぐり検討されていた模様が窺える。千種達夫『満洲親族相続法の要綱』（日本法理叢書第26輯）日本法理研究会、1943年、44-46頁。千種達夫『満洲家族制度の慣習Ⅱ』一粒社、1965年、71-96頁及び308-309頁。

[44] 例えば、韓国の状況については、李英美「韓国近代離婚慣習法の定立過程─協議上の離婚を中心に─」『東洋文化研究』8、2006年、103-130頁の研究がある。満洲での妾に関する立法状況については、拙稿「満洲における妾をめぐる立法状況の点描」『法学研究』105、2018年、105-148頁にて検討した。併せて参照されたい。

検討を重ねる課題であると言える。このような課題を検討するに際しても、本研究で示した妾の動向を起点として考察することが可能となるであろう。

　またメディアの論説を中心に、廃妾論と相俟って他の議論についても指摘されている。例えば、女性の社会的地位の向上や廃娼論、娼婦や芸妓の問題についても積極的に議論されている様子が窺える。こうした問題について検討する際には、妾と娼妓或いは芸妓がどのように区別なされていたのか、或いは明確に区別されずに議論されていたのか、という点にも着目しなければならない。当該問題は法制史のみならず、女性史や教育史といった他の領域からの分析も進めることとなろうが、現段階ではそうした課題を認識しているに過ぎず、今後の検討材料として指摘するに止めざるを得ない。

　本書では細かく検討し得なかったが、妾をめぐる問題と大きく関わる問題点として、各国における「親属」・「親族」や「家属」・「家族」といった概念の違いも浮き彫りになった。特に日中比較の点から鑑みると、同じ文字を用いながらも、妾を「親属」或いは「親族」の中に含め、刑法の法的効果を及ぼさせるのか否かという点では両国の差が見られる。こうした差異については、民法や刑法での「親属」・「親族」の範囲に止まらず、他の法分野の条文でも関連する問題として指摘できよう。例えば、日本における民事訴訟法第145条第1項では、「送達ヲ受ク可キ人ニ住居ニ於テ出会ハサルトキハ其住居ニ於テスル送達ハ成長シタル同居ノ親族又ハ雇人ニ之ヲ為スコトヲ得。」と規定されていた。ここでの「親族」とは「本人ヲ除クノ外尊属親卑属親傍系親等、一切親戚ノ関係アルヲ云フ。父母、妻子、兄弟、伯叔父母、従兄弟姉妹等ノ如シ。」[45]とされ、さらに判例でも「内縁ノ妻ハ民事訴訟法第百四十五条ノ所謂同居ノ親族又ハ雇人ニ該当セサレハ、債務者ノ住居ニ於テ其内縁ノ妻ニ為シタル送達ハ無効ナリトス。」（大審院明治43年（オ）384号［1911.3.17判決］）として、内縁の関係にある者は親族には該当しない、との姿勢が示されていた。他方、中国で1935年に公布された民事訴訟法第137条第1項では、「送達於住居所事務所或営業所不獲会晤応受送達人者得将文書付与有辨別事理能力之同居人或受傭人。」（送達は住居所、事務所、或いは営

---

(45)　樋山広業『民事訴訟法釈義　上巻』宝文館、1890年、195頁。

業所で送達を受けるべき者に会わなかった場合は、文書を事理弁識能力のある同居人或いは雇人に交付することができる。）と規定されていた[46]。この「同居人」の範囲について妾が含まれ得るものとして解釈がなされていたのか、現段階では不明であるが[47]、裁判で扱われた事例で見るならば、13年統字第1903号〔1924年〕では「法院文書送達於居住所、不獲会晤応受送達人時、将文書付与其長成之同居親属或傭人者、与付与応受送達人有同一之効力。」（ママ）（法院が文書を送達するのに、居住所に送達を受けるべき者に会わなかった際に、文書をその成長した同居する親属或いは雇人に付与した時は送達を受けるべき者への付与と同一の効力を有する。）と判示されていたのに対し、32年上字3722号〔1943年〕は「民事訴訟法第一百三十七条第一項所謂同居人係指与応受送達人居在一処共同為生活者而言。至応受送達人之佃戸如与応受送達人並非共同為生活者、自不能謂為同居人。」（民事訴訟法第137条第1項で所謂同居人とは、送達を受けるべき者と同じ処で共同に生活をする者を指す。送達を受けるべき者の佃戸が仮に送達を受けるべき者と共同に生活をしていないのであれば、同居人と言うことは出来ない。）との判断が示されている。前者の判例では「親属」の概念が用いられているが、後者では「同居人」の判断基準が共同に生活をしている者となっており、仮に妾が家に同居していた場合には送達が有効と判断されていたのではないか、とも考えられ、日本とは異なる部分もあったように見受けられるが、細かい分析は他日に期したい。

さらに、タイ法制史に関しては、近代法典編纂の資料や記録の精査という作業は今後も残されている重要な課題の一つである。日本や中国に比して近代法史の研究が進んでおらず、その全貌が明らかとなっていない分野である

---

(46) 1930年に公布された民事訴訟法では、第138条第1項前段にて「送達於住居所、営業所或事務所不獲会晤応受送達人者、得将文書交付有辨別事理能力之同居人、学徒或受傭人。」（送達は住居所、営業所或いは事務所で送達を受けるべき者に会わなかった場合は、文書を事理弁識能力のある同居人、学徒或いは雇人に交付することができる。）とやや異なる文言であったが、「同居人」の文言は35年民事訴訟法へと継承されたことが確認できる。

(47) 当時の概説書、例えば、陳允・康煥棟『民事訴訟法論　上冊』（法学叢書之一）上海法学編訳社、1932年や、菊井維大・兼子一『中華民国民事訴訟法　第一編』中華民国法制研究会、1934年等では、この点について言及がなされていない。

が、これは諸外国に散逸していると思われる記録の収集を行うことで、まずはその先行研究の蓄積の溝を埋めることが先決となるであろう。他にもタイ特有の問題事項として挙げられるのが、タイ南部のムスリム圏についての問題である。特に、タイでは当初は国王や王族を中心として仏教の側面を強調していたにもかかわらず、議会では主にイスラム教徒の観点から一夫多妻制擁護へと転換しており、こうした宗教の教義についても検討を重ねなければならない課題であるが、一夫一婦制への移行の際に概観したように、しばしばタイ南部のムスリム圏においては一夫一婦制を適用せずにその例外とする意見が出されている。議会での議論でもその点が見受けられているが、この問題は現在も非常に難しい問題を孕んでいる。1946年より南部4県へのイスラム法適用に関しては、原告及び被告が共にイスラム教徒であり、家族・相続に関する訴訟であればイスラム法が適用されることとなり、特殊な様相を示している。こうしたムスリムに対する婚姻法の適用問題は、他のアジア諸国でも一夫一婦制と一夫多妻制との相関関係やその対処方法とも関連し重大な関心事項であると思われる。特に、近代期において一夫一婦制の原則がどのように導入され、どのような議論が交わされたのか、ということについては、タイの事例と比較検討する意義は大きいと言えよう。

　以上のような課題を認識しつつ、今後東アジアにおいて近代期に妾が置かれていた法的立場の状況やその変遷及び議論の行方につき、多角的に考察してゆきたい。

参考文献

※参考文献は、日文・中文・欧文・タイ文毎に発行年順で列挙（再版されているものについては初版の年に依拠）した。それぞれ新聞・雑誌論稿・書誌の順で掲げ、発行年が同じものについては著者・訳者の五十音順（日文）・ピンイン順（中文）・アルファベット順（欧文）に掲載した。雑誌及び著者が不明の書誌については、タイトルの五十音順（日文）、ピンイン順（中文）に掲げる。

［日文文献］
- 『東京朝日新聞』
- 『東京日日新聞』
- 『廓清』
- 『司法省日誌』
- 『暹羅協会会報』
- 『女学雑誌』
- 『女性』
- 『新亜細亜』
- 『大審院刑事判決録』
- 『大審院刑事判例集』
- 『大審院民事判決録』
- 『太陽』
- 『台湾時報』
- 『中央法律新報』
- 『南洋』
- 『南洋協会雑誌』
- 『日本タイ協会会報』
- 『婦人世界』
- 『法学針誌』
- 『法律新聞』
- 『南支那及南洋情報』
- 『明六雑誌』
- 『埃及法律書　刑法　完』出版社、出版年不明
- 「各国刑法関係雑件」（外務省外交史料館所蔵：第4門―第1類―第1項―第35号）
- 『改正刑法草案』東京専門学校出版部蔵版、出版年不明
- 『民法人事編』（和装本）出版年不明
- 『民法草案　全』（和装本）出版年不明
- 奥田義人講述『親族法　完』中央大学、出版年不明
- 熊野敏三他起稿『民法草案人事編理由書』（和装本）出版年不明
- 小中村清矩述『妾ヲ二等親トスル説』出版社、出版年不明
- 坂本三郎講述『親族法』早稲田大学出版部、出版年不明

・ボワソナード起案、磯部四郎訳『日本刑法草案直訳』司法省、出版年不明
・箕作麟祥口訳、辻士革筆受『仏蘭西法律書民法』大学南校、1871 年
・刑法編集委員会編『日本刑法草案』1877 年
・大阪裁判所編纂『刑事類纂　丙編』1878 年
・小中村清矩述「妾ヲ二等親トスル説」『学芸志林』5-29、1879 年
・『各国刑法類纂』司法省、1879 年
・刑法草案審査委員会編『刑法修正案』1879 年
・織田純一郎註釈『刑法註釈』出版社不明、1880 年
・村田保註釈『刑法註釈　巻六』内田正栄堂、1880 年
・高木豊三義解『刑法義解』時習社・博聞社、1881 年
・アニシモーフ著、寺田実訳『魯西亜刑法』司法省、1882 年
・アニシモフ著、寺田実訳『魯西亜民法』司法省、1882 年
・アントワーヌ・ド・サンジョゼフ著、玉置良造訳『喠馬民法　完』司法省、1882 年
・アントワーヌ・ド・サンヂョゼフ著、福地家良訳『荷蘭国民法』司法省、1882 年
・今村和郎訳『白耳義刑法　完』司法省、1882 年
・ヂョゼフ・ヲルシェ著、光妙寺三郎訳『伊太利王国民法　完』司法省、1882 年
・井上操『刑法述義　第一編総則』出版社不明、1883 年
・鈴木券太郎編述『日本婚姻法論略』帝国印書会社、1886 年
・ボワソナード著、森順正・中村純九郎訳『ボワソナード氏刑法草案註釈』司法省、1886 年
・京都始審裁判所『日本民法草案人事獲得編』1888 年
・『明治廿三年改正刑法草案』出版社不明、1890 年
・柿崎欽吾・山田正賢共著『民法財産取得編・人事編註釈　附法例及諸法律』図書出版会社、1890 年
・内閣記録局編輯『法規分類大全　第一編』1890 年
・樋山広業『民事訴訟法釈義　上巻』宝文館、1890 年
・『改正刑法草案　改正刑法案説明書』岡島宝文館、1891 年
・磯部四郎『大日本新典　民法釈義　人事編之部』長島書房、1891 年
・井上操『民法詳解　人事之部　上巻』宝文館、1891 年
・手塚太郎『日本民法人事編釈義』図書出版会社、1891 年
・マルチネー、ダレスト共訳、植村彦八重訳『匈牙利刑法』司法省、1892 年
・奥田義人講述『民法人事編（完）』東京法学院、1893 年
・熊野敏三・岸本辰雄合著『民法正義　人事編　巻之壹』［第 6 版］新法註釈会、1893 年
・宮城浩蔵『刑法正義　上巻』［第 5 版］講法会、1895 年
・宮城浩蔵『刑法正義　下巻』［第 5 版］講法会、1895 年
・森順正述『民法人事編』和仏法律学校、1896 年
・小中村清矩述「妾を二等親とする説」『陽春廬雑考』巻 2、1897 年
・『民法修正案参考書　親族編・相続編　附民法修正案正文並法例修正案不動産登記法案国籍法案各参考書正文』八尾書店、1898 年
・奥田義人『民法親族法論　全』有斐閣、1898 年

・亀山貞義講述『刑法講義　巻之二』講法会、1898 年
・梅謙次郎『民法要義　巻之四』和仏法律学校、1899 年
・中村進午講義『親族法　完』東京専門学校蔵版、1899 年
・掛下重次郎講述『親族法講義』和仏法律学校、1900 年
・勝本勘三郎講述『刑法各論講義』和仏法律学校、1900 年
・勝本勘三郎『刑法析義　各論之部　下巻』講法会、有斐閣書房、1900 年
・松宮次郎編『新旧対照改正刑法案理由書』済美舘書店、1901 年
・ルイ・ブリデル「比較犯姦法論」『明治法学』39、1902 年
・岡村司講述『民法親族編　完』京都法政大学、1903 年
・小疇傳『大審院判決引照批評　日本刑法論　各論之部』［第 2 版］日本大学、1906 年
・勝本勘三郎「姦通ヲ論ス」『京都法学会雑誌』2-5、1907 年
・政尾藤吉「暹羅国刑法草案」『法学協会雑誌』25-5、1907 年
・政尾藤吉「暹羅の新刑法に就て」『法学協会雑誌』25-11、1907 年
・「犯姦に対する民事上及び刑事上の制裁」『法学協会雑誌』26-1、1908 年
・加藤弘之口述「姦通ニ就テ」『法学協会雑誌』26-1、1908 年
・田中正身編著『改正刑法釈義　下巻』西東書房、1908 年
・法律日日社編『独伊対照日本新旧刑法』鍾美堂書店、1908 年
・泉二新熊『改正日本刑法論』有斐閣、1908 年
・岡田朝太郎「清国ノ刑法草案ニ付テ」『法学志林』12-2、1910 年
・大場茂馬『刑法各論　上巻』［増訂第 4 版］中央大学、1911 年
・原田清『刑法通解　全』法令研究会、1911 年
・大場茂馬『刑法各論　下巻』［増訂第 3 版］中央大学、1912 年
・名尾玄乗編『暹羅王国之瞥見』水交社、1912 年
・国書刊行会編『令集解　第二』1913 年
・山岡萬之助『刑法原理』［訂正増補第 8 版］日本大学、1918 年
・穂積重遠「離婚制度に付て」『統計集誌』459、1919 年
・穂積重遠『親族法大意』［第 7 版］岩波書店、1920 年
・『中華民国民律草案理由訳文　第四編親属　第五編継承』((南支那及南洋調査（第 54 輯）台湾総督官房調査課、1922 年
・政尾隆二郎編『政尾藤吉追悼録』出版社不明、1922 年
・「雑報」『法学協会雑誌』41-5、1923 年
・平沼騏一郎・倉富勇三郎・花井卓蔵監修、高橋治俊・小谷二郎共編『刑法沿革綜覧』清水書店、1923 年
・穂積重遠「相対的離婚原因（離婚原因論の五）」『法学協会雑誌』41-8、1923 年
・岡田朝太郎「暹羅王国刑法法典　The Criminal Code of Siam」『早稲田法学』3、1924 年
・『南洋各植民地立法制度』（南洋叢書第 38 巻）南洋協会台湾支部、1924 年
・高窪喜八郎編『法律・学説判例・総覧　民法親族編・完』［第 5 版］法律評論社、1924 年
・播磨龍城『龍城雑稿』新阿彌書院、1924 年

・東川徳治撰『支那法制史研究』有斐閣、1924 年
・穂積重遠『離婚制度の研究』改造社、1924 年
・宮本英雄『婚姻の基調』改造社、1924 年
・柳川勝二『日本親族法要論』清水書店、1924 年
・『臨時法制審議会総会議事速記録』臨時法制審議会、1925 年
・「財政部審計院顧問「バドウ」G. Padoux 案」外務省亜細亜局『支那財政整理諸案摘要（未定稿）』、1925 年（ママ）
・勝本勘三郎著・勝本正晃編『刑法の理論及び政策』有斐閣、1925 年
・穂積重遠『婚姻制度講話』文化生活研究会、1925 年
・和田于一『婚姻法論』大阪巖松堂書店、1925 年
・法令研究会編纂『実例・判例・文例 親族法総覧』［再版］敬文社出版部、1926 年
・水田淳亮「パドウ氏の支那財政整理案」『東亜経済研究』10-4・11-1、1926 年・1927 年
・栗生武夫「夫の貞操義務の条文上の根拠―民法七八九條の「同居」―」『法学志林』29-10、1927 年
・中川善之助「夫の貞操義務に関する裁判に就て」『法学協会雑誌』45-2、1927 年
・穂積重遠「男子貞操義務判決の真意義」『法学志林』29-7、1927 年
・牧野英一「夫の貞操義務に関する判例に付いて―中川法学士に答ふ―」『法学協会雑誌』45-3、1927 年
・牧野英一「法律学の新らしき目標―最近の立法と判例とに関し、開講の辞として―」『法学志林』29-1、1927 年
・グレーム著、南洋協会台湾支部訳『暹羅研究 第一編』（南支那及南洋調査第 132 輯）台湾総督官房調査課、1927 年
・新保勘解人『日本刑法要論 各論』敬文堂書店、1927 年
・泉二新熊『日本刑法論 下巻（各論)』［訂正第 38 版］有斐閣、1927 年
・瀧川幸辰「夫婦平等の原則―夫の姦通と妻の姦通―」『経済往来』3-12、1928 年
・穂積重遠「民法改正要綱解説」『法学協会雑誌』46-2・5・8・9・10・11、1928 年
・牧野巽「日支親等制の比較」『民族』3-6、1928 年
・岩村幹事・遠藤幹事『刑法改正予備草案ニ関スル裁判所・検事局・弁護士会意見集』1928 年
・小野清一郎『刑法講義 各論』有斐閣、1928 年
・栗生武夫『婚姻立法における二主義の抗争』弘文堂、1928 年
・横田秀雄・穂積重遠共述『男子貞操の新義務』廓清会婦人矯風会連合、1928 年
・関根正直「婚姻に関する法規風俗」雄山閣版『風俗史講座』(6-26)、加藤穹蔵書、1929 年
・中島玉吉「支那の親属法継承法草案を読む」『法学論叢』21-4、1929 年
・中田薫「日本古代親族考」『国家学会雑誌』43-1、1929 年
・外務省条約局第二課『中華民国刑事訴訟法・違警罰法』（支那国治外法権撤廃問題調査資料第 7 輯）1929 年
・瀧川幸辰『刑法講義』弘文堂、1929 年

参考文献　249

- 河邊久雄講述『親族法講義』日本大学出版部、1930 年
- 深谷善三郎編輯『刑法改正予備草案　盗犯等防止及処分ニ関スル法律解説』向上社、1930 年
- 牧野英一『法律における価値の論理』（民法の基本問題　外編第一）有斐閣、1930 年
- 横田秀雄監修、安積伊二郎著『法律提要・民事』教文社、1930 年
- 光禅寺五郎「妾の話」『犯罪科学』2−1、1931 年
- 堀部靖雄「中華民国婚姻法概説（日本民法及独逸民法と比較して観たる）」『商業と経済』12−1、1931 年
- 山口弘一「中華民国親族法（民法第四編）満鉄調査課の訳文に依る」『経済法律論叢』2−2、1931 年
- 深谷善三郎編輯『刑法改正草案　司法省予備案』中央社、1931 年
- 大澤一六『裁判実話　貞操の法律』大京社、1932 年
- 瀧川幸辰『刑法読本』大畑書店、1932 年
- 中川善之助『支那の婚姻法』（社会教育パンフレット第 151 輯）社会教育協会、1932 年
- 法学研究会編纂『親族・相続・戸籍法・人事訴訟法』常盤書房、1932 年
- 穂積重遠『判例百話』日本評論社、1932 年
- 村上貞吉『支那歴代ノ刑制沿革ト現行刑法』出版社不明、1932 年
- 『確定暹羅国憲法』暹羅協会、1933 年
- 小野清一郎『中華民国刑法　総則』中華民国法制研究会、1933 年
- 角田幸吉「中華民国新婚姻法概説」『法曹会雑誌』12−1、1934 年
- 大竹武七郎『刑法綱要　総論・各論』松華堂、1934 年
- 小野清一郎『中華民国刑法　分則（上）』中華民国法制研究会、1934 年
- 菊井維大・兼子一『中華民国民事訴訟法　第一編』中華民国法制研究会、1934 年
- 平井彦三郎『刑法論綱　各論』松華堂、1934 年
- 牧野英一『法律における倫理と技術』有斐閣、1934 年
- 三宅正太郎・青山道夫『親族法・相続法』（大衆法律講座　第 4 巻）非凡閣、1934 年
- 岩田新『判例婚姻予約法解説』有斐閣、1935 年
- 小野清一郎『中華民国刑法　分則（下）』中華民国法制研究会、1935 年
- 周家壁編、福本操訳『大理院関於民事習慣之判例及解釈集』司法部総務司調査科、1935 年
- 高窪喜八郎『法律・学説判例・総覧　親族編　第一続編・完』法律評論社、1935 年
- 徳岡一男『刑法各論』（大衆法律講座　第 6 巻）非凡閣、1935 年
- 高柳真三「徳川時代の妾」『法学』5−6、1936 年
- 高柳真三「妾の消滅」『法学新報』46−9、1936 年
- 『関東庁ノ法廷ニ現ハレタル支那ノ民事慣習』司法部民事司、1936 年
- 中川善之助『妻妾論』中央公論社、1936 年
- 林頼三郎、泉二新熊監修『条別追加　帝国判例輯覧　刑法　各則・中巻』帝国判例法規出版社、1936 年
- 山口与八郎『貞操問題と裁判』明治大学出版部、1936 年
- 会田範治「明律と新律綱領」『山岡博士教授二十五年記念論文集　1』日本大学出版

部、1937 年
- 遠藤誠、齋藤悠輔共編『判例体系　刑法各論　上』啓法会、1937 年
- 角田幸吉『親族法論考』良書刊行会、1937 年
- 瀧川幸辰『刑法雑筆』文友堂書店、1937 年
- 中島玉吉『民法釈義　巻之四　親族篇』金刺芳流堂、1937 年
- 『南洋叢書第 4 巻　シャム篇』東亜経済調査局、1938 年
- 我妻栄『親族法・相続法講義案』岩波書店、1938 年
- 薬師寺志光『日本親族法論　上巻』南郊社、1939 年
- 小野清一郎「刑法に於ける道義と政策―改正刑法仮案に対する概括的批判―」『法律時報』12-7、1940 年
- 木村亀二「刑法草案各則の比較法的考察」『法律時報』12-7、1940 年
- 瀧川幸辰「改正刑法仮案の各則―刑法改正綱領を中心として―」『法律時報』12-7、1940 年
- 牧野英一「刑法の改正における妥協と進歩」『法律時報』12-7、1940 年
- 『改正刑法仮案　刑法竝監獄法改正調査委員会総会決議及留保条項（刑法総則及各則未定稿）』法曹会、1940 年
- D・H・カルプ著、喜多野清一・及川宏訳『南支那の村落生活―家族主義の社会学』生活社、1940 年
- 小早川欣吾『明治法制史論　公法之部　下巻』巌松堂書店、1940 年
- 陳顧遠著、藤澤衛彦訳『支那婚姻史』（支那文化史大系第 10 巻）大東出版社、1940 年
- 日本タイ協会『タイ国概観』1940 年
- 堀内節『親族法要義』精興社書店、1940 年
- 堀内節『民法施行前の人事法規に就て（主として明治初年の布告・達・指令の蒐集竝分類）』（司法研究報告書第 28 輯 12）司法省調査部、1940 年
- 高柳真三「明治初年に於ける家族制度改革の一例―妾の廃止―」『法曹会雑誌』19-1、1941 年
- 『中華民国臨時政府　民法親族相続編修正案』（司法資料　第 270 号）司法省調査部、1941 年
- クミュー・チャンドラン著、蕗澤忠枝訳『我が泰国の日』モダン日本社、1941 年
- 高柳真三『明治初年に於ける家族制度改革の一研究―妾の廃止―』日本法理研究会、1941 年
- 田澤丈夫『白象　趣味の研究』元元書房、1941 年
- 福中又次『泰国・仏印と日本人』婦女界社、1941 年
- 牧野英一『改正刑法仮案とナチス刑法綱領』有斐閣、1941 年
- 宮原武雄編著『躍進泰国の全貌』（大東亜共栄圏叢書第 2 編）愛国新聞社出版部、1941 年
- 米田祐太郎『生活習慣南支那篇』教材社、1941 年
- 井出季和太「中華民国婚姻法」台北比較法学会編『比較婚姻法　第二部―婚姻の証明及効果―』岩波書店、1942 年
- 『タイ人生活譜』タイ室東京事務局、1942 年

・郭衛原著、真鍋藤治・郡司弘訳註『支那現行法律体系』大同印書館、1942 年
・国際日本協会編『泰国統計書』（大東亜統計叢書第Ⅰ部Ⅴ）国際日本協会、1942 年
・台湾総督府外事部編『友邦泰国の現況　泰国要説』南方資料館、1942 年
・傅統先著、井東憲訳『支那回教史』岡倉書房、1942 年
・満洲事情案内所編『家庭と女性を中心に見た　支那の社会と慣習』（満洲事情案内所報告 107）出版社不明、1942 年
・宮原武雄『新たなるタイ』図書研究社、1942 年
・横田正俊『父を語る―横田秀雄小伝―』巌松堂書店、1942 年
・エスカラ著、谷口知平訳『支那法』（東亜研究叢書第 10 巻）有斐閣、1943 年
・司法省刑事局『大日本帝国司法省第六十七刑事統計要旨』1943 年
・千種達夫『満洲親族相続法の要綱』（日本法理叢書第 26 輯）日本法理研究会、1943 年
・中田薫『法制史論集　第三巻　債権法及雑著』岩波書店、1943 年
・大竹武七郎『刑法綱要　全』[増訂第 11 版] 松華堂、1944 年
・星野通解題『明治十一年民法草案』松山経済専門学校商経研究会、1944 年
・牧野巽『支那家族研究』生活社、1944 年
・郡司喜一『タイ国固有行政の研究』日本院、1945 年
・司法省刑事局『大日本帝国司法省第六十八刑事統計要旨』1946 年
・司法省刑事局『大日本帝国司法省第六十九刑事統計要旨』1948 年
・瀧川幸辰『刑法学周辺』玄林書房、1949 年
・玉城肇「一夫一婦制の解剖―（附）姦通罪の廃止について―」『婦人の世紀』9、1949 年
・O. ラング著、小川修訳『中国の家族と社会』（岩波現代叢書）岩波書店、1953・1954 年
・太田武男『離婚原因の研究―判例の変遷を中心として―』有斐閣、1956 年
・石井良助「明治初年の婚姻法―とくに法律婚主義と妾について―」中川善之助他編『結婚　家族問題と家族法Ⅱ』酒井書店、1957 年
・手塚豊「元老院の「妾」論議」『法学セミナー』15、1957 年
・向井健「『民法口授』小考」『慶應義塾創立百年記念論文集　第一部・法律学関係』慶應義塾大学法学部、1958 年
・岩垂肇「配偶者の姦通・不貞行為」中川善之助教授還暦記念家族法大系刊行委員会編『家族法大系Ⅲ　離婚』有斐閣、1959 年
・手塚豊「日本の名裁判官　横田秀雄」『法学セミナー』35、1959 年
・我妻栄「家族制度と男子の貞操」『日本講演』275、1959 年
・瀧川幸辰先生記念会編『瀧川幸辰　文と人』世界思想社、1963 年
・明治法制経済史研究所編『元老院会議筆記　前期第八巻』元老院会議筆記刊行会、1964 年
・アドゥル・ウィチィエンチャラァーン著、水田義男訳「タイ国婚姻・離婚法」宮崎孝治郎編『新比較婚姻法Ⅴ　東南アジア(1)』勁草書房、1965 年
・千種達夫『満洲家族制度の慣習Ⅱ』一粒社、1965 年
・手塚豊「鶴田晧の「妾」論」『法学研究』38-9、1965 年
・青山なを「『女学雑誌』解説」『複製版「女学雑誌」別冊一』臨川書店刊、1967 年

・大間知篤三『婚姻の民俗学』(民俗民芸双書 18) 岩崎美術社、1967 年
・滋賀秀三『中国家族法の原理』創文社、1967 年
・井上毅伝記編纂委員会編『井上毅伝　史料篇第四』国学院大学図書館、1971 年
・中田吉信『回回民族の諸問題』(〔アジアを見る眼〕40) アジア経済研究所、1971 年
・赤木攻「タイ社会における妻の地位―婚姻の解消について―」『大阪外国語大学　学報』29、1973 年
・井上靖雄「タイ国に於ける旧家族法の近代化に関する若干の主たる特徴」『比較法政』2、1973 年
・今中寛司、奈良本辰也編『荻生徂徠全集　第6巻』河出書房新社、1973 年
・宮内庁『明治天皇紀　第九』吉川弘文館、1973 年
・鎌田浩「日本法史における親族の範囲」青山道夫他編『講座家族　6　家族・親族・同族』弘文堂、1974 年
・浅古弘「明治初年における娶妾資格」『早稲田法学会誌』26、1975 年
・浅古弘「明治前期における妾の身分―戸籍記載を通して」『法律時報』47-13、1975 年
・熊谷開作「法典編纂期における妻妾論」高梨公之教授還暦祝賀論文集刊行発起人会編『高梨公之教授還暦祝賀　婚姻法の研究（上）　婚姻制度論』有斐閣、1976 年
・堀内節編著『続家事審判制度の研究　附家事審判法関係立法資料補遺』(日本比較法研究所資料叢書(4)) 日本比較法研究所、1976 年
・石井良助『日本婚姻法史』(法制史論集第2巻) 創文社、1977 年
・利光三津夫、藤田弘道「明治初期における政府司法機関の律逸文採集事業について」『法学研究』51-5、1978 年
・中山勝「新律綱領の編纂の典拠について―新律綱領に与えた清律の影響を中心として―」手塚豊編著『近代日本史の新研究　Ⅰ』北樹出版、1981 年
・利谷信義「男子貞操義務論争」加藤一郎編『民法学の歴史と課題』東京大学出版会、1982 年
・大竹秀男「江戸時代の妾」大竹秀男・服部弘司編『高柳真三先生頌寿記念　幕藩国家の法と支配』有斐閣、1984 年
・法務大臣官房司法法制調査部監修『法典調査会民法議事速記録　六』(日本近代立法資料叢書6) 商事法務研究会、1984 年
・大塚勝美『中国家族法論　歴史と現状』御茶の水書房、1985 年
・飯田順三「タイ国婚姻法にみる伝統的観念―特に婚約条項を中心として―」『創大アジア研究』7、1986 年
・小山静子「明治啓蒙期の妾論議と廃妾の実現」『季刊日本思想史』26、1986 年
・熊谷開作『日本の近代化と「家」制度』法律文化社、1987 年
・高柳真三『明治前期家族法の新装』有斐閣、1987 年
・利光三津夫編著『法史学の諸問題』慶應通信、1987 年
・中山勝「新律綱領および改定律例に与えた清律例の影響」手塚豊編著『近代日本史の新研究　Ⅶ』北樹出版、1989 年
・杉山晴康、吉井蒼生夫編『刑法改正審査委員会決議録　刑法草案（明治二十八年・同三十年)』(叢書第18号) 早稲田大学比較法研究所、1989 年

- 中山勝『明治初期刑事法の研究』慶應通信、1990年
- 手塚豊『明治民法史の研究（下）』（手塚豊著作集第8巻）、慶應通信、1991年
- 飯田順三「タイ法の近代化―婚姻法をめぐって―」（湯浅道男・小池正行・大塚滋編『法人類学の地平』（アジア法叢書16）成文堂、1992年
- 金津日出美「明治初年の「妾」論議の再検討―「近代的一夫一婦制」論をめぐって―」馬原鉄男、岩井忠熊編『天皇制国家の統合と支配』文理閣、1992年
- 村嶋英治「軍部支配と政治統治―タイ一九三二年革命期における」矢野暢編『東南アジアの政治』（講座東南アジア学　第7巻）弘文堂、1992年
- 小野和子「五四時期家族論の背景」（京都大学人文科学研究所共同研究報告　五四運動の研究　第5函15）同朋舎、1992年
- 黒岩涙香『弊風一班　蓄妾の実例』（現代教養文庫）社会思想社、1992年
- 飯田順三「タイ法の近代化過程における婚姻法の発展」『法社会学』45、1993年
- 小野和子「清末の新刑律暫行章程の原案について」柳田節子先生古希記念論集編集委員会編『柳田節子先生古希記念　中国の伝統社会と家族』汲古書店、1993年
- 島善高『近代皇室制度の形成　明治皇室典範のできるまで』（学際レクチャーシリーズ13）成文堂、1994年
- 手塚豊『明治史研究雑纂』（手塚豊著作集第10巻）、慶應通信、1994年
- 松田恵美子「清末礼法争議小考」『法律論叢』137-2・5、1995年
- 加藤和英『タイ現代政治史―国王を元首とする民主主義』弘文堂、1995年
- 胡潔「古代日本の婚姻形態に関する一考察―中日両国における妻妾の呼称の相違を通じて―」『お茶の水女子大学人間文化研究年報』20、1996年
- 村嶋英治『ピブーン―独立タイ王国の立憲革命』（現代アジアの肖像9）岩波書店、1996年
- 『買売春問題資料集成〔戦前編〕』第3巻（廃娼運動編Ⅲ〔1926～1928年〕）不二出版、1997年
- 村上一博「明治前期における妾と裁判」『法律論叢』71-2＝3、1998年
- 千葉正士『アジア法の多元的構造』（アジア法叢書23）成文堂、1998年
- 飯田順三「タイ近代刑法典および民商法典の編纂過程における日本法の影響（一）」『創価法学』29-1＝2、1999年
- 白水紀子「中国現代文学にみる民国時期の蓄妾制」『日本中国学界報』51、1999年
- 石井米雄『タイ近世史研究序説』岩波書店、1999年
- 程郁「中華民国時期における妾の法律地位」『昭和女子大学女性文化研究所紀要』25、2000年
- 林弘正「姦通罪についての法制史的一考察―「刑法竝監獄法改正起草委員会決議条項（刑法各則編第二次整理案）の成立から「改正刑法仮案」の成立に至る経緯」―」『法学新報』106-5＝6・9＝10・11＝12、2000年
- 安田信之『東南アジア法』日本評論社、2000年
- 白水紀子『中国女性の20世紀　近現代家長制研究』明石書店、2001年
- 藤田弘道『新律綱領・改定律例編纂史』慶應義塾大学出版会、2001年
- 金津日出美「明治初年の「妾」論議の再検討―「近代的一夫一婦制」論をめぐって―」

永原和子編『日本家族史論集5　家族の諸相』吉川弘文館、2002年
・香川孝三『政尾藤吉伝―法整備支援国際協力の先駆者―』信山社、2002年
・高見澤磨「律令制の終わり方―中国近代法史時代区分試論―」池田温編『日中律令制の諸相』東方書店、2002年
・村上一博「明治後期における妾と裁判」『法律論叢』75-2=3、2002年
・林弘正『改正刑法仮案成立過程の研究』成文堂、2003年
・村上一博『日本近代婚姻法史論』法律文化社、2003年
・三ヶ月章『司法評論Ⅲ　法整備協力支援』有斐閣、2005年
・李英美「韓国近代離婚慣習法の定立過程―協議上の離婚を中心に―」『東洋文化研究』8、2006年
・ウィチャー・マハークン著、西澤希久男訳、小川富之監修「タイ家族法（上）」『戸籍時報』604、2006年
・田邉章秀「『大清刑律』から『暫行新刑律』へ―中国における近代的刑法の制定過程について―」『東洋史研究』65-2、2006年
・西澤希久男「タイ」鮎京正訓編『アジア法ガイドブック』名古屋大学出版会、2009年
・ウォルター・E・J・ティップス著、小川秀樹訳『シャムの独立を守ったお雇い外国人　フランスの砲艦外交と国際法学者ロラン＝ジャックマンの闘い』岡山大学出版会、2009年
・日本タイ学会編『タイ事典』めこん、2009年
・西田真之「学界展望〈東洋法制史〉」『国家学会雑誌』125-3=4、2012年
・村上一博「明治前期の民事判決例にみる妾の法的地位」屋敷二郎編『夫婦』（法文化（歴史・比較・情報）叢書⑩）国際書院、2012年
・村上一博「明治前期の妾関係判決」『法律論叢』84-4=5、2012年
・西田真之「近代中国における妾の法的諸問題をめぐる考察」『東洋文化研究所紀要』166、2014年
・西田真之「学界展望〈東洋法制史〉」『国家学会雑誌』128-11=12、2015年
・西田真之「法文及びディカー裁判所の判決から見た近代タイにおける妾の法的諸問題をめぐる考察」『東洋文化研究』17、2015年
・西田真之「近代東アジア比較法史の枠組みについての一試論」岩谷十郎編『再帰する法文化』（法文化（歴史・比較・情報）叢書⑭）国際書院、2016年
・西田真之「法史学から見た東アジア法系の枠組みについて――夫一婦容妾制の成立過程をめぐって―」『法律科学研究所年報』32、2016年
・西田真之「近代日本における妾の法的諸問題をめぐる考察」『法学研究』102・103、2017年
・西田真之「満洲における妾をめぐる立法状況の点描」『法学研究』105、2018年

［中文文献］
・『申報』
・『順天時報』
・『北平週報』

・『晨報六週紀念増刊』
・『大衆』
・『東方雑誌』
・『法令周刊』
・『法令週刊』
・『法律評論』
・『法律週刊』
・『婦女共鳴』
・『婦女雑誌』
・『婦女周刊』
・『国立広西大学週刊』
・『国聞週報』
・『家庭研究』
・『進歩』
・『津汇月刊』
・『立法院公報』
・『立法専刊』
・『玲瓏』
・『女子月刊』
・『社会半月刊』
・『社会科学月報』
・『社会学界』
・『司法公報』
・『現代婦女』
・『現代評論』
・『新民』
・『星期』
・『学生文藝叢刊』
・『逸経』
・『語絲』
・『中央週報』
・『最高法院公報』
・『中国国民党重要政綱之研究』出版社、出版年不明
・董康主編、中華民国臨時政府司法委員会編『民法親属編修正案』出版社、出版年不明
・黄栄昌編輯『司法法令判解分類彙要　第一冊・民例之部』中華図書館、出版年不明
・岡田朝太郎編輯『大清刑律草案　大清違警律』有正書局、1908 年
・『徳儒赫氏中国新刑律論』京師京華印書局、1910 年
・『修正刑律案語』修訂法律館、1910 年
・『宣統二年第一次常年会資政院会議速記録　下編』出版社不明、1910 年
・岡田朝太郎編輯『中華民国暫行新刑律』国民大学、中華大学、1913 年

・『新編中華六法全書』中華法政学社、1915 年
・杭県邵義編輯『刑律釈義』［再版］中華書局、1917 年
・天虚我生編輯『大理院刑事判決例　甲編』［再版］中華図書館、1917 年
・秦瑞玠編『新刑律釈義』［第 4 版］商務印書館、1920 年
・黄栄昌編輯『最近大理院法令判解分類彙要　第二冊・刑律之部』中華図書局、1922 年
・謝越石『刑律通詮』［修訂 5 版］出版社不明、1923 年
・周東白編『大理院判例解釈　新刑律匯覧』［増修再版］世界書局、1924 年
・葛遵礼編『中華民国新刑律集解』［修正増訂第 3 版］会文堂書局、1928 年
・何啓澧講述『刑法講義』（国立広東法科学院講義）、出版社不明、1928 年
・潘光旦『中国之家庭問題』新月書店、1928 年（潘光旦『中国之家庭問題』（民国叢書第 2 編）上海書店、1990 年（新月書店 1929 年版影印））
・趙鳳喈『中国婦女在法律上之地位』（社会研究叢刊）商務印書館、1928 年
・王寵恵属稿、郭元覚輯校『国民政府中華民国刑法』上海法学編訳社、1929 年
・「政治会議通過親属法継承法先決各点審査意見書」『法学季刊』1-1、1930 年
・宝道原稿、張毓昆訳「中国親属法之改造」『法学季刊』1-1、1930 年
・中島玉吉著、恵予訳「読中華民国法制局親属法及継承法草案」『法学季刊』1-1、1930 年
・『中華民国刑法』東北法学研究会、1930 年
・胡漢民編『総理全集　上』（民国叢書　第 2 編）上海書店、1990 年（民智書局 1930 年版影印）
・楊鴻烈『中国法律発達史』商務印書館、1930 年
・蔡天錫編『刑法分則新論　下冊』上海法政学社、1931 年
・衡平法学社編訳『親属法問答』（現代法学問答叢書）中央書店、1931 年
・朱采眞編著、朱鴻達校訂『民法親属集解』世界書局、1931 年
・朱鴻達編『司法院解釈例要旨彙覧』世界書局、1931 年
・『中華民国民法親属継承』上海法学編訳社、1932 年
・陳一清編輯『婚姻解決法』会文堂新記書局、1932 年
・陳允・康煥棟『民事訴訟法論　上冊』（法学叢書之一）上海法学編訳社、1932 年
・郭衛『刑法学各論　下冊』（法学叢書之一）［修正第 5 版］上海法学編訳社、1932 年
・譚紉就『中国離婚の研究』出版社不明、1932 年
・鄭愛諏編輯、朱鴻達増訂、邵祖敏再増訂『最新増訂刑法集解』［第 6 版］世界書局、1932 年
・黄栄昌編『中華民国刑法釈例彙纂』［訂正第 3 版］上海法政学社、1933 年
・黄右昌『民法親属釈義』（現行法律釈義叢書之一）上海法学編訳社、1933 年
・李景漢編著『定県社会概況調査』（民国叢書　第 4 編）上海書店、1992 年（中華平民教育促進会、1933 年版影印）
・朱方『依照現行法令編制　民法親属編詳解』上海法政学社、1933 年
・朱鴻達主編『民国元年至十六年　現行法有効　大理院判決例全集』世界書局、1933 年
・郭衛、周定枚編輯『司法院法令解釈総集　第一集』上海法学書局、1934 年
・郭衛、周定枚編輯『中華民国六法理由判解彙編』会文堂新記書局、1934 年

・李謨編著『民法親属新論』大東書局、1934 年
・麥恵庭『中国家庭改造問題』商務印書館、1934 年（麥恵庭『中国家庭改造問題』（民国叢書　第 2 編）上海書店、1990 年（商務印書館 1935 年版影印））
・『立法院職員録』中華民国立法院、1935 年
・曾友豪『婚姻法』（（王雲五主編『百科小叢書』内所収）商務印書館、1935 年
・『中華民国法規大全　第一冊』商務印書館、1936 年
・陳顧遠著、王雲五・傅緯平主編『中国婚姻史』（中国文化史叢書第 1 輯）［第 3 版］商務印書館、1937 年（陳顧遠『中国婚姻史』（民国叢書　第 3 編）上海書店、1991 年（商務印書館 1936 年版影印））
・陳應性編著『中華民国刑法解釈図表及条文』商務印書館、1936 年
・胡長清『中国民法親属論』商務印書館、1936 年
・李景漢「農村家庭人口統計的分析」『社会科学』2 − 1、1936 年
・郗朝俊『民法要義親編』［第 3 版］会文堂新記書局、1937 年
・談社英編著『中国婦女運動通史』（民国叢書　第 2 編）上海書店、1990 年（婦女共鳴社 1936 年版影印）
・徐志欣『婚姻法浅論』中華書局、1936 年
・楊元彪編輯『刑法判解彙編』世界書局、1936 年
・陶彙曽『民法親属論』会文堂新記書局、1937 年
・曹傑『中国民法親属編論』（法学叢書之一）［第 3 版］、上海法学編訳社、1939 年
・傅統先『中国回教史』商務印書館、1940 年
・黄右昌『民法親属釈義』（現行法律釈義叢書）［第 5 版］、上海法学編訳社、1941 年
・劉霱凌『司法院解釈要旨分類彙編　上册』大東書局、1946 年
・俞承修『刑法分則釈義』会分堂新記書局、1946 年
・趙鳳喈編著『民法親属編』［第 4 版］国立編訳館、1947 年
・謝扶民編著『中華民国立法史』（民国叢書　第 5 編）上海書店、1996 年（正中書局、1948 年版影印）
・王廸聰『婚姻法問題解答彙編』文化供應社、1951 年
・劉錦藻撰『清朝続文献通考』商務印書館、1955 年
・桐郷盧氏校刻『桐郷勞先生（乃宣）遺稿』（近代中国史料叢刊第 36 輯）文海出版社、1969 年
・段紹禋編『六法判解彙編』三民書局、1972 年
・郭衛編輯『大理院判決例全書（全）』成文出版社、1972 年
・修訂法律館編輯『法律草案彙編』成文出版社、1973 年
・最高法院判例編輯委員会編輯『中華民国十六年至六十三年　最高法院判例要旨』最高法院判例発行委員会、1976 年
・故宮博物院明清档案部編『清末籌備立憲档案史料　下册』中華書局、1979 年
・中国第二歴史档案館「北洋政府審計院外籍顧問宝道等改革中国審計制度的建議」『民国档案』1994 年 − 1
・黄源盛『民初法律變遷與裁判（1912-1928）』（国立政治大学法学叢書(47)）2000 年
・李貴連『沈家本伝』法律出版社、2000 年

- 王健编『西法东渐―外国人与中国法的近代变革』中国政法大学出版社、2001 年
- 程郁「民国时期妾的法律地位及其变迁」『史林』2002 年－2
- 李贵连『近代中国法制与法学』北京大学出版社、2002 年
- 杨立新点校『大清民律草案　民国民律草案』吉林人民出版社、2002 年
- 王传贤、王慕冰口述、程郁整理「民国时期妻妾共居家庭的生活记录」『史林』2004 年―増刊
- 程郁『清至民国蓄妾习俗之变迁』上海古籍出版社、2006 年
- 黃源盛「西法東漸中無夫姦存廢之爭」『政大法學評論』91、2006 年
- 王新宇『民国时期婚姻法近代化研究』中国法制出版社、2006 年
- 温文芳「晚清"妾"之地位及婚姻状况―以《申报》1899―1909 年"妾"之典型案例为中心」(『咸阳师范学院学报』22-3：2007 年)
- 程郁『纳妾　死而不僵的陋习』上海古籍出版社、2007 年
- 高汉成『签注视野下的大清刑律草案研究』中国社会科学出版社、2007 年
- 王绍玺『小妾史』上海文艺出版社、2008 年
- 谭志云「民国南京政府时期妾的权利及其保护―以江苏高等法院民事案例为中心」『妇女研究论丛』2009 年－3
- 张仁善「寻求法律与社会的平衡―论民国时期亲属法、继承法对家族制度的变革」『中国法学』2009 年－3
- 張研、孫燕京主編『民國史料叢刊　786　社會・社會成員』大象出版社、2009 年
- 陈同「从民法的制订看清末民国时期男女平等地位的法律建构」『史林』2010 年－5
- 怀效锋主编『清末法制变革史料』中国政法大学出版社、2010 年
- 黃源盛纂輯『晚清民國刑法史料輯注』(犁齋法制史料叢編　之三)元照出版、2010 年
- 金眉『中国亲属法的近现代转型―从《大清民律草案・亲属编》到《中华人民共和国婚姻法》』法律出版社、2010 年
- 李刚「南京国民政府时期"妾"的法律地位与司法裁判」『山东社会科学』2010 年－4
- 徐静莉『民初女性权利变化研究―以大理院婚姻、继承司法判解为中心』法律出版社、2010 年
- 徐静莉「"契约"抑或"身份"―民初"妾"之权利变化的语境考察―以大理院婚姻、继承判解为中心」『政法论坛』28-2、2010 年
- 陈新宇「《钦定大清刑律》新研究」『法学研究』33-2、2011 年
- 李启成点校『资政院议场会议速记录―晚清预备国会论辩实录』上海三联书店、2011 年
- 李欣榮「清末關於"無夫姦"的思想論爭」『中華文史論叢』2011 年－3
- 程郁『蓄妾习俗及法规之变迁』上海人民出版社、2013 年
- 高汉成主编『《大清新刑律》立法资料汇编』社会科学文献出版社、2013 年
- 高汉成「大清刑律草案签注考论」『法学研究』37-1、2015 年
- 高汉成『大清新刑律与中国近代刑法继受』社会科学文献出版社、2015 年
- 陈新宇「礼法论争中的冈田朝太郎与赫善心―全球史视野下的晚清修律」『华东政法大学学报』2016 年－4
- 黄礼登「礼法论争中的失踪者：赫善心的生平与思想」『华东政法大学学报』2017 年－2

［欧文文献］
- *The Bangkok Times*
- Henry Alabaster, *The Wheel of the Law: Buddhism: Illustrated from Siamese Sources by the Modern buddhist, A Life of Buddha, and an Account of the Phrabat*, London: Trübner, 1871.
- P. G. von Möllendorff, "The Family Law of the Chinese and its Comparative Relations with that of other Nations" in *Journal of the North China Branch of the Royal Asiatic Society*, New Series, Vol. XIII, 1879.
- John Gordon Drummond Campbell, *Siam in the Twentieth Century: Being the Experiences and Impressions of a British Official*, London, E. Arnold, 1902.
- Georges Padoux, *Report on the Proposed Penal Code for The Kingdom of Siam, Submitted to His Royal Highness Prince Rajburi Direckrit Minister of Justice*（1906.）: Reprinted in *Laws of South-East Asia, vol. 2, European Laws in South-East Asia*, M. B. Hooker（ed.）, Singapore: Butterworth and co., 1988.
- *Revised Draft of the Proposed Penal Code for The Kingdom of Siam / April, R. S. 126.*（1907.）
- Tokichi Masao, "The New Penal Code of Siam" in *The Journal of the Siam Society*, Vol. 5, Part. 2, 1908.
- Tokichi Masao, "The New Penal Code of Siam" in *The Yale Law Journal*, Vol. 18, No. 2, 1908.
- *The Penal Code for Kingdom of Siam (Draft Version) R. S. 127.*（1908.）
- Arnold Wright, Oliver T. Breakspear, *Twentieth Century Impressions of Siam: Its History, People, Commerce, Industries, and Resources*, White Lotus, 1994.（Originally published: Lloyd's Greater Britain Publishing Company, Ltd., 1908.）
- Georges Padoux, *Code Pénal du Royaume de Siam, Promulgué le 1er Juin 1908, Entré en Vigueur le 22 Septembre 1908, Version Française, Avec une Introduction et des Notes*, Paris: Imprimerie Nationale, 1909.
- Marshall Broomhall, *Islam in China: A Neglected Problem*, London: Morgan & Scott, 1910.
- W.A. Graham, *Siam: A Handbook of Practical, Commercial, and Political Information*, London: A. Moring, [2nd. Edition], 1912.
- *The Provisional Criminal Code of the Republic of China*,『英訳暫行新刑律』, Translated by The Law Codification Commission, The Ministry of Justice, Peking, 1919.
- P. G. von Möllendorff, *The Family Law of the Chinese*, Mrs. S. M. Broadbent（tra.）, Rangoon, Superintendent, Government Printing: Burma, 1920.
- G. Jamieson, *Chinese Family and Commercial Law*, Kelly and Walsh Ltd., 1921.
- *The Provisional Criminal Code of the Republic of China: Embodying Presidential Mandates, The Provisional Criminal Code Amendment Act, The Revised Draft of the Law on Offences Relating to Morphine, Revised Regulations Governing Military*

・ *Criminal Cases, Regulations Governing Naval Criminal Cases*, The Commission on Extrsterritoriality, Peking, 1923.
・ Karl Döhring, *The Contry and People of Siam*, Walter. E. J. Tips (tra.), White Lotus Press, 1999, (Originally Published as *Siam. Band 1: Land und Volk*, 1923, Folkwang Verlag G. M. B. H., Darmstadt.).
・ Georges Padoux, *The Financial Reconstruction of China and The Consolidation of China's Present Indebtedness*, Pekin: La Librairie Fracaise, 1923.
・ Robert T. Bryan, Jr., *An Outline of Civil Law*, The Commercial Press, Shanghai: China, 1925.
・ Daniel Harrison Kulp II, *Country Life in South China: The Sociology of Familism*, New York: Bureau of Publications Teachers College Columbia University, 1925.
・ Jean Escarra, *Chinese Law and Comparative Jurisprudence*, La Librairie Francaise: Tientsin, 1926.
・ V. A. Riasanovsky, *The Modern Civil Law of China Part 1.*, Harbin, 1927.
・ Ching-Lin Hsia, James L. E. Chow, Liu Chieh, Yukon Chang (tra.), *The Civil Code of the Republic of China*, Kelly & Walsh, 1931.
・ Francis S. Liu, "Adultery as Crime in China" in *The China Law Review*, Vol. 7, No. 3-4, 1935.
・ Robert C. W. Sheng, "Revised Penal Code of China" in *The China Law Review*, Vol. 7 No. 3-4, 1935.
・ *Translation of the Civil and Commercial Code Book V B.E. 2478.* (1935.)
・ M. H. van der Valk, "The New Chinese Criminal Code" in *Pacific Affairs*, Vol. 9, No. 1, 1936.
・ Jean Escarra, *Le Droit Chinois: Conception et Évolution, Institutions Législatives et Judiciaires, Science et Enseignement*, Pékin: H. Vetch, 1936.
・ Jean Escarra, *Chinese Law: Conception and Evolution, Legislative and Judicial Institutions, Science and Teaching*, Gertrude R. Browne (tra.), Henri Vetch Publications (Peking) and Library of the Sirey Collection (Paris), 1936.
・ H. Y. C. Hu, "Marriage and Divorce in Chinese Civil Code with Reference to the Rules of Conflict of Laws" in *The Chinese Social and Political Science Review*, Vol. 22 No. 4, 1939.
・ Kenneth Perry Landon, *Siam in Transition: A Brief Survey of Cultural Trends in the Five Years Since the Revolution of 1932*, Westport, Conn.: Greenwood Press, 1968 (reprint), originally published Chicago: University of Chicago Press, 1939.
・ Marc van der Valk, *An Outline of Modern Chinese Family Law*, Herri Vetch-Peking, 1939.
・ Kumut Chandruang, *My Boyhood in Siam*, New York: John Day, 1940.
・ Werner Levi, "The Family in Modern Chinese Law" in *The Far Eastern Quarterly*, Vol. 4, No.3, 1945.
・ Olga Lang, *Chinese Family and Society*, Archon Books, 1968 (reprint), originally

- published New Haven: Yale University, 1946.
- M. H. van der Valk, *Interpretations of the Supreme Court at Peking: Years 1915 and 1916*, Sinological Institute Faculty of Arts University of Indonesia, Batavia: Indonesia, 1949.
- Meredith P. Gilpatrick, "The Status of Law and Lawmaking Procedure under the Kuomintang 1925-46" in *The Far Eastern Quarterly*, Vol. 10, No. 1, 1950.
- Marinus Johan Meijer, *The Introduction of Modern Criminal Law in China*, Arlington: University Publications of America, [Reprint Edition], 1976. (Originally published: Batavia: De Unie, 1950.)
- Phra Sarasas, *My Country Thailand; Its History, Geography and Civilisation*, ([2nd. Edition], 1950.
- Abbot Low Moffat, *Mongkut, The King of Siam*, Ithaca: Cornell University Press, 1961.
- Sanya Dharmasakti, *A Working Paper for United Nations Seminar on The Status of Women in Family Law*, Tokyo Japan, May 8-21, 1962.
- Adul Wichiencharoen, "The Marriage and Divorce Laws of Thailand", in *A Comparison of Laws Relating to Marriage and Divorce V South-East Asia (1)*, Kojiro Miyazaki (ed.), Keiso-Shobo, 1965.
- Adul Wichiencharoen and Luang Chamroon Netisastra, "Some Main Features of Modernization of Ancient Family Law in Thailand", in *Family Law and Customary Law in Asia: A Contemporary Legal Perspective*, David C. Buxbaum (ed.), The Hague: Martinus Nijhoff, 1968.
- Wimolsiri Jamnarnwej, *A Working Paper for The XVI Convention of The International Federation of Women Lawyers on The Status of Women in Civil Law*, Santiago Chile, November 14-23, 1971.
- Craig J. Reynolds, "A Nineteenth Centry Thai Buddhist Defense of Polygamy and Some Remarks on the Social History of Women in Thailand" in *สารบรรยาย "การประชุมนานาชาติ" ครั้งที่๗ของ, สมาคมนักประวัติศาสตร์แห่งเอเชีย, กรุงเทพมหานคร, ๒๒-๒๖ สิงหาคม ๒๕๒๐, Proceedings, Seventh IAHA Conference, 22-26 August 1977, Bangkok*, Chulalongkorn University Press, 1977.
- M. B. Hooker, *A Concise Legal History of South-East Asia*, Clarendon Press: Oxford, 1978.
- Walter F. Vella, *Chaiyo! King Vajiravudh and the Development of Thai Nationalism*, Honolulu: Uiversity Press of Hawaii, 1978.
- Paul Heng-Chao Ch'en, *The Formation of the Early Meiji Legal Order: The Japanese Code of 1871 and its Chinese Foundation*, Oxford University Press, 1981.
- Apirat Petchsiri, "A Short History of Thai Criminal Law since the Ninteenth Century" in *Malaya Law Review*, Vol. 28 No. 1, 1986.
- Apirat Petchsiri, *Eastern Importation of Western Criminal Law: Thailand As a Case Study*, Littleton, Colo: F.B. Rothman, 1987.
- Aye Kyaw, *On the Birth of Modern Family Law in Burma and Thailand*, Singapore:

Southeast Asian Studies Program, 1990.
- Kathryn Bernhardt, "Women and the Law: Divorce in the Republican Period" in *Civil Law in Qing and Republican China*, Kathryn Bernhardt & Philip C. C. Huang (ed.), Stanford University Press, 1994.
- Suwadee T. Patana, "Polygamy or Monogamy: The Debate on Gender Relations in Thai Society, 1913-1935" in *IAHA 13th Conference, Sophia University, Tokyo, Working Drafts Vol. VI*, September 5-9, 1994.
- Andrew Huxley (ed.), *Thai Law: Buddhist Law: Essays on the Legal History of Thailand, Laos and Burma*, Orchid Press, 1996.
- Walter E. J. Tips, *Gustave Rolin- Jaequemyns and the Making of Modern Siam: The Diaries and Letters of King Chulalongkorn's General Adviser*, White Lotus, 1996.
- Walter E. J. Tips, Mr. and Mrs. Émile Jottrand, translation and introduction by Walter E. J. Tips, *In Siam: The Diary of a Legal Adviser of King Chulalongkorn's Government*, White Lotus, 1996.
- Walter E. J. Tips, *Siam's Struggle for Survival: Gunboat Incident at Paknam and the Franco-Siamese Treaty 1893*, White Lotus, 1996.
- Scot Barmé, "Proto-Feminist Discorces in Early Twentieth-Centry Siam", in Peter A. Jackson & Nerida M. Cook (ed.), *Genders & Sexualities in Modern Thailand*, Silkworm Books, 1999.
- Wimolsiri Jamnarnwej, "Family Law of Thailand" in *Chulalongkorn Law Review*, Vol.7, 1999.
- Scot Barmé, *Woman, Man, Bangkok: Love, Sex, and Popular Culture in Thailand*, Silkworm Books, 2002.
- Leslie Ann Jeffrey, *Sex and Borders: Gender, National Identity, and Prostitution Policy in Thailand*, Honolulu: University of Hawai'i Press, 2002.
- Alison Sau-Chu Yeung, "Fornication in the Late Qing Legal Reforms: Moral Teachings and Legal Principles", in *Modern China*, Vol. 29, No.3, 2003.
- Chalanthorn Kidthang, *Georges Padoux: le Code pénal du Royaume de Siam (1908) et la société thaïe* (Mémoire d'études françaises. Diplôme de Maîtrise. Département de Français. Ecole des Etudes Supérieures. Université Silpakorn), 2004.
- Malee Pruekpongsawalee, "The Constitutions and Legal Status of Women in Family Related Laws in Thailand: A Historical Perspective" in *Women's Studies in Thailand: Power, Knowledge and Justice*, Suwanna Satha-Anand (ed.), Ewha Womans University Press, 2004.
- Tamara Loos, *Subject Siam: Family, Law, and Colonial Modernity in Thailand*, Ithaca: Cornell University Press, 2006.
- Kittisak Prokati, "King Rama V. and Constitutionalism in Thailand" in *The Visit of King Chulalongkorn to Europe in 1907: Refleting on Siamese History*, Pornsan Watanangura (ed.), The Centre for European Studies at Chulalongkorn University, 2008.

- Lisa Tran, "Sex and Equality in Republican China: The Debate over the Adultery Law" in *Modern China*, Vol. 35, No. 2, 2009.
- Kanaphon Chanhom, *Codification in Thailand During the 19th and 20th Centuries: A Study of the Causes, Process and Consequences of Drafting the Penal Code of 1908*, (A dissertation submitted in partial fulfillment of the requirements for the degree of Doctor of Philosophy, University of Washington, 2010.
- Captain Georges 'Puck' Chaudoir, Mr. and Mrs. Émile Jottrand, translated and with introductions by Walter E. J. Tips, *Belgian Tourists in Burma, Siam, Vietnam and Cambodia (1897 & 1900)*, White Lotus, 2011.

[タイ文文献]
- ราชกิจจานุเบกษา [官報]
- กฎหมายแพ่งและพาณิชย์ว่าด้วยครอบครัว [民商法典家族法について] (著者、出版年不明)
- E.B. Michell, *A Siamese-English Dictionary: For the use of students in both languages*, Bangkok, 1892.
- D.J.B. Pallegoix, *ศริพจน์ภาษาไทย: Dictionnaire Siamois Français Anglais: Siamese French English Dictionary*, Bangkok, 1896.
- B.O. Cartwright, *พจนานุกรมไทย อังกฤษ: A Siamese-English Dictionary*, Bangkok, 1907.
- กฎหมายลักษณะอาญา ร. ศ. ๑๒๗ [刑法典 ラッタナコーシン暦127年 (1908年)]
- ประมวลกฎหมายแพ่งและพาณิชย์ บรรพ ๕ พุทธศักราช ๒๔๗๗ [民商法典 第5編 仏暦 2477年 (1934年)]
- พระราชบัญญัติให้ใช้ประมวลกฎหมายอาญา พ.ศ. ๒๔๙๙ [刑法典 仏暦2499年 (1956年)]
- พระยาสาริกพงศ์ธรรมพิลาส มนูภาษย์ยุกติสภาปดี [Phraya Sarikaphongthamphilat Manuuphaatyuktisaphaapdii], *คำบรรยาย กฎหมายครอบครัว* [講述 家族法], กรุงเทพฯ: คุรุสภา, 1967.
- เจ้าพระยาทิพากรวงษ์มหาโกษาธิบดี (ขำ บุนนาค) [Chao Phraya Thiphakorawong (Kham Bunnag)], *หนังสือแสดงกิจจานุกิจ* [諸事纂集概説書], กรุงเทพฯ: องค์การค้าของคุรุสภา, 1971.
- *เรื่องกฎหมายตราสามดวง* [三印法典], กรุงเทพฯ: กรมศิลปากร, 1978.
- ชาติชาย อัครวิบูลย์ [Chatchai Akharawibun], สมบูรณ์ ชัยเดชสุริยะ [Sombun Chaidetchasuriya], *คำอธิบาย ประมวลกฎหมายแพ่งและพาณิชย์ บรรพ ๕ ว่าด้วย ครอบครัว (ที่ได้ตรวจชำระใหม่ พ.ศ.๒๕๑๙)* [概説 民商法典第5編家族 [仏暦2519年 (1976年) 新改訂版]], กรุงเทพฯ: มหาวิทยาลัยธรรมศาสตร์, 1978.
- สำเริง ไชยชิต [Samrerng Chaichit], บุญร่วม เทียมจันทร์ [Bunruam Thiamchan], *ประมวลกฎหมายแพ่งและพาณิชย์ บรรพ ๑-๖: The Civil and the Commercial Code Book I-VI*, กรุงเทพฯ: สูตรไพศาล, 1990.
- ประสพสุข บุญเดช [Prasopsuk Bundet], *คำอธิบาย ประมวลกฎหมายแพ่งและพาณิชย์ บรรพ ๕ ว่าด้วย ครอบครัว (พิมพ์ครั้งที่ ๑๐)* [概説 民商法典第5編家族 [第10版]], กรุงเทพฯ: นิติบรรณการ, 1996.
- วิระดา สมสวัสดิ์ [Virada Somswasdi], *กฎหมายครอบครัว พิมพ์ครั้งที่ ๒* [家族法 [第2

版]], กรุงเทพฯ: คบไฟ, 2003.
- วินัย พงศ์ศรีเพียร, บรรณาธิการ [Winai Phongsriphian 編], *กฎหมายตราสามดวง: แว่นส่องสังคมไทย* [三印法典：タイ社会を映す鏡], กรุงเทพฯ: สำนักงานกองทุนสนับสนุนการวิจัย (สกว.), 2004.
- กมล สนธิเกษตริน [Kamol Sandhikshetrin], *ประมวลกฎหมายแพ่งและพาณิชย์ บรรพ 1-6 พร้อมคำแปลภาษาอังกฤษและอภิธาน: The Civil and Commercial Code Book I-VI and Glossary*, กรุงเทพฯ: นิติบรรณการ, 2008.
- ไพโรจน์ กัมพูสิริ [Phairot Kamphusiri], *คำอธิบายประมวลกฎหมายแพ่งและพาณิชย์ บรรพ ๕ ครอบครัว ฉบับพิมพ์ครั้งที่ ๗ แก้ไขเพิ่มเติม* [概説　民商法典第5編家族［第7版増補］], กรุงเทพฯ: สำนักพิมพ์มหาวิทยาลัยธรรมศาสตร์, 2010.
- แสวง บุญเฉลิมวิภาส [Swaeng Boonchalermwipas], *ประวัติศาสตร์กฎหมายไทย พิมพ์ครั้งที่ ๑๐* [タイ法制史　第10版], กรุงเทพฯ: วิญญูชน, 2011.

あとがき

　よく「妾の研究をしております。」と言うと、驚かれることが多い。どうやら、本務校では学生たちの間でも、法制史の研究者としてのイメージもさることながら、より知名度があるのは妾研究者としての側面であるらしい。これも「妾」に対するイメージが何某かあることの裏付けであろう。

　自分の研究のピンポイントが幅広く知られているのは大変光栄なことであるが、本書の刊行にあたり自分自身で何故「妾」研究を始めたのだろうか、と改めて振り返ってみると、最初は東アジアにおける近代法継受史を比較検討してゆきたい、という漠然とした研究テーマを考えていたところ、色々な研究や資料を読み漁っていく中で、次第に固まっていったというのがきっかけだったように思う。

　本書の下となったのは博士学位請求論文であるが、これまでに拙稿をいくつかの紀要に掲載し、世に「妾」をめぐる取扱われ方を法制史の分野から検討する機会を頂いた。それぞれ下記の通りである。尚、本書の刊行にあたり拙稿を加筆修正した点があることは、予めお断りしておきたい。

　　第1章　近代日本における妾（拙稿「近代日本における妾の法的諸問題をめぐる考察」『法学研究』102・103、2017年）
　　第2章　近代中国における妾（拙稿「近代中国における妾の法的諸問題をめぐる考察」『東洋文化研究所紀要』166、2014年）
　　第3章　近代タイにおける妾（拙稿「法文及びディカー裁判所の判決から見た近代タイにおける妾の法的諸問題をめぐる考察」『東洋文化研究』

17、2015 年）

　これらの拙稿を査読して頂いた先生や書評の労を取られた先生を始め、学会や研究会の場でコメントして下さった先生、先輩や同僚の先生方を含め、研究テーマとしてきた「妾」の法的問題につき、多方面から検討することが可能となるところに辿り着くまでには、色々な研究者との出逢いがあったことを痛感しており、諸先生方には御礼を申し上げる次第である。ここで全ての方々のお名前を挙げて感謝の念を伝えることが出来ないのであるが、個人的に大変お世話になったお２人の先生を挙げることで御海容頂きたい。

　まずは、慶應義塾大学法学部在学時に、ゼミの教官としてお世話になった岩谷十郎先生である。岩谷先生との出逢いは、2003 年に学部２年生の際に「法制史（基礎）」の講座を受講したことに遡る。多角的に法を概観する学問領域に興味を抱き、実定法分野とも違う面白さに触れ、３年次からのゼミ選択においては迷うことなく岩谷ゼミを志望した覚えがある。岩谷先生には、２年間のゼミ生活にて法制史の学問の奥深さを探求する機会を頂いたのみならず、学部生の論文集『法律学研究』に拙稿を掲載しようとする筆者に対し、原稿を真っ赤になるほど朱筆を入れて頂き、論文執筆のイロハから丁寧に御指導頂いた。

　また、2006 年に東京大学大学院の修士課程に入学して以降、2013 年に博士課程を修了するまでの歳月で、指導教授の高見澤磨先生の下で研究生活を過ごす機会に恵まれたのは、筆者にとってかけがえのない経験となった。研究報告をする度に、高見澤先生の鋭い御指摘でたじたじとなってしまう場面に遭遇し、想像以上に学問を探求してゆくことの厳しさを実感したことも度々であったが、拙著がこのような形で公けになることが可能となったのも、高見澤先生の下で研究生活を送ることが出来た賜物であり、拙著の刊行によりその恩に少しでも報いることが出来たのであれば、非常に幸いに思うところである。

　最後になったが、筆者を常に全力で温かい目で見守り続けている、家族に心からの感謝を記しておきたい。筆者が研究者一筋の生活を送り続けることが出来たのは、家族のサポートあってのことである。とりわけ、東京大学大

学院に進学することを決意し、研究者を志すことを打ち明けた際に、筆者を精神的に支えてくれた今は亡き祖父母には、感謝の念しかない。残念ながら本書の刊行を報告することが叶わず、その点が心残りであるが、墓前に捧げることで研究者としての第一歩を歩み始めている証の一つとして報告したいと思う。

　また、本書の刊行にあたっては、日本評論社の高橋耕氏に大変お世話になった。単著の刊行という初めての経験を乗り切れたのも、高橋氏より丁寧な御教示を頂きながら作業を進められたことに他ならない。加えて、永本潤氏より煩雑な校正の作業を進めるにあたり、多大なるお力添えを頂いた。記して謝意を表する次第である。

　尚、本書を公刊するにあたり、明治学院大学学術振興基金より出版助成を頂くこととなった。関係各位に感謝を申し上げる。

索　引
(※読みの五十音順)

■人名索引

エスカラ（Jean Escarra）　3, 111, 131
王寵恵　122, 156
岡田朝太郎　3, 115
岡村司　42, 85
小野清一郎　65, 67, 68, 123, 124
郭衛　24, 124, 126
黄右昌　108, 112, 113, 128, 130
胡長清　107, 108, 110, 112
謝冠石　118, 121, 126
焦易堂　128, 129, 158
スワスティ王子（Prince Svasti Sobhon）　164, 165, 215
瀧川幸辰　62, 67
チュラーロンコーン王（ラーマ5世）　185
中川善之助　46, 72, 109
パドゥー（Georges Padoux、宝道）　3, 4, 18, 22, 165, 166, 184, 185
プラチャーティポック王（ラーマ7世）　167
穂積重遠　43, 44, 46, 72, 94
ボワソナード　48, 57, 65
政尾藤吉　3, 16, 17, 18, 29, 166, 167, 183, 184, 187
村田保　51, 52, 56, 66
矢田部保吉　232, 233
横田秀雄（大審院長）　23, 71, 72, 73, 91, 92
ワチラーウット王（ラーマ6世）　164, 215, 231

■事項索引

数字

1907 修正刑法草案　23, 183, 184, 185, 186
1908 年刑法　6, 23, 183, 185
28 年刑法　6, 22, 121, 123, 124, 125, 126, 128, 131, 132, 133, 162, 222, 223, 224
30 年民法　22, 105, 107, 111, 114, 125, 140, 153, 154, 159, 161, 234
35 年刑法　6, 14, 22, 125, 126, 127, 130, 131, 132, 133, 155, 158, 159, 161, 162, 223

あ

一夫一婦容妾制　224, 238

か

改定律例　22, 47
家族登録法　18, 167, 172, 204, 205, 214
家属　106, 111, 112, 113, 114, 121, 123, 125, 135, 136, 140, 161, 221, 228, 234, 241
家長　12, 14, 101, 106, 112, 113, 120, 121, 134, 135, 136, 137, 142, 159
仮案（改正刑法仮案）　22, 63, 64, 65, 68, 95, 223
旧民法　35, 43
元老院　9, 10, 11, 47, 50
ของหมั้น（Khongman）　189

さ

最高法院　14, 154
三印法典　15, 17, 19, 28, 202
暫行刑律補充条例　22, 117, 118, 119, 121, 123, 132, 148, 149, 235
暫行新刑律　22, 117, 118, 120
資政院　116
『暹羅協会会報』　25, 198
『女学雑誌』　25, 77, 79, 80, 81, 82, 83, 84, 85, 87, 88
『女子月刊』　25, 127, 154, 155, 156, 157, 158
『女性』　25, 84, 86, 91, 92
親属相盗　54, 55, 120, 123, 125, 132, 187, 235
親属法草案　22, 102, 104, 111, 114
親属容隠　54, 55, 120, 123, 125, 132, 235
親属例　29, 46, 47, 54, 56, 235
สินสอด (Sinsod)　189
『申報』　12, 25, 127, 131, 141, 142, 143, 144, 153, 154, 155, 156, 158, 160
新律綱領　6, 9, 10, 11, 22, 47, 49, 56, 66, 76, 92, 227, 228

た

大審院　69, 70, 71, 72, 75, 91, 241
大清刑律草案　6, 22, 114
大清民律草案　22, 98, 111
『太陽』　25, 82, 83, 84, 85, 88, 90, 91
大理院　12, 13, 14, 107, 135, 138, 141, 154
中央政治会議　107, 129
ディカー裁判所（ศาลฎีกา）　24, 173, 188, 189, 190, 191, 192, 193, 194, 195
貞操義務　41, 62, 64, 68, 70, 71, 73, 74, 75, 76, 90, 91, 108, 110, 127, 156, 225
『東京日日新聞』　25, 27, 76, 78, 79, 80, 82, 84, 94, 228
『東方雑誌』　25, 142, 145

な

『南洋』　25, 231, 233
『南洋協会雑誌』　25, 196, 197, 203
『日本タイ協会会報』　25, 196, 234
納妾限制条例　160

は

廃妾法草案　149, 152, 155, 158
The Bangkok Times　24, 25, 28, 164, 165, 168, 172, 190, 192, 196, 202, 203, 204, 205, 206, 207, 208, 209, 210, 212, 213, 214, 215, 231
『婦女共鳴』　25, 127, 129, 131, 145, 149, 153, 154, 155, 156
『婦女雑誌』　25, 142, 146, 153, 156, 230
不平等条約　2, 3, 4, 7, 8, 17, 18, 216

ま

เมีย (mia)　26, 27, 28, 191, 192
『南支那及南洋情報』　25, 172, 231, 232
民商法典　4, 17, 18, 19, 23, 28, 29, 164, 168, 172, 173, 181, 182, 188, 189, 190, 191, 195, 197, 198, 203, 209, 210, 211, 214, 215, 216, 221
民商法典施行条例　190
無夫の婦（無夫之婦）　114, 115, 116, 117, 118, 122, 132
明治民法　9, 11, 39
明治15年（1882年）刑法（旧刑法）　6, 54, 55, 66
明治40年（1907年）刑法　55, 56, 65, 66

『明六雑誌』 10, 11, 20, 25, 76, 77

や
有夫の婦（有夫之婦） 37, 41, 48, 50, 57, 58, 59, 60, 61, 63, 64, 66, 87, 88, 114, 115, 117, 120, 122, 123, 124, 127, 128, 129, 132, 133, 155, 156, 157, 158, 161
有婦の夫（有婦之夫） 61, 124, 127, 128, 148, 155, 156, 157, 158
予備草案（刑法改正予備草案） 22, 62, 63, 64, 68, 95

ら
立法院 61, 107, 127, 128, 129, 130, 133, 156, 157, 158, 159, 161, 230
臨時法制審議会 43, 45

［著者紹介］

西田　真之（にしだ　まさゆき）

1984年生まれ
2006年　慶應義塾大学法学部法律学科卒業
2008年　東京大学大学院法学政治学研究科総合法政専攻修士課程修了
2013年　東京大学大学院法学政治学研究科総合法政専攻博士課程単位
　　　　取得退学
2014年　東京大学・博士（法学）取得
2015年　明治学院大学法学部専任講師　現在に至る

主な著書に『再帰する法文化』（共著、国際書院）、『フレッシャーズ
法学演習』（共著、中央経済社）などがある。

一夫一婦容妾制の形成をめぐる法的諸相
日本・中国・タイの比較法史からの展望

2018年12月28日　第1版第1刷発行

著　者――西田真之
発行者――串崎　浩
発行所――株式会社日本評論社
　　　　　〒170-8474　東京都豊島区南大塚3-12-4
　　　　　電話 03-3987-8621（販売）-8601（編集）
　　　　　https://www.nippyo.co.jp/
　　　　　振替 00100-3-16
印刷所――平文社
製本所――松岳社
装　幀――神田程史
検印省略　© NISHIDA Masayuki 2018
ISBN978-4-535-52375-3　　　　Printed in Japan

JCOPY　〈(社)出版者著作権管理機構　委託出版物〉
本書の無断複写は著作権法上での例外を除き禁じられています。複写される場合は、そのつど事前に、
(社)出版者著作権管理機構（電話 03-3513-6969、FAX 03-3513-6979、e-mail: info@jcopy.or.jp）
の許諾を得てください。また、本書を代行業者等の第三者に依頼してスキャニング等の行為によりデジタ
ル化することは、個人の家庭内の利用であっても、一切認められておりません。